지금 시대
보험영업의 정석

지금 시대
보험영업의 정석

초판 1쇄 발행 _ 2021년 5월 5일
초판 2쇄 발행 _ 2024년 3월 1일

지은이 _ 엄선용

펴낸곳 _ 바이북스
펴낸이 _ 윤옥초
책임 편집 _ 김태윤
책임 디자인 _ 이민영

ISBN _ 979-11-5877-237-6 03320

등록 _ 2005. 7. 12 | 제 313-2005-000148호

서울시 영등포구 선유로49길 23 아이에스비즈타워2차 1005호
편집 02)333-0812 | **마케팅** 02)333-9918 | **팩스** 02)333-9960
이메일 bybooks85@gmail.com
블로그 https://blog.naver.com/bybooks85

책값은 뒤표지에 있습니다.
책으로 아름다운 세상을 만듭니다. — 바이북스

미래를 함께 꿈꿀 작가님의 참신한 아이디어나 원고를 기다립니다.
이메일로 접수한 원고는 검토 후 연락드리겠습니다.

고객과 함께 웃을 수 있는 보험 명인의 이야기

지금 시대
보험영업의 정석

엄선용 지음

바이북스
ByBooks

나는 왜 보험 컨설던트가 되었나

1993년 군에서 제대할 때 내 나이는 스물셋. 다른 친구들에 비해 군 생활을 일찍 시작해 제대도 빠른 편이었다. 어린 시절부터 꿈꾸던 미국 여행을 위해 제대 후 바로 알바를 시작했다. 1993년 12월에서 1994년 1월은 내 생에서 가장 추웠던 겨울이었다. 매일 아침 4시에 일어나 여의도 건설 현장으로 출근을 했는데 한참 여의도의 쌍둥이 빌딩이 올라가는 시기였다. 200kg이 넘는 대리석을 조립하는 석공 일을 했다. 아무런 기술이 없던 나로서는 젊음만으로 감당하기에 만만치 않은 일이었고 짧은 2개월이었지만 대리석이 발등에 떨어져 골절되는 사고도 있었다. 한겨울 여의도의 강바람은 말 그대로 살을 베는 추위였다.

1994년 2월. 큰누나가 있는 미국으로 가기 위해 그동안 고생하며 모은 돈으로 미국 비자를 내고 비행기표를 샀다. 복학까지는 7개월의 시간이 있었는데 그 시간 동안 한국에서는 알바로 학비를 모으는 일이 쉽지 않다. 그래서 미국으로 건너가 6개월간 짧고 굵게 돈을 벌고 싶었다. 공항에 마중 나온 매

맨해튼 월드트레이드센터가 보이는 브루클린에서(1994년)

형을 따라 맨해튼으로 들어섰다. 마치 영화 속 한 장면이 눈앞에 펼쳐져 있는 듯했다. 한국에서 온 젊은 청년에게 맨해튼의 높은 빌딩 숲은 가슴을 뛰게 했다. 하지만 그 설렘이 고통으로 변하는 데는 며칠이 걸리지 않았다.

매일 아침 6시 30분 영어학원 수업에 들어갔다. 수업을 마치면 뉴욕 지하철 7 train을 타고 30분 거리에 떨어져 있는 식당으로 출근한 후 오전 10시부터 새벽 1시까지 한순간도 자리에 앉지 못하고 음식 서빙을 했다. 일을 시작한 후 일주일 만에 내 두 발의 엄지발가락이 아무런 감각이 없었다. 앉지 못하고 서 있기만 해서 생기는 현상이다. 새벽 1시가 되어 일을 마치면 내 손에는 약 80불 정도가 쥐어졌는데 그 당시에는 결코 적은 돈이 아니었다. 맨해튼은 지금도 그렇지만 그때는 더 위험한 도시였다. 7 train을 타고 새벽 시간에 귀가하다 흑인에게 강도를 당할 뻔한 적도 있었다.

위_ 맨해튼 자유의 여신상 앞에서(1994년)
아래_ 맨해튼 월드트레이드센터(쌍둥이빌딩)가
　　　보이는 브루클린에서(1994년)

미국에서의 6개월의 삶, 4개월의 알바와 2개월의 동부에서 서부로의 여행. 내 평생 기억에서 지워지지 않을 귀한 경험이었다. 매형은 맨해튼에 있는 식료품 가게를 운영했는데 일이 없는 주말에는 매형의 일을 도왔다. 매형을 통해서 맨해튼이라는 도시에 대해 알게 되었다. 이곳에서 가장 돈을 많이 벌고 경제를 움직이는 민족이 유대인임을 처음 알게 되었다. 그들이 어떻게 세계 경제의 중심인 뉴욕 맨해튼을 움직이는지도 말이다. 그때 알게 된 유대 민족이 훗날 내가 일할 보험업과 밀접한 관련이 있음은 우연이었을까? 보험업계에 들어와 유대인과 그들의 경제관에 대해 더 깊이 배울 수 있게 되었다.

　1995년 11월 중국 유학을 위해 산동성에 있는 '산동대학'에

왼쪽_ 중국대학 졸업논문 발표(2000년)
오른쪽_ 중국 유학시절 졸업논문 발표일 담당교수와 함께(2000년 6월)

도착했다. 대학에서 치과기공을 전공한 내가 갑작스럽게 중국 유학길에 오른 것이다. 2년여의 시간 동안 많은 일이 있었다. 특히 보따리상(일명 '따이공')을 했던 경험이 기억에 남는다. 그때 나는 스스로 번 돈으로 떠났던 가난한 유학생이었다. 그래서 한국에서 기다리는 여자친구(지금의 아내)를 만나러 나오는 일은 쉽지 않았고 돈을 버는 수단으로 보따리상을 택했다. 중국의 저렴한 농산물을 대량으로 구매해 인천항에 도착해 처리하는 일을 했다. 전문 보따리상들에게는 정해진 양만이 허락되었고 나 같은 유학생은 부모님 드릴 선물이라고 가져오면 쉽게 세관을 통과했다.

1년 동안 무려 여섯 차례나 한국을 오가며 일종의 무역(?)을 경험했는데 보따리상을 통해 중국인들과 거래를 하며 중국인들의 상술을 접하게 되었다. 처음 신뢰를 얻기가 어려운 사람들이 중국인들이지만 한 번 신뢰하면 끝

위_ 　중국 유학시절 여행 중 소림사에서(1995년)
아래_ 　중국 유학시절 제남의 황하강 앞에서(1995년)

까지 믿으며 함께 간다. 또한 성공한 중국 상인들은 돈이 많다고 자랑하는 법이 없다. 겉으로 보면 정말 허름한 옷차림이고 옆집 아저씨처럼 수수해 보인다. 그 영향으로 보험영업을 하면서 눈에 보이는 부분에 너무 집착하지 않을 수 있었다. 유학 시절 경험했던 검소한 중국 상인들의 영향인 듯하다. 눈에 보이는 것이 전부가 아님을 그 시절 배워서 몸에 익혔다. 또한 그때 배운 중국어 덕에 내 고객 중에는 적지 않은 중국인 고객들이 있다.

보험회사에 입사하기 전 미국계 유대인 회사에 있었다. 반도체 부품을 전 세계에서 수출입해 유통하는 회사였다. 다른 회사들이 최첨단 시스템을 선호하던 시절 이 회사는 달랐다. 보안 문제를 중요시하며 아직도 'DOS' 프로그램 기반의 시스템을 사용했다. 처음에는 이해가 안 되었지만 그 시스템을 알아갈수록 유대인들의 대단함을 인정할 수밖에 없었다. 그래서 매일 남들보다 2시간 전에 출근해서 그 시스템을 연구했는데 그 시스템만 알면 돈이 보였다. 3대에 걸쳐 반도체 유통업을 하는 유대인 가문. 대代를 이어 부를 승계하는 그들이 부러웠다. 그들은 자신들이 옳다고 생각하는 것을 믿고 흔들리지 않는다. 내게 많은 깨달음을 주었다.

이렇듯 내 인생의 다양한 경험들이 모두 우리 일에 도움이 된다. 미국에서 유대인들에 대해 알게 되었고 경제에 관심을 가졌다. 중국 유학을 통해 언어와 중국인의 상술에 대해 경험했다. 미국계 유대인 회사에서 시스템의 중요성에 대해 배울 수 있었다. 누구든지 살아온 시간은 헛되지 않고 소중하고 그 자체로 그 사람의 자산이 된다. 그동안 쌓인 수많은 경험이 귀하게 쓰일 날이 반드시 온다. 지난날의 나의 경험들은 지금의 보험영업에 큰 도움이 된다. 이전에 배웠던 많은 것이 하나도 버릴 것이 없다. 지난 시간이 '나'를 만들었고 그 시간이 지금의 '나'를 돕고 있다. 우리가 지금 하고 있는 일은 과거에서 얻은 경험을 지금 사용할 수 있는 특별한 기회이다.

누구나 지난날들을 회고해보면 주마등처럼 스치는 일들이 많을 것이다. 나 또한 지난 50년의 내 인생을 돌이켜보면 하고 싶은 말들이 참으로 많다. 감사한 일들이 참으로 많았고 아쉽고 후회가 되는 일들도 많았다. 혹자는 다시 젊은 시절로 돌아가서 살아보고 싶다고 하지만 난 지금이 좋다. 어려움을 이겨내고 이뤄낸 나만의 결과물들과 깨달음들이 좋다. 그리고 내가 얻은 이 소중한 경험을 누군가에게 알려주고 싶다. 나와 같은 시행착오를 겪지 말라고 이야기해주고 싶다. 그러면 다른 사람들이 불필요한 낭비 없이 더 살 만해지는 데 조금이나마 도움을 줄 수 있지 않을까?

일을 하는 사람이라면 이런 질문을 누구나 한 번쯤은 해보았을 것이다.
"나는 지금 왜 이 일을 하고 있는가?"

근본적인 질문이기에 반드시 진지하게 자신에게 물어보길 바란다.
처음 보험영업을 시작한다고 했을 때 예상대로 주변의 반대가 심했다. 잘 다니던 외국계 회사를 나와 보험영업을 한다고 하니 많은 이들이 이해하지 못했다. 그만큼 보험영업은 사람들이 반기지 않는 직업 중의 하나였기 때문이다. 가치 있는 일은 늘 불필요한 오해가 따라다닌다. '누군가 해야 하는 일이라면 내가 해야 하지 않을까?' 너무나 이상적이고 세상을 모르는 소리처럼 들릴 수 있다. 하지만 나에게는 이 일을 해야 하는 분명한 이유가 있었다.

첫째, 주도적인 삶을 살고 싶었다.
이 시대를 살아가는 직장인이라면 나의 이런 생각에 동의할 것이다. '누군가에게 지시를 받고 움직이는 수동적인 삶이 얼마나 답답한가.' 그래서 내가 계획하고 주도적으로 결정할 수 있는 일을 하고 싶었다. 직장이라는 조직 안에서는 나의 존재가 말 그대로 하나의 부품에 지나지 않는다. 나의 미래를 상사의 처분에 맡기고 기다려야만 하는 처지일 뿐 나의 능력이 아무리 뛰어나도, 열심히 노력해도 그 한계를 뛰어넘는 것은 어렵다. 내가 조직의 체계를 바꿀 수 없다면 결단을 내려야 했다. 내가 원하는 모습으로 사는 삶을 선택해야 하는 결단을.

외국계 회사들이 대부분 그렇듯이 내가 다니던 회사도 좋은 여건이었다. 복지적인 측면이나 근무 여건도 말이다. 하지만 내가 주도적으로 계획하고 결정할 수 있는 자율성의 한계가 명확했다. 나는 제조업체 구매팀 담당자들과 좋은 관계를 유지하고 있었다. 담당자 자녀의 돌잔치에 초대받고 담당자의 결혼식에 참석해 마음껏 축하도 해줄 정도였다. 그들과의 친밀함이 내가 1년 넘게 영업실적 TOP을 유지할 수 있는 비결이기도 했다. 하지만 그 담당자들과 좋은 관계를 지속하는 일은 쉽지 않았다. 회사는 업체들과의 이해관계가 없으면 작은 투자도 용납하지 않는다. 결국 내가 정성 들여 만들어 놓은 인간관계가 타의에 의해 간섭받고 끊어지게 된다. 얼마나 안타까운 일인가!

그렇다면 지금은 어떠한가? 말 그대로 내가 원하는 모습대로 그림을 그리며 일한다. 내가 주도적으로 계획하고, 실행한다. 얼마 전 오빠에게 신장을 이식해준 명선 씨를 만났다. 아무리 형제라도 결단코 쉽지 않은 일이다. 참으로 좋은 고객이다. "저는 큰 계약을 한 고객도 아닌데 늘 신경을 써주셔서 감사해요"라며 미안해하기에 "저는 명선 씨를 단순히 고객으로만 생각하지 않아요. 인생을 함께 걸어가는 좋은 친구잖아요"라고 답했다. 만나면 반갑고 편한 고객, 내가 원할 때 한 번 더 찾아간다. 얼마 전 명선 씨의 큰아이가 우리 아이에게 영어 과외를 받기도 했다. 좋은 고객과의 만남은 내 인생의 축복이다. 이렇게 내가 원하는 주도적인 사업을 하고 싶어 보험영업을 선택했다.

둘째, 노력한 만큼의 대가를 얻고 싶었다.

첫 직장에서부터 나의 출근 시간은 늘 7시 이전이었다. 첫 직장인 가방 제조 회사에 다닐 때도 7시 이전에 출근해서 청소부터 했다. 물론 다른 직원들은 8시 반이 넘어야 출근을 한다. 두 번째 직장에서도 출근 시간은 같았고 남들보다 더 많은 시간을 일했다. 마지막 외국계 회사에서는 일찍 출근했을 뿐 아니라 실적도 최고였다. 하지만 내게 돌아오는 대가는 언제나 변함없이 똑같았기에 중국 유학에서 돌아와 두 아이를 키우는 생활은 쉽지 않았다. 부모님의 도움이 전혀 없는 가운데 결혼을 했다. 외국계 회사의 급여가 다른 직장에 비해 적지는 않았지만 너무 없이 시작했기에 경제적으로 어려웠고 빚은 늘어만 갔다.

더군다나 중국 유학에서 돌아와 얻었던 목동의 빌라가 문제가 되었다. 그 당시에는 1억짜리 빌라를 천만 원만 있으면 대출로 집을 구매할 수 있었다. 세상 물정을 잘 몰랐기에 우선 보금자리를 만들고 싶은 마음에 덥석 계약했다. 10%만으로 집을 사다니…… 지금이라면 상상할 수 없는 일이다. 이자 부담이 가정 경제를 더욱 어렵게 만들었다. 돈이 절실했던 나는 남들보다 더 노력했다. 직장에서 돌아오면 중국어 과외까지 하며 경제적인 어려움을 벗어나고자 몸부림쳤지만 내 급여로는 불어나는 빚을 막기에 역부족이었다.

뭔가 탈출구가 필요했다.

정말 큰 욕심을 부리는 것이 아니었다. 그냥 내가 노력한 만큼의 대가를 받고 싶을 뿐이었다. 직장에서 아무리 노력해도 그건 회사에만 도움이 될 뿐이다. 인센티브 제도도 있었지만 실적을 내는 나에게는 오히려 공평하게 돌아오지 않았다. 그 수익을 팀 전체가 골고루 나눠 갖는 시스템이었기 때문이다. 뛴 만큼 보상을 받고 싶었다. 아니, 내가 보상받고 싶은 만큼 뛸 수 있었다. 그래서 보험영업을 시작한 후에는 정말 행복했다. 다음 달의 급여를 내가 계획하고 결정할 수 있었다. 조만간 집안에 돈 들어갈 일이 있으면 난 평소보다 더 뛰었다. 더 많은 고객에게 전화하고 더 많은 고객을 만났다. 결과는 늘 정직했고 내가 노력한 만큼 대가는 날 기쁘게 했다.

셋째, 중국 선교의 가능성을 바라보았다.

1995년 11월 중국 유학을 떠났다. 내 이름 석 자도 중국어로 모르고 떠났던 유학이었다. 지금 중국은 경제적으로 많이 발전했지만 그때만 해도 우리나라 70년대의 분위기였다. 낯선 환경과 경제적으로 어려운 상황 속에 중국에서의 생활이 시작되었다. 그 당시 부모님은 지금의 아내와의 만남을 반대하셔서 유학하는 동안 자연스럽게 헤어지리라 생각하셨다. 하지만 중국에 도착하고 한 달 만에 나의 인생에서 가장 중요한 사건이 일어났다. 선교사님을 통해 복음을 듣고 영혼이 구원을 받게 된 것이다. 그 일 이후로 나의 삶은 180도 바뀌었다. 날마다 감사함이 넘쳐나며 아내와의 관계는 더욱 깊어져 갔다.

나의 인생이 바뀌며 알게 된 나라 중국과 하나님을 만나면서 알게 된 언어인 중국어. 그런 중국어를 중국 친구들의 도움으로 짧은 시간에 통역하는 수준에 이르렀다. 또한 내 영혼이 구원을 받은 이 나라를 사랑하게 되었고 중국인들의 영혼에 깊은 관심을 가지게 되었다. 언젠가 한국에 돌아가 직장을 찾는다면 반드시 중국 관련 직장을 찾겠다고 생각했다. 그래서 중국으로 파견을 나와 중국인들의 영혼 구원을 위해 일을 하겠다고 다짐했다. 외국계 회사에 입사했던 이유도 중국 진출이 가능해서였다. 그런데 그 회사를 통해 중국 파견이 어렵다는 소식을 전해 들었다. 나의 꿈이 좌절되는 순간이었다.

그러던 중 2004년 삼성생명이 중국 시장으로 진출한다는 소식을 들었다. 나는 주변의 반대에도 아랑곳하지 않고 망설임 없이 이직을 결정했다. 보험 영업이 어떤 일인지도 잘 모르는 상태에서 말이다. 그래도 주도적으로 내 일을 할 수 있고 노력한 만큼 대가를 받을 수 있다고 했다. 게다가 내가 가장 희망했던 중국 진출이 가능할 수도 있다고 한다. 바로 내가 찾던 그 직장이었다. 그런데 삼성생명에 입사한 후 알게 된 사실이 있다. 아무나 중국으로 파견될 수 있는 것이 아니라는 것이다. 무엇보다도 영업을 아주 잘해야 했다. 하지만 내게는 굳은 믿음이 있었다. 나를 이곳으로 인도하신 분에 대한 믿음이, 준비하고 있으면 문을 열어 주신다는 믿음이 있었다. 난 내가 해야 할 일에 집중했다.

위에서 말 한 세 가지 이유가 날 보험업계로 인도했다. 물론 이 밖에도 몇 가지 이유가 더 있다. 고액 연봉을 받고 내 능력을 증명해 보이고 싶은 마음도 있었고 이왕 영업에 도전한다면 가장 어렵다고 하는 보험영업에 도전하고 싶었다. 또 가치가 있는 일을 하고 싶었다. 누군가를 도우며 할 수 있는 사업, 남들이 두려워해서 도전하지 않는 길로 도전하고 싶었다. 이런 모든 이유로 인해 보험영업을 선택했다. 17년이 지난 지금 난 나의 선택에 감사하고 있다. 또한 이 길로 접어드는 많은 후배에게 얘기해주고 싶다. 후회하지 않을 선택이라고. 잘한 선택이라고.

2004년 11월 마지막 주로 기억이 난다. 보험영업을 시작한 지 거의 한 달이 되는 어느 날이었다. 일을 마치고 지점으로 복귀해 다음 날 준비를 하느라 한참 분주했다. 두 명의 선배가 영업 현황판을 보며 하는 대화가 내 의지와 상관없이 들려왔다.

"야~ 얘 곧 집에 가겠는데!"

같은 지점 옆 팀의 컨설턴트 선배의 말이었다.

'아직 퇴근 시간이 되려면 멀었는데 누가 벌써 집에 가나?'

평소에 자주 후배들의 뒷담화를 즐기는 선배의 말이라 흘려들었다. 그런데 곧바로 다른 선배가 말을 받았다.

"그렇네. 신입이 한 달 동안 겨우 4건 했네. 진짜 곧 집에 가겠는데. 하하."

그제야 대화 속의 '집'이 내가 생각하는 '그 집'이 아님을 알았다. 더구나 현황판 앞에서 두 사람이 바라보고 있던 것은 이번 달 나의 실적표였다. 순간 얼굴이 달아오르고 어딘가로 숨고만 싶어졌다. 보험 컨설턴트로 일을 시작한 지 한 달, 이번 달 총 계약 건수는 4건. 그것도 내 계약 두 건을 포함한 것이다. 외국계 회사에서 세일즈 TOP을 1년 동안 한 번도 놓치지 않던 나였는데 왜 이 보험영업은 내 기대에 미치지 못하는 것일까? 내가 뭔가 잘못 생각하고 이 업종으로 뛰어든 것일까? 나에게 이 일이 맞는 것일까? 온갖 의문들이 꼬리를 물고 일어나 내 머릿속을 혼란하게 만들었다.

2004년 12월, 내 인생에 있어서 가장 고통스러웠던 한 달이었다. 다른 사람들은 성탄절과 연말로 인해 한껏 들뜬 분위기였지만 나는 결코 그럴 수 없었다. 두 아이의 아빠였고, 가장이었기에 고민은 깊기만 했다. 자신 있게 회사에 사표를 던지고 새로운 도전을 하겠다며 이직했다. 영업이라면 자신이 있었기에 억대 연봉의 꿈을 안고 도전한 사업. 주변의 만류에도 불구하고 난 할 수 있다고 믿고서 시작했던 일. 그러나 두 달만의 성적표는 초라하기 그지없었다. 12월 중순부터 연말까지 나는 잠시 일을 접고, 깊은 몸부림의 시간에 들어갔다. 과연 이 일이 내게 맞는 것일까? 늦기 전에 다시 이전 회사로 돌아가야만 하는 것일까?

하지만 이미 돌아갈 곳이 없었다. 건너온 다리를 모두 불태워버렸기 때문이었다. 진퇴양난이지만 나는 내가 믿는 하나님을 신뢰했다. 길가의 들풀도 키우시는 그분께서 당신 자녀의 인생을 책임지실 것을 확신했고 보험영업으로 나를 인도하신 분명한 이유가 있으리라 믿었다. 남들은 잘하고, 성공하고 있는 이 일이 왜 내게는 어려운 것일까? 원인과 이유를 찾아보기로 하고 약 2주일의 시간 동안 문제가 무엇이었는지 찾기 위해 몸부림쳤다. 2주간의 기도와 몸부림 속에 그 해답을 하나씩 찾아가게 되었다.

우선 이 일을 선택하게 된 동기를 점검해봤다. 물론 앞에서 설명했던 세 가지의 이유로 보험영업에 도전한 것이 사실이다. 주도적인 삶, 노력한 만큼의 대가, 중국 선교에 대한 가능성. 하지만 이러한 이유는 단지 내가 희망하는 바람일 뿐이었다. 결국 보험영업이 어떤 일인지 정확히 몰랐던 것이 가장 큰 원인임을 알게 되었다. 막연히 열심히만 하면 성공하는 그런 일반 영업들과는 다른 무엇인가가 있었다. 이런 원인을 찾아서 다시 시작하지 않으면 정말 그만둘 수밖에 없었지만 이 업(業)으로 인도하신 하나님을 신뢰했기에 내게 중도 포기는 있을 수 없었다.

보험영업은 다른 영업들과 확연히 다른 점이 있다. 다른 영업은 일을 그만두고 이직을 해도 인간관계에 큰 영향을 미치지 않는다. 하지만 보험영업은 중도에 그만두면 그동안 쌓아온 좋은 인간관계에 문제가 생긴다. 사람을 잃어버리고 상처를 주고, 받을 수 있다. 고객이 되었던 주변 지인들이 '나'를 믿고 계약을 하기 때문이다. 다른 영업은 한 번의 상품 판매로 판매의 과정이 거의 마무리되고 길어야 몇 년 정도 A/S를 하거나 고객관리를 하는 것으로 끝이 난다. 하지만 보험영업은 다르다. 가입 후 오랜 시간 동안 보험료를 내야 한다. 다시 말해서 오랜 시간 고객과 함께해야 하는 일이다. 그런데 일찍 그만두면 그 신뢰에 금이 간다. 믿었던 이들에게 실망을 안겨주게 된다.

보험 가입하는 고객들은 가입이 목적이 아니고 보험금 지급을 받는 것이 목적이다. 그래서 보험영업은 신중히 고민 후 시작해야 한다. 그만두더라도 최선을 다해 주변의 관계를 잘 마무리해야 한다. 잘못하면 인생의 소중한 자산인 사람을 잃어버릴 수 있다. 그래서 보험영업은 시험 삼아 해보는 일이 되어서는 안 된다. '한번 해보고 안 되면 이전에 하던 일로 돌아가죠, 뭐.' 이렇게 생각하는 컨설턴트들을 보았다. 당연히 이런 마음을 가진 사람은 이 일에서 성공할 수 없다. 게다가 소중한 사람들을 잃게 된다.

나 또한 이렇게 깊이 있게 보험영업을 생각하지 못했다. 내 마음속 한구석에도 '우선 해보고 안 되면 돌아갈 수도 있겠지' 이런 마음이 있었음을 고백한다. 물론 보험영업을 하는 모두가 반드시 성공할 수는 없지만 적어도 시작하는 단계에서 스스로 확신이 있어야만 한다. 그렇지 않으면 고객은 당연히 나의 확신 없는 모습에 신뢰를 느끼지 못하고 가정을 오랫동안 관리해줄 거라는 믿음을 줄 수 없게 된다. 언제 그만둘지 모르는 사람에게 가정의 소중한 미래를 맡길 수는 없는 것이다.

또한 나에게 있던 문제점은 우리 일에 대한 전문성이 없었다는 것이다. 고객들은 보험을 스스로 잘 이해해서 가입하는 것이 아니다. 우리가 이해를 잘 시켰을 때 비로소 가입하게 된다. 보험영업은 반드시 상품과 컨설팅에 대한 전문성이 요구된다. 물론 시작한 지 얼마 되지 않은 내가 전문성이 있을 리 만무했다. 그래서 내게 부족한 것이 무엇인지 깨닫게 되었을 때 내 생각이 변화되었고 우리 일에 대한 확신과 전문성을 갖추기 위해 생각의 변화에 이어 나의 말을 바꾸었다. 선배들은 고객 앞에서 전문가인 척 말하라고 가르쳤지만 내 양심에 신입인 내가 전문가인 척을 하는 것은 용납이 되지 않았다.

"과장님, 잘 아시다시피 몇 개월 전에는 반도체 부품을 팔았습니다. 이제 보험영업을 시작한 지 몇 개월 되지 않았기에 전문성이 부족합니다. 하지만 저는 이 일에 대한 확신이 있고 비전이 있습니다. 과장님 가정의 보험을 분석해서 정보를 드릴 기회를 주십시오. 부족하지만 믿고 맡겨주시면 계속해서 발전해 나가겠습니다."

나의 솔직한 고백이었다. 나의 솔직함에 고객들은 차츰 마음을 열기 시작했다. 일을 마치면 사무실로 복귀를 해 날마다 보험상품을 공부하고 연구했고 전문가가 되기 위해 화법을 연구하고 컨설팅을 위한 훈련에 전념했다.

결국 입사 5개월이 되던 2005년 3월, 계약 건수 24건에 월 보험료 880만 원에 달하는 결과를 거두었다. 하면 된다는 믿음과 확신이 내 온몸에 전율을 일으켰다.

차 례

Part 1   이론편 ────────────────

보험영업을 시작하기 전에 준비해야 할 마음가짐

Part 2 이론편

성공하는 보험영업의 노하우

Part 3 이론편

당신을 성공으로 이끄는 방정식

Part
1

보험영업을
시작하기 전에
준비해야
할 마음가짐

보험 컨설턴트는 '파는 사람'이 아니라
'사람을 살리는 일'을 하는 사람

세상에는 많은 종류의 직업들이 있다. 이 많은 직업에 종사하는 사람들 중에서 자신이 하는 일에 대한 정체성을 정확히 알고 있는 사람이 몇이나 있을까? 그 일의 사명과 역할 및 어떤 마음가짐으로 해야 하는지 알고 있는 것일까? 그렇게 많지는 않을 것이다. 보험영업 분야에서 일하는 컨설턴트들도 마찬가지다. 그런데 자신이 하는 일에 대한 정확한 정체성을 모르면 쉽게 한계에 부딪힌다. 내가 누구인지 무엇을 하는 사람인지 모르면 어려움에 직면할 때 쉽게 포기하게 된다. 그러기에 자신이 하는 일에 대한 정체성을 아는 것은 매우 중요한 일이다.

컨설턴트의 정체성

아들 : "아빠, 아빠가 하는 일은 어떤 일이에요?"

나: "그래 태희야, 아빠가 하는 일은 보험이라는 상품을 사람들에게 판
　　매하는 일이야. 그로 인해 그 사람들의 가정을 살리는 일을 하는 거
　　지. 이해가 되니?"
아들: "어떻게 살려요? 아빠가 의사예요?"

　　큰아들이 8살 때 회사에서 진행한 싱가포르 컨벤션에 참석했었는데 그
때 아들과 나누었던 대화다. 시상식은 싱가포르 샹그릴라 호텔 전체를 빌려
진행이 되었다. 아직 어린 큰아들에게는 신기하고도 대단해 보였던 것 같다.
그런데 갑작스럽게 이런 질문을 아들에게서 받고 보니 순간 잠시 당황스러
웠다. 대답해야 하긴 하는데 선뜻 할 말이 떠오르지 않았다. 평상시 강의를

해외컨벤션 시상식에서

27

할 때면 늘 입버릇처럼 이야기했던 내용인데 8살 아들에게는 어떻게 설명해야 할지 막막하기만 했다. 내가 겨우 답을 했지만 아들은 당연히 잘 모르겠다는 표정이었다. 8살 아들이 사람을 살리는 사람은 의사밖에 없는 것으로 아는 것은 당연한 일이다. 한참을 설명하느라 애를 먹었다.

2006년 겨울, 이혼 후 혼자 지내던 한 중소기업 사장님을 만났다. 늘 퇴근하면 혼자 집에 있어 외롭고 힘들다고 했다. 그분의 이야기를 듣고 어떻게 도울 수 없을까 고민이 되었고 보험상담보다도 더 중요한 문제를 돕고 싶은 마음이 들었다. 1주일에 한 번씩 그 사장님과 만나 시간을 보내면서 그분의 고민도 듣고, 성경 공부를 통해 하나님 사랑에 관한 이야기도 전했다. 그렇게 몇 개월이 지난 어느 날 혼자 계시는 사장님 댁을 방문했다. 평소에 못 보던 여자분의 신발이 현관에 놓여 있었다.

"사장님, 어떻게 된 일이에요?"

"엄 선생이 늘 가족에 대한 사랑을 이야기하지 않았소. 우리 다시 한 번 노력하기로 했어요."

내 질문에 대답하며 쑥스러운 듯 웃으시던 그 사장님의 모습이 아직도 기억에 남아 있다.

'그렇구나! 내가 하는 일은 단순히 보험상품을 파는 일이 아니라 한 가정을 살릴 수도 있는 일이구나. 내가 하는 일은 그런 가치가 있는 일이구나!'

나는 이런 사실을 깨달은 후 더욱 보험 컨설턴트라는 JOB에 대해 확신이 들었고 이 JOB의 정체성에 대해 더 깊이 깨닫게 되었다. 또 고객의 어떠한 거절과 무시에도 흔들리지 않는 힘이 생겼다. 어떤 사람은 이렇게 반문할 것이다.

"보험 컨설턴트가 사람을 살리는 JOB이라고? 너무 거창한 것 아니야?"

물론 그렇게 생각할 수 있다. 하지만 우리가 하는 컨설팅은 단순히 상품만 파는 것이 아니다. 보험과 재무 컨설팅을 통로로 각 가정의 숨겨진 어려운 문제까지도 도울 수 있다.

어느 가정이든 재정(돈)과 관련된 문제와 고민이 많다. 그래서 재정(돈)에 관한 이야기를 하면 상담이 깊어진다. 가족들 간의 어려움, 자녀에 대한 고민, 장래의 직업과 미래의 삶에 대한 고민까지 주제도 다양하다. 의사만 사람을 살리는 걸까? 우리 JOB은 낙담과 좌절로 쓰러지려는 한 사람의 인생에 힘을 줄 수 있다.

"선생님 덕분에 지금의 제가 있습니다. 감사합니다."

"선생님이 계셔서 우리 가정이 얼마나 든든한지 모릅니다."

"제 인생의 방향을 잡아주셔서 감사합니다."

이만큼 보람되고 가치 있는 일이 또 어디에 있겠는가! 비단 고객들뿐만 아니다. 보험 컨설턴트들도 우리 JOB에 대한 편견과 오해로 인해 힘들어하고 있다. 그들에게도 힘을 주는 것 또한 '사람을 살리는 일'이다.

컨설턴트의 사명

나 : "태희야, 모든 사람은 언젠가 아플 수 있다는 걸 너도 알지? 나이가 많이 들면 하늘나라로 갈 수 있다는 것도?"

아들 : "네. 알아요. 외할아버지 계신 하늘나라로 가는 거죠."

나 : "그래, 그런데 많은 사람이 이 평범한 진리를 잘 모르고 있단다. 아
직 일어나지 않은 일이기 때문일 거야. 아빠도 언젠가 우리 태희
곁을 떠날 수도 있겠지. 그래서 아빠는 사람들에게 그것을 알려주
는 일을 하는 거야. 생각지 않은 사고나 질병, 그리고 하늘나라로
가기 전에 미리 준비하라고."

아들 : "아! 그러면 아빠는 아주 좋은 일을 하는 거네요. 그렇죠?"

무언가 진지한 표정으로 아빠의 말을 듣던 아들이 한 마지막 말이 가슴
에 잔잔한 감동과 함께 묵직함으로 다가왔다. 아빠가 뭔가 좋은 일을 하는
사람이라고 굳게 믿는 듯
했다.

'정말로 내가 이 일에
대해 사명감을 가지고 임
해야겠구나.'

아직 일어나지 않은
일이기에 많은 사람은 모
르고 산다. 일어날 수 있
는 불행한 일에 대해 미
리 알려주는 일, 그리고
준비시키는 일, 이것이
우리 JOB의 사명이다.

해외컨벤션 참가 후 가족여행

나 : "아들아! 아빠는 보험이라는 상품을 판매하는 일을 하는 거야."

아들 : "보험이 뭔데요? 좋은 거예요?"

나 : "그럼! 좋은 거지. 아빠가 판매하는 보험상품은 사람들에게 도움을 주는 거야. 사람들이 예상치 못한 어려운 일을 당했을 때 큰 도움이 되지."

아들 : "와! 아빠는 좋은 일도 하고 돈도 버는 거네요. 하하."

TV에서 아빠 회사 광고가 나오면 광고 노래를 따라 하며 놀곤 한다. 동생에게도 의기양양한 태도로 가르쳐주며. 두 아들 모두 아빠 회사를 좋아하고 친구들을 만나도 아주 당당하게 자랑한다.

"우리 아빠 삼성생명 다녀. 그래서 우리는 해외여행도 자주 간다."

"우리 아빠는 사람들에게 도움을 주는 일을 해."

어린아이들이 쉽게 할 수 있는 그런 자랑이다. 아빠로서 은근히 뿌듯함이 느껴지는 것은 숨길 수 없는 사실이다. 하지만 그만큼 책임감 또한 적지 않게 부담으로 다가온다.

보험상품 판매의 궁극적인 목적은 보험금을 지급하는 것이다. 컨설턴트는 고객이 사망 시에 보험금을 전달한다. 그로 인해 가족들은 '재정적 안정'을 유지하게 된다. 또한, 살아있을 때도 보험의 필요성을 깨닫게 해 주어야 한다. 살아가는 동안 발생할 수 있는 여러 위험과 노후를 위해 준비하게 해 줘야 한다. 마음이 편안하고 든든하게 해줘야 한다. 우리가 이야기해주지 않으면 그 누구도 말하지 않는다. 보험 컨설턴트는 이런 의미 있는 일을 하는 것이다. 이것이 우리 JOB의 근본적인 사명이다.

컨설턴트의 역할

　보험 컨설턴트의 중요한 역할은 '묻고, 찾아내는 것'이다. 보험상품을 판매하는 열쇠는 우리가 무엇을 열심히 설명하고 가르치는 것이 아니라 우리가 묻고 가망고객이 자신의 이야기를 풀어내는 과정 안에 핵심 열쇠가 숨겨져 있다. 컨설턴트는 고객에게 이전에 없던 니즈를 만들어주는 것이 아니다. 숨겨져 있던 니즈를 드러내도록 도울 뿐이고 이렇게 찾아낸 고객의 니즈에 근거해 보험상품을 제안해야 한다. 고객이 공감되고 받아들이기 쉬운 해결책으로 말이다.

　이러한 해결책을 제시하고 나면 '이젠 되었겠지'라는 생각이 든다. 하지만 당연히 가입 결정을 할 거라는 생각은 큰 착각일 뿐이다. 여기에는 고객의 '망설임'이라는 과정이 기다리고 있다. 고객의 '망설임'은 지극히 당연한 반응이기에 이때 우리는 고객에게 어떤 결정이든 내리라고 권유해야 한다. 그 어떤 결정이라도 아무런 결정을 내리지 않는 것보다 낫다. 컨설턴트는 고객이 최종결정을 내리도록 돕고 동기부여를 해야 한다. 그들과 그들 가정의 미래를 위한 중요한 결정이기 때문이다.

　"결정을 내리시는 데 어떤 어려움이 있으신가요?"

　"지금이 아니라 나중으로 결정을 미루는 데는 어떤 이유가 있으신가요?"

　또한 가망고객은 보험상품에 대해 스스로 이해하지 못하기 때문에 우리가 그들을 이해시켜야만 보험에 가입한다는 점을 기억해야 한다. 자동차 구매를 생각해보자. 자동차 속의 복잡하고 발전된 내연기관의 원리를 알 필요가 있을까? 자동차는 이동수단이지만 디자인, 가격 등과 같이 보이는 조건

들로 선택을 한다. 자동차 속에서 무슨 일이 벌어지고 있는지는 구매하는 이들의 관심 사항이 아니다. 마찬가지로 보험상품의 가입은 보험 컨설턴트가 설명할 때 숨겨진 의미와 가치를 이해시켜야 판매가 이루어진다.

8살 아들에게 설명했듯이 보험 컨설턴트 JOB은 분명 가치 있는 직업이다. 고객들과 삶을 나누며 재정적인 안정과 삶에 희망을 심어줄 수 있다. 보람이 있고 의미가 있는 만큼 무거운 책임감과 사명감도 필요하다. 뿐만 아니라 보험상품을 판매하여 수입을 얻는 정도의 단순한 세일즈의 개념을 뛰어넘는 비밀이 있다. 그러기에 이 비밀인 컨설턴트의 정체성을 아는 것은 너무나 중요한 일이다.

"태희야! 아빠가 하는 일은 사람들에게 도움이 되고 그 가정을 살리는 일이란다."

이 장에서 기억해야 할 내용 ────────────

1. 컨설턴트의 정체성

   단순히 보험상품만 파는 사람이 아니라 '사람을 살리는 JOB'

2. 컨설턴트의 사명

   일어날 수 있는 불행한 일에 대해 미리 알려주고 준비시키는 일

3. 컨설턴트의 역할

   묻고, 찾아내는 것. 최종결정을 내리도록 돕고 동기부여하는 것

보험영업의 본질을 이해하면
성공하는 보험 컨설턴트의 길이 보인다

영업 중에서 가장 어려운 영업이 무엇일까? 왜 사람들은 보험영업이 어렵다고 하는 것일까? 자동차 영업과 제약 영업도 어렵다고 하지만 사람들이 흔히 이야기하듯 '눈에 보이지 않는 물건을 팔기에 어려운 것'이다. 그렇다면 이렇게 어려운 보험영업은 도전할 만한 가치가 있는 것일까? 보험영업은 누구나 쉽게 도전은 할 수 있지만 성공은 아무나 할 수 없다. 어떤 직업보다 더 전문적이어야 하고 최고의 영업기술을 필요로 한다. 보험영업은 이전에도 어려웠고 지금도 어렵다. 앞으로도 결코 쉬운 일은 될 수 없다. 따라서 보험영업이 왜 이렇게 어려운지 알아야 하며 극복하고 이겨내야 한다.

'엄마가 남긴 마지막 선물'

가난한 환경 속에서 골프라는 운동으로 꿈을 키워가던 한 중학생 소녀가 있었다. 남다른 재능과 성실한 훈련으로 꿈을 향해가며 여러 대회에서 우승했다. 그러던 어느 날 예기치 못한 사고로 어머니가 세상을 떠나는 엄청난 시련이 찾아왔다. 소녀는 큰 시련 앞에 자신의 꿈을 포기해야 할 상황이었다. 그런데 소녀는 꿈을 포기하지 않아도 되었다. 어머니의 마지막 선물이 있었기 때문이다. 아버지는 어머니의 보험금이 들어 있는 통장을 전해주었다. 어머니의 목숨값과 바꾼 돈이기에 이것을 활용해 꼭 꿈을 이루라는 말과 함께 말이다. 이 소녀가 세계랭킹 1위에 올랐던 신지애 프로골퍼다.

어느 날 신지애 프로의 이야기를 방송으로 보았다. 순간 '이것이 보험이구나'라는 생각이 강하게 스쳐 지나갔다. 고객들을 만나 그토록 전하고 싶었던 보험에 대한 진실. 남겨진 자녀의 미래를 지켜줄 수 있는 사랑. 결코 '사랑'하지 않으면 준비해줄 수 없는 부모의 선물. 진정한 사랑은 구체적인 준비가 필요하다는 방증이었다. 우리는 가족에게 '사랑한다, 책임지겠다'라는 말을 쉽게 한다. 그런데 구체적인 준비를 한 사람만이 그런 말을 할 자격이 있는 것이 아닐까? 물론 구체적인 준비가 되어 있더라도 부모의 죽음은 큰 충격이다. 하물며 아무런 준비 없이 떠난다면 남은 가족은 어떻게 살아갈 수 있을까?

하지만 이토록 의미 있는 보험을 대하는 사람들의 태도는 다양한데 보험 가입을 꺼리는 요인들에 대해 살펴보자. 우선 사람들은 매달 돈 내는 것을 부담스러워한다. 다른 상품처럼 한 번 지불하고 끝나면 좋겠다고 한다. 요즘 같이 경제가 어려운 상황 속에서 오랫동안 지속해서 돈을 낸다는 것이 두렵다는 것이다. 충분히 공감이 가는 이야기다. 하지만 지속해서 돈을 내는 것을 두려워하다가는 상상할 수 없는 두려운 일을 직면할 수도 있다. 사랑하는 가족이 캄캄한 미래 속으로 걸어가야 하는 상황 말이다.

사람들은 일어나지 않은 일에 대해 돈을 지불하고 싶어 하지 않는다. 이것 또한 충분히 이해가 가는데 보험의 진정한 의미를 아직 모르기 때문이다. 보험은 소중한 가족의 미래를 안정되게 보장하기 위한 비용이다. 우리나라 국방부의 1년 예산은 국가 예산의 10%에 달하고 대부분의 나라가 엄청난 국방비를 지출한다. 그러면서도 전쟁이 일어나지 않기를 바란다. 보험도 마찬가지다. 결코 사고가 일어나지 않기를 바라면서 비용을 지출하는 것이다. 이제껏 화재가 한 번도 나지 않았더라도 비용을 들여 소화기를 비치하는 것과 마찬가지 이유다.

보험영업은 왜 어려울까?

2007년 대전에 있는 한 외국계 보험회사에서 강의 요청을 받았다. 내가 활동하고 있는 내용과 노하우에 대해 알려달라는 요청이었다. 한 개 지점의 인원이 약 200명 정도 되는 꽤 큰 규모의 지점이었고 많은 보험 컨설턴트들이 호기심 가득한 눈으로 바라보고 있었다. 영업문화가 다른 회사에서 잘나가는 사람은 어떻게 영업하는지 궁금한 듯했다. 처음에는 나를 부른 이유가 잘 이해되지 않았다. 이곳에는 나보다 연봉도 많고 큰 계약을 잘하는 사람들이 많다고 들었으니 말이다.

"저는 지금까지 여러 업종에서 일한 경험이 있습니다."

"첫 직장은 가방을 만들어 수출하는 제조업이었죠. 두 번째 직장은 반도체 부품을 수입해서 파는 유통업. 그리고 지금의 보험업이 세 번째입니다."

"제가 해본 세 가지 업종 중에 보험업이 가장 쉬웠습니다."

이 말을 하는 순간 컨설턴트들의 입에서 야유가 섞인 탄성들이 터져 나왔다. 그들에게는 서울대에 합격한 친구가 방송에 나와서 '공부가 제일 쉬웠어요'라고 하는 격이니까 아주 재수가 없게 느껴졌을 것이다. 그도 그럴 것이 흔히 영업 중에서 가장 어려운 영업으로 보험영업을 꼽는다. 사람들에게 왠지 아쉬운 소리를 하는 영업. 보이지 않는 것을 팔기에 어려운 영업. 그토록 친했던 지인, 친구들이 나를 피하는 영업. 온통 이렇게 힘들게만 느끼던 보험영업이 쉽다고 하니 이해를 못 할 수밖에.

그렇다면 왜 이렇게 컨설턴트들은 보험영업이 어렵다고 느끼는 것일까? 가장 큰 이유는 우리 일이 상처를 받는 일이기 때문이다. 다른 여러 종류의 영업직들과 다른 이유가 여기에 있다. 판매의 대상인 고객들이 불특정한 다수인데 흔히들 하는 이야기로 숨을 쉬며 건강히 걸어 다니면 다 고객이 될 수 있다. 어떻게 보면 고객의 대상이 많아서 기회가 많아 보일 수도 있지만 사실 함정이 있다. 나와 가까운 지인, 친구, 가족까지도 고객이 될 수 있기에 가깝고 믿을수록 기대가 크다. 그런 만큼 실망도 크고 상처 또한 크다. 모르는 사람에게 거절을 당하면 그럴 수 있다고 쉽게 넘어간다. 하지만 믿었던 친구나 가족에게 거절을 당하면 이 일에 대한 회의마저 생기기 마련이다.

그런데 왜 가까운 지인이나 가족들은 기대와 다르게 거절할까? 도와주지는 못할망정 보험영업을 하는 우리에게 실망을 안겨주는 것일까? 우리는 이 점을 명확히 알아야 한다. 전적으로 그들의 잘못이 아니다. 가족이나 지인들조차도 오랜 시간 동안 보험과 보험을 판매하는 사람들에 대한 오해가 쌓여 있기 때문이다. 따라서 고객들을 탓하기보다는 컨설턴트들의 문제에 집중해야 한다. 이 사회 저변에 보험영업에 대한 부정적인 이미지가 깔려 있어서 지인들조차도 우리를 만나면 방어적인 태도부터 취한다. 거절은 예사기 때문에 우리는 자존감에 상처를 입을 수밖에 없다.

보험영업이 심지어 가족에게조차 환영받지 못하는 가장 큰 이유는 무엇일까? 전문성 없는 컨설턴트들의 대량 도입과 탈락의 반복. 아는 사람들을 찾아가 힘들게 하는 단순 관계 영업. 보험 제도를 이해하지 못해서 오는 오해. 그로 인해 '보험은 손해다'라는 왜곡된 개념. 이런 것들이 누적된 결과이지만 무엇보다도 보험영업을 하는 컨설턴트들의 정체성 교육의 부재가 가장 큰 이유다. 우리 일은 어렵지도 않고 어려운 일이 되어서는 안 된다. 보험영업의 본질을 알고 정통하면 쉬워진다. 보험영업의 본질에 대해 우리는 끊임없이 고민하고 찾아야 한다.

보험영업의 본질

보험영업의 본질은 사람을 이롭게 하는 것이고 내가 만난 고객의 인생에 도움이 되는 것이다. 그래서 부끄럽기는커녕 성스럽기까지 한 직업이다. 우리가 얼마나 가치 있고 의미 있는 일을 하는지 컨설턴트들은 반드시 명심해야 한다. 물론 언제나 가치 있고 의미 있는 일은 오해가 뒤따른다. 그 오해를 이겨내고 묵묵히 행할 수 있는 사람들이 보험영업에 도전해야 한다. 단순히 돈만 벌기 위해, 성공하기 위해서만이 아니다. 흔들림 없는 사명감과 자존감이 필수이다. 세월이 갈수록 가치가 점점 더 빛나는 직업이 틀림없다. 덕분에 17년 동안 고객들로부터 참으로 많은 감사의 말을 들었다.

보험영업에서 가장 중요한 것은, 고객들이 무엇을 원하는지 파악하고 그 원하는 것을 얻을 수 있도록 돕는 것이다. 보험영업의 본질을 이해하고, 도우려는 마음이 진정 있다면 이 일은 쉬워질 것이다. 고객들이 원하는 것을 찾아내고, 그것을 성취하도록 돕는 것. 이것은 단순한 세일즈의 기법을 넘어서 삶 자체이고 철학이다. 고객들의 마음 깊은 곳에는 누구나 가족을 사랑하는 마음이 있지만 쉽게 표현하지 못할 뿐이다. 이런 고객들의 마음을 우리가 꺼내서 알려줘야 한다. 잊고 있다면 생각나게 하고 다시 깨닫게 해줘야 한다. 그래서 보험영업은 쉬운 것이다. 이미 있는 것을 찾도록 돕고 깨닫도록 도우면 되기 때문이다.

이렇듯 보험영업은 어렵다는 선입견과 긍정적인 면이 동시에 존재한다. 이제 당신에게는 선택의 문제만이 남았다. 사람들에게 때론 환영받지 못하는 보험영업을 평생의 직업으로 선택할 것인가? 이 어려움을 극복하고 이겨내서 나의 직업으로 한번 도전을 할 것인가? 처음 시작하는 컨설턴트들에게는 쉽지 않은 결정일 것이다. 한 번도 가본 적이 없는 길이기에 먼저 경험한 선배들의 역할이 중요하다. 보람 있고, 가치 있는 일이며, 평생을 해도 후회하지 않고 잘했다고 생각할 수 있도록 이끌어야 한다. 물론 컨설턴트인 당사자가 보험영업의 본질을 제대로 배우고 알았을 때야 가능하지만 말이다.

1. 보험은 '사랑'하지 않으면 준비해줄 수 없는 부모의 선물이다. 또한 진정한 사랑은 구체적인 준비다.

2. 보험이 어려운 이유는 상처를 받기 때문이다.

3. 이 사회 저변에 보험영업에 대한 부정적인 이미지가 깔려 있어 보험영업이 어렵다.

4. 보험영업이 심지어 가족에게조차 환영받지 못하는 이유: 컨설턴트들의 정체성 교육의 부재가 가장 큰 이유다.

5. 보험영업의 본질은 사람을 이롭게 하는 일로, '고객들이 원하는 것을 찾아내고 그것을 성취하도록 돕는 것'이다.

자신만의 선명한 목표와 계획이 없으면
결코 성공할 수 없다

어떤 일을 하든 정확한 목표를 세우고 그에 따라 계획하는 일은 중요하다. 목표가 없는 비즈니스는 출발부터 그 성공을 보장할 수 없다. 누구나 다 목표와 계획의 중요성을 알고 있을 뿐만 아니라 그에 따른 실천이 얼마나 중요한지는 말할 필요도 없을 것이다. 그러나 지금도 너무나 많은 보험 컨설턴트들이 목표 없이 우리 일에 도전한다. 아니 너무나 막연한 목표를 가지고 뛰어든다고 하는 것이 맞을 것이다. 당연히 막연한 기대는 막연한 결과를 낳는다. 초등학생들도 방학이면 목표를 세우고 구체적인 계획표를 만드는데 사업을 시작하는 보험 컨설턴트들이야 말할 필요가 있을까?

목표와 계획의 중요성

팀원: "매니저님! 이번 한 달도 최선을 다했다고 생각했는데 결과가 실

망스럽네요."

매니저 : "김 FC님, 이번 달 초에 어떤 목표를 세우셨죠?"

팀원 : "목표요? 아니, 그냥 지난달보다만 잘하려고 생각했죠."

매니저 : "아무런 목표가 없이 한 달을 시작한 건가요? 그러면 많이 힘들 었을 텐데."

팀원 : "목표를 어떻게 세워야 할지도 잘 모르겠고, 세워도 달성이 안 되어서요. 나중에는 아예 목표 세우는 일을 포기하게 되네요."

매니저 : "너무 큰 목표, 달성하기 어려운 목표를 세워서 그래요. 제가 쉽 게 알려드릴게요."

내가 세일즈매니저 시절 신입 팀원과 나눴던 대화다. 목표를 구체적으로 세우지 않은 사람은 실패를 계획한 것이다. 나의 팀원의 경우처럼 많은 이들이 목표에 대해 심한 부담을 느끼고 있고 뭔가 크고 원대한 목표를 세워야 한다고 생각한다. 하지만 그럴 필요가 없다. 목표란 목적을 이루기 위해 실행(실천)하는 것이다. 실행(실천)이 가능해야 목표는 의미가 있지 막연하면 안 되고 구체적이어야 한다. 나의 팀원은 목표를 세우는 방법을 잘 몰랐고 막연히 목표를 세웠기에 실행하기 어려웠다. 실행이 안 되니 결과가 없고, 결과가 없으니 포기하게 된 것이다. 악순환이 반복될 뿐이었다.

목표가 명확한 사람과 그렇지 않은 사람은 어떤 차이가 있을까? 분명한 차이가 있을 수밖에 없다. 구체적인 목표 없이 막연한 계획만 있는 사람은 모로 가나 서울만 가면 된다는 생각으로 주어진 결과에만 만족한다. 이런 사람은 가다가 힘들고 어려운 상황에 부딪히면 포기하거나 다른 길을 찾기 마련이다. 심지어 '나중에 하면 되지, 천천히 하면 되지'라고 생각하며 미룬다. 하지만 구체적이고 명확한 목표가 있는 사람은 어떠한 어려움이 와도 흔들리지 않고 다른 곳에 한눈을 팔지 않는다. 명확한 목표가 있기에 성취하고 싶은 마음도 간절하다.

우리가 너무나 잘 아는 말 중에 '시작이 반'이라는 말이 있다. 목표를 세우고 시작하는 것은 성과를 결정짓는 중요한 요인이다. 그렇다면 목표는 어떻게 정해야 하는가? 목표는 일반적으로 자신의 능력치보다 높게 설정하라고 말하고 싶다. 반드시 크고, 선명하고, 구체적으로 세워야 한다. 그래야 적극적으로 실행에 옮기고 강력한 추진력을 발휘할 수 있다. 실행이 없는 목표는 단순히 좋은 생각일 뿐이다. 좋은 생각은 좋은 골프채와 같다. 가지고 있는 이들도 많고 그 골프채로 골프 치는 것을 자랑으로 여기지만 골프채가 좋다고 그 사람의 실력이 좋은 것은 결코 아니다. 이렇듯 행동으로 옮기지 않는 목표는 허상일 뿐이다.

일일 목표의 중요성

그렇다면 우리 일에서의 목표란 무엇인가? 구체적인 목표는 개개인의 상황과 생각에 따라 당연히 다를 수 있다. 예를 들어 우리 일을 통해 경제적인 자유를 누리는 것을 바라면 높은 연 수입이 목표가 된다. MDRT 회원 자격의 달성, 한 달에 12건 이상의 보장을 매달 달성하는 것. 또는 50주 동안 3W(한 주(1 Week)에 3건의 계약을 체결하는 것을 의미함)를 연속으로 달성하는 것. 다양한 목표들이 있을 수 있다. 어떠한 목표라도 좋다. 그것이 우리 일을 지치지 않고 즐길 수 있게 해준다면 말이다.

우선 이런 목표들을 달성하기 위해서 가장 작은 단위의 목표를 알아보자. 쉽게 세울 수 있고 우리에게 가장 가까이에 있는 목표는 일일 목표다. 목표를 세우고 달성이 안 된다고 푸념하는 사람들의 공통점이 있는데 작은 것에 충실하지 않는다는 것이다. 흔히 큰 목표, 폼이 나는 목표만을 중요하게 생각하는 경향이 있지만 지금 눈앞에 있는 오늘 하루의 목표가 사실 전부이다. 그냥 나에게 허락된 오늘 하루에 최선을 다하는 것. 이것이야말로 내 인생 전체를 성공으로 이끄는 핵심 열쇠다.

하루하루의 목표를 정하면 절박함이 생긴다. 성공을 맛보는 방법으로 이보다 더 좋은 것이 없다. 우선 '월' 목표를 정하고 '주' 목표로 다시 세분화한다. 근무 일수가 보통 5일이기에 정해진 '주' 목표를 5로 나누어서 하루의 목표를 정한다. 일일 목표가 정해지면, 하루라는 시간 안에 성취를 맛볼 수가 있다. 나에게 주어진 하루라는 시간을 가장 역동적으로 보낼 수 있는데 성공의 작은 경험을 하나씩 쌓아 나가야 한다. 가까운 데 있는 성공이 멀리 있는 큰 성공보다 백 배는 의미가 있다. 성공한 사람들은 주변에서 쉽게 잡을 수 있는 소소한 성공을 지나치지 않는다. 작은 성공을 발판으로 더 큰 성공을 이루어 나갈 수 있기 때문이다.

이것은 내가 자주 하는 방법이다. '이번 달에 몇 건의 계약을 해야 하나? 어떻게 해야 하나? 어디 가서 해야 하나?' 이런 생각이 스치는 순간 막막함의 그림자가 엄습한다. 그럴 때면 스스로 머리를 흔들며 신입 시절 정말 막막했던 시간들을 떠올려본다. '그때도 이겨냈었지. 처음부터 다시 시작하자.

한 달이 아니라 오늘 하루를 어떻게 승리할지 집중하자.' '오늘 하루 30명의 고객에게 전화하자. 4명의 고객을 만나서 내가 하는 일을 이야기하자.' 이렇듯 그날의 목표를 설정하고 반드시 달성하면 난 그날의 승자가 된다. 인생에서 하루를 이겨낸 승자가 되는 것은 결단코 어렵지 않다.

이제 우리에게 목표를 달성할 수 있는 시간은 한 달이 아니다. 오늘 해내지 못한 일을 할 수 있는 내일은 없다. 오늘 꼭 마무리해야 한다. 물론 하루의 목표를 세우고 이루는 것이 쉬운 일은 아니다. 매일매일 실패를 맛봐야 할 수도 있기 때문이다. 그런데 1년을 단위로 목표를 세웠다 실패하면 연말에 좌절밖에 남는 게 없다. 하지만 일일 목표는 우리에게 실패보다 더 자주 성공을 맛볼 수 있는 기회를 제공한다. 어떤 일일 목표라도 좋다. 하루 20통의 전화. 4명의 고객과 만남, 하루 1명 이상 소개받기 등과 같이 우리가 절박하게 집중할 수 있는 목표만 있다면 도전하라.

계획하는 일에 시간을 내는 것의 중요성

지금까지 목표를 달성하기 위한 실행의 중요성에 대해 알아보았다. 그런데 실행하는 것만큼 중요한 것이 바로 계획하기 위해 시간을 내는 것이다. 나는 금요일 오후를 온전히 '다음 주 일정을 짜는 날'로 정했다. 이 시간은 누가 뭐래도 확보해야만 하는 시간이다. 때로는 여러 분주한 일들로 인해 이 시간을 확보하지 못할 때가 있다. 그러면 어김없이 다음 주의 일정들이 틀어져버린다. 소중한 시간이 낭비되어 결국 한 달이 어려워진다. 참으로 신기하다. 그냥 일정 짜는 시간을 한나절 내지 못한 것뿐인데 말이다.

매주 월요일 아침, 한 주의 업무를 시작할 때는 자신감과 열정을 가지고 나간다. 나는 지난주 금요일 오후 내내 내가 만날 고객들에 대해 고민하고 생각했다. 덕분에 그들의 상황과 필요, 그들에게 도움이 될 무엇인가를 준비해서 만날 수 있게 된다. 만나고 싶은 열정과 기대감이 가득한 채로 한 주를 시작하는 것이다. 나는 생각해서 일정을 짜는 일의 중요성과 고객과의 상담의 중요성을 안다. 이 두 가지 중요한 일을 제외한 나머지 일은 신뢰하는 직원에게 모두 맡긴다. '충분한 시간을 투자하라. 생각하고 계획하는 일에!' 이것이 나의 비법이다.

"내가 이 분야에서 성공을 거둘 수 있었던 것은, 내가 금요일마다 시간을 내서 미리 짜둔 일주일간의 스케줄을 방해하는 어떤 일이든 어떤 사람이든 거절하기 때문이라네."

프랭크 베트거의 저서 《실패에서 성공으로》에 나오는 말이다. 그는 보험영업 분야의 전설적인 인물인데 그의 말이 나의 보험영업의 수준을 한 단계 올려준 중요한 핵심 개념이 되었고 내가 힘들고 막막할 때마다 그의 책을 읽으며 다시 힘을 내곤 했다. 성공은 그냥 이루어지는 것이 아니라 계획해야 얻을 수 있는 것이다.

우리 일을 포기하는 컨설턴트의 90% 이상은 만날 사람이 없기 때문이다. 그래서 날마다 갈 곳이 있는 컨설턴트는 결코 우리 일을 포기하지 않는다. 다시 말해 달성해야 할 목표가 있고 실행할 계획이 있으면 지속할 수 있다. 그리고 지속할 수만 있다면 우리 일은 언젠가 성공할 수 있다. "Survival is success!"라는 말이 우리 업계에서 유행하는 이유다. 자살하는 사람들이 무엇 때문에 자살을 할까? 여러 이유가 있겠지만 상당수의 이유는 목표가 없기 때문이라고 한다. 그만큼 목표가 없다는 것은 사람을 무기력하게 만드는 것이다. 하루하루의 작지만 선명한 목표에 충실하라. 그러면 성공이 보일 것이다.

이 장에서 기억해야 할 내용

1. 목표를 구체적으로 세우지 않은 사람은 실패를 계획한 것이다.

2. 정확한 목표를 세우고 구체적인 계획들을 세우는 일은 중요하다. 그래야 적극적으로 실행에 옮기며 성공의 맛을 느낄 수 있다.

3. 크고 먼 목표가 아니라 하루하루의 목표에 충실해야 한다. 그날의 승자가 돼라.

4. 생각하고 계획하는 일에 충분한 시간을 내는 것이 성공의 지름길이다.

좋은 습관은 보험영업 성공의
중요한 조건이다

'좋은 습관'은 두말할 것 없이 좋은 것이다. 블로그와 카페를 보면 많은 이들이 '좋은 습관'을 갖고 유지하기 위해 노력을 한다. 예를 들어 새벽에 일찍 일어나는 습관을 위한 모임 및 카페만 해도 너무나 많다. 좋은 습관을 코칭해주고 관리해주는 모임과 커뮤니티도 많이 생겨나고 있다. 사람들이 이토록 좋은 습관에 관심을 가지는 이유는 무엇일까? 바로 이 좋은 습관들이 각자의 삶을 성공으로 이끌어주기 때문이다. 우리 일을 성공으로 이끌어주는 비밀 중의 하나도 바로 좋은 습관을 익히는 것이다. 따라서 보험영업의 성공을 위한 좋은 습관은 어떤 것이 있는지 연구해 볼 필요가 있다.

좋은 습관의 중요성

반복적인 행동으로 굳어진 습관은 때론 그 사람의 운명을 결정짓고 그로 인해 그 사람의 인생이 좌우된다. 이렇듯 습관에 따라 운명이 결정된다면 우리는 어떻게 해야 할까? 좋은 습관을 얻고, 만들기 위해 반드시 노력해야 할 것이다. 하지만 습관을 바꾸고 몸에 익히는 것은 결단코 쉬운 일이 아니다. 그래서 성공한 사람이란 습관을 바꾼 사람이라고도 할 수 있다. 사람의 말과 행동은 그에 따른 습관으로 나타나기 때문에 습관을 바꾼다는 것은 결국은 사람을 바꾸는 것이다.

냉동식품 가공공장에서 일하는 한 여직원이 있었다. 어느 날 냉동창고를 점검하던 중 갑자기 문이 저절로 닫히는 사고를 당하게 된다. 그녀는 '내가 여기에서 얼어 죽는 건가?' 생각하며 절망감에 울기 시작했다. 시간이 지남에 따라 여직원의 몸은 이미 감각이 없을 정도로 얼어가고 있었다. 그때 누군가 문을 열었다. 자세히 보니 뜻밖에도 경비원 아저씨였다. 기적적으로 구조되고 난 후, 그녀는 경비원 아저씨에게 물었다. 어떻게 자기가 거기에 있는 줄 알았냐고. 경비원 아저씨가 냉동창고 문을 연 건, 정말 뜻밖의 이유 때문이었다.

아저씨는, 자기가 공장에 온 지 35년이 됐지만, 그 여직원 말고는 누구도 자기에게 인사하는 사람이 없었다고 했다. 그녀는 아침, 저녁으로 출퇴근길에 반드시 경비원에게 반가운 인사를 건넸다고 한다. 그런데 그날 퇴근 시간이 됐는데도 그녀의 모습이 보이지 않았다. 아저씨는 이상하다는 생각이 들어 공장 안을 여기저기 찾아다녔다. 그래서 마침내 창고까지 확인하게 되었다고 한다.

"다른 사람들과 달리 당신은 매일 나에게 다정히 인사를 해주었죠. 그래서 늘 당신이 기다려졌어요. '내가 그래도 사람대접을 받고 있구나' 하고 느껐거든요"

날마다 건넨 그 짧지만 친절한 인사 한마디가, 여직원의 생명을 구했다. 좋은 습관의 중요성을 말해주는 대표적인 사례다.(출처: 〈뉴스프리존〉 '덕산칼럼')

다음도 좋은 습관에 관한 예화다. 1972년 미국 예일대 졸업생 200명을 대상으로 조사한 결과다. 84%의 학생은 목표가 아예 없었다. 13%는 목표는 있으나 기록하지 않았다. 오직 3%의 학생만이 자신의 목표를 글로 써서 관리했다. 20년이 지난 1992년 그들의 자산을 조사해보았다. 목표가 있었던 13%의 자산은 목표가 없던 학생의 두 배였다. 자신의 목표를 글로 써서 관리했던 3%의 자산은 나머지 97% 학생의 열 배에 달했다고 한다. '자신의 꿈을 적고 관리하는 습관'이 곧 성공이라는 것을 다시 한 번 확인할 수 있었다.(출처: 미국 블라토닉 연구소 연구 결과)

좋은 습관을 만드는 방법

누구나 좋은 습관을 원한다. 좋은 습관이 자신의 인생을 성공으로 이끌 수 있기 때문이다. 그렇다면 습관은 쉽게 바꿀 수 있는 것일까? 물론 쉽지 않기에 많은 이들이 습관을 바꾸는 일에 그렇게 힘겹게 도전을 하는 것이다. 습관을 바꾸기 위해서는 우선 생각과 행동이 바뀌어야 한다. 가장 먼저 바뀌어야 하는 생각은 어떻게 해야 할까? 우리는 사람에 대해 흔히 "사람은 잘 안 바뀐다"라고 말하는데 사람의 생각이 잘 안 바뀐다는 이야기다. 그렇다면 생각을 바꾼 사람들은 무엇이 그렇게 생각을 바뀌게 했을까? 나의 경험상 그건 꿈을 이루기 위한 간절함과 자극을 통한 깨달음이다.

자신의 꿈을 성취하기 위한 간절한 마음을 얻기 위해서는 여러 가지 자극들에 우리를 노출시켜야 한다. 이런 자극에는 좋은 강의, 독서, 여행 같은 외부적인 자극과 스스로 성찰을 통한 내면의 자극이 있다. 이러한 간절함과 자극의 도움으로 이제 시작만 하면 된다. 물론 '작심삼일'로 끝날 수도 있지만 그렇다고 해도 어떠한가? 시작조차 하지 않는 것에 비하면 훨씬 멋진 도전이다. 그러므로 작심삼일을 두려워하지 말고 생각을 바꾸는 일에 끊임없이 도전하자. 그러다 보면 어느덧 우리가 원하던 좋은 습관이 우리 몸에 자리를 잡을 것이다.

사람의 생각을 바꿀 수 있는 또 하나의 방법은 '적는 것'이다. 보이지 않는 꿈을 눈에 보이게 만들어라. 크게 적어서 가장 잘 보이는 곳에 붙여놓아라. 글로 적힌 꿈과 목표를 매일 반복해서 보아야 한다. 그로 인해 생각이 조금씩 변할 수 있다. 사람은 누구나 반복적으로 노출된 환경에 의해 영향을 받는다. 꿈을 시각화하고 지속, 반복적으로 보며 생각해야 한다. 내가 생각을 바꾸어서 얼마나 좋은 습관을 만들고 싶은지, 어떤 꿈을 이루고 싶은지 적어야 한다.

다음은 내 방에 붙여 놓은 나의 꿈들이다.

- 매일 성경 말씀과 기도로 하루를 시작하기

- 개인영업뿐 아니라 법인 영업의 전문가 되기(월 3건 이상의 법인 계약),
  연 5천만 원 이상 십일조 하기(55세 이전)

- 영어와 중국어로 '못 하는 말 없고 못 알아듣는 말 없기'(55세 이전)

- 5년 이내 골프 싱글 달성하기(54세 이전)

- 선교 현장에서 축구를 가르칠 수 있는 축구 코치 자격증 취득하기(55세 이전)

- 대학에서 보험영업 가르치기(60세 이전)

보험영업 성공을 위한 습관

1. 메모하는 습관의 중요성

'희미한 펜이 또렷한 기억력보다는 낫다'라고 한다. 성공한 사람들은 메모에 익숙하다는 공통점이 있다. 기억은 분명 한계성을 가지고 있기에 메모는 필요한 좋은 습관이다. 세상을 바꾼 천재들이나 발명왕들도 모두 메모광이었다. 특히 고객과의 상담 중 메모하는 습관은 아주 중요한 습관인데 '당신의 이야기를 진지하게 듣고 있습니다'라는 메시지를 전달한다. 반면 메모를 하지 않으면 불필요한 오해를 살 수 있다. '이 사람이 나의 이야기에 관심이 있는 건가?'라는 불안감을 안겨줄 수 있기 때문이다. 그래서인지 신기하게도 메모의 양과 영업실적은 대체로 비례한다. 메모를 통해 고객에게 안정감과 신뢰감을 주자.

2. 매주 금요일 오후, 다음 주 일정을 짜는 습관

우리 일에서 가장 중요한 습관 중의 하나다. 고객과의 미팅 중 상담을 하고 싶지 않은 그런 고객들을 가끔 만나게 된다. 'Cool' 하게 인사를 하고 일어나서 나오고 싶어진다. 그러려면 그렇게 할 수 있는 힘이 필요하다. 일단 다음 일정들을 확인해본다. 만날 약속들이 연이어 많이 있다면 당당하게 인사를 하고 자리를 박차고 일어날 수 있다. 하지만 이 시간 이후에 일정이 없다면 난감하기 그지없다. 자존심이 상하고 자존감이 떨어져도 쉽게 못 일어난다. 다음 일정이 없기에 어떻게든 버텨야 한다는 생각에 사로잡힌다. 안쓰럽기 짝이 없지만 시간을 가지고 꼼꼼히 일정을 준비하지 않은 결과다. 이것이 다음 주 일정을 짜는 습관을 반드시 몸에 익혀야 하는 이유다.

3. 하루에 스무 명 이상 고객에게 전화하는 습관

보험영업은 아주 간단하다. 두 가지만 정확히 이해하고 실천하면 된다. 첫째, 누구를 만날 것인가? 둘째, 만나서 어떤 이야기를 할 것인가? 먼저 만나야 할 사람에게 전화하는 것이 중요하다. 과연 몇 명에게 전화하는 것이 적절할까? 나는 하루에 최소 스무 명 이상에게 전화하겠다고 목표를 정했다. 결단코 쉬운 일은 아니지만 자신과의 약속이다. 우선 노트에 스무 명의 고객들의 이름을 적는다. 그리고 통화가 될 때마다 하나씩 지워나간다. 스무 통의 전화 통화를 채우지 못하면 퇴근하지 않는다. 때론 집 앞에 도착해 마지막 통화를 마무리하고 집으로 들어간 적도 적지 않았다. 이렇듯 전화하는 습관은 아무리 강조해도 지나치지 않다.

4. 일을 마치고 사무실로 돌아오는 습관(귀점)

우리 일을 하다 보면 현장에서 바로 퇴근하는 일이 흔하다. 하지만 반드시 사무실로 들어왔다 퇴근하기를 권장한다. 다른 일과 달리 우리 일은 사람과 만나 상처를 받기 쉬운 일이다. 생각지 않은 거절, 기대했다가 하는 실망으로 인한 좌절감 등 매일매일의 일상 속에 작은 상처들이 쌓여간다. 이런 상처들이 쌓이면 나중에는 회복이 불가능한 상태가 된다. 권투에서 별거 아닌 '잽(jab)'을 많이 맞아 '다운(down)'이 되는 것처럼 말이다. 따라서 반드시 사무실로 들어와 그날에 있었던 상처들을 모두 쏟아내고 가야 한다. 동료들이나 선배들에게 푸념하고 하소연하는 것도 방법이다. 이것은 간단해 보이지만 보험영업을 오래 하기 위한 중요한 비밀이다.

5. 고객과의 미팅 일정에 대한 사전 컨펌을 하는 습관

보험영업은 약속하고 만나고 이야기하는 일이다. 우선은 만나야 모든 것이 가능해진다. 많은 컨설턴트들이 사전에 미팅 일정 컨펌하는 것을 두려워한다. 이상하게 들릴 수 있는 부분인데 나도 처음 이 사실을 알고 적지 않게 놀랐다. 만나기로 한 날 아침에 확인하지 않고 그냥 바로 출발해서 가는 경향이 있다. 고객들에게는 다양한 상황들이 많이 존재한다. 갑자기 긴급회의에 들어갔을 수도 있고 하필 당일 아침에 급한 출장을 갔을 수도 있다. 예측하기 어려운 다양한 변수들이 존재하는 데도 왜 사전에 확인하지 않고 출발부터 급하게 하는 것일까?

그것은 컨설턴트들의 두려운 마음 때문이다. 당일 오전에 전화해서 컨펌을 하면 '오지 말라고 하지 않을까?' 하는 두려운 생각이 사전에 컨펌하지 못하도록 하는 원인이다. 두려움에 컨펌을 하지 않고 가면 고객들과 만날 수 있는 가능성이 높아질까? 결단코 그렇지 않다는 것을 우리는 잘 알고 있다.

차라리 전화해서 오늘 안 된다는 사실을 확인하는 편이 훨씬 낫다. 헛걸음해서 버려진 시간들을 유용하게 활용할 수라도 있으니까 말이다. 사업가인 우리에게 시간은 너무나 소중하다. 이런 이유로 멘탈붕괴가 일어나 하루가 망가지면 일주일이 무너지고 소중한 한 달이 날아갈 수도 있다. 사전에 컨펌하는 습관은 이토록 중요하다.

6. 소개 요청을 하는 습관

보험영업을 오래 하지 못하는 이유는 만날 사람이 없어서이다. 만날 사람은 어디에서 구해야 할까? 가망고객을 찾아내는 방법은 여러 가지가 있지만 그중 지금까지 알려진 바에 의하면 '소개'가 최고의 방법이다. 보험영업을 하는 컨설턴트들이라면 누구나 소개의 중요성을 알고 있다. 그런데 소개를 통해 만날 사람을 늘려나가지 못하고 있다. 이유는 소개를 요청하지 않기 때문이다. '소개'는 요청해야 얻을 수 있는 것이다. 어떤 고객을 만나도 소개장을 꺼내놓고 요청해야 한다. 이 습관만 제대로 내 것으로 만들 수 있다면 누구든 성공할 수 있다. 보험영업을 통해 성공을 원한다면 바로 소개를 요청하는 습관부터 익혀라.

많은 이들이 보험영업엔 정답이 없다고들 한다. 정확히 맞는 말이다. 정답은 없지만 각 사람에게 맞는 해답은 있다. 그것은 좋은 습관을 몸에 익히고 온전히 자신의 것으로 만드는 것이다. 위에서 열거한 좋은 습관들이 나의 것이 될 수 있도록 만들어야 한다. 작심삼일로 끝나는 한이 있더라도 도전해야 한다. 작심삼일이 작심 일주일, 또는 한 달이 될 수 있도록 반복하면 된다. 변하기 어려운 사람의 생각을 바꿔서 작심 1년, 평생을 만들어보자. 보험 영업뿐만 아니라 우리의 인생이 성공으로 갈 수 있다고 믿는다.

이 장에서 기억해야 할 내용

1. 반복적인 행동으로 굳어진 습관은 때론 그 사람의 운명을 결정짓는다.

2. 좋은 습관을 만드는 것은 중요한 일이고, 성공한 사람이란 습관을 바꾼 사람이다.

3. 사람의 생각을 바꿀 수 있는 것은 '간절함, 자극을 통한 깨달음, 적는 것'이다.

4. 보이지 않는 꿈을 눈에 보이게 만들어라. 크게 적어서 가장 잘 보이는 곳에 붙여 놓아라.

5. 보험영업 성공을 위한 습관
   1) 메모하는 습관
   2) 매주 금요일 오후, 다음 주 일정을 짜는 습관
   3) 하루에 스무 명 이상 고객에게 전화하는 습관
   4) 일을 마치고 사무실로 돌아오는 습관(귀점)
   5) 고객과의 미팅 일정에 대한 사전 컨펌을 하는 습관
   6) 소개 요청을 하는 습관

보험영업을 오래 하지 못하는 이유는
만날 사람이 없기 때문이다

보험영업에 도전한 많은 이들이 중도에 포기하고 만다. 안타까운 일이 아닐 수 없다. 왜냐면 우리 일은 그 어떤 직업보다 가치 있고 보람 있는 일이기 때문이다. 그런데 왜 보험영업이 평생의 직업으로 자리매김을 하지 못하는 것일까? 왜 잠시 도전해서 돈을 벌고 1~2년 안에 그만두는 일로 인식된 것일까? 중도에 포기한 사람의 90% 이상이 '만날 사람이 없어서'라고 답했다고 한다. 정말로 보험 컨설턴트가 만날 사람이 그토록 없는 것일까? 문밖에만 나가면 건강하게 호흡하며 걸어 다니는 사람들이 저토록 많은데 말이다. 그렇다면 뭔가 다른 이유가 있는 것은 아닐까?

보험영업을 오래 못하는 여러 가지 이유

첫째, 우리나라 보험업의 문화가 성숙되지 않았기 때문일 것이다. 미국에서 매년 열리는 MDRT 연차총회에 참석했을 때의 일이다. 그때 받았던 신선한 충격은 지금도 기억에 남아 있다. 수십 년간 성공적으로 우리 일을 해온 백발 노장들의 자부심 넘치는 모습과 이제 갓 MDRT가 된 나에게 존중의 뜻을 표하며 격려하던 것이 인상 깊었다. 오랜 보험업의 역사가 있었기에 성숙한 문화로 자리를 잡은 듯했다. 무엇보다도 자신들이 속해 있는 이 업(業)에 대한 대단한 자긍심이 느껴졌다. 이런 문화가 있기에 오랫동안 우리 일을 통해 아름다운 은퇴를 맞는 것이다. 부럽지 않을 수 없었다.

그렇다면 왜 우리는 이런 성숙된 문화가 부족한 것일까? 신입 컨설턴트들이 자주 이런 질문을 한다. "왜 고객들은 보험을 싫어하죠? 좋은 제도인 것 같은데." 그런데 다시 생각해보자. 정말 고객들이 보험을 싫어할까? 아니다. 고객들은 보험을 싫어하지 않는다. 고객들은 '보험'을 잘 모른다. 어떤 것에 대해 정확히 알아야 싫고 좋고의 개념도 생기는 것이다. 보험에 대해 제대로 배운 적이 없기에 그들이 싫어하는 것은 보험이 아니라 '보험을 판매하는 사람'이다. 오랫동안 보험영업 하는 사람들에 대한 부정적인 이미지를 넘어서야 우리 일을 포기하지 않고 롱런할 수 있다.

둘째, 직장인보다도 더 일하지 않고 돈을 벌려고 하는 습성 때문이다. 우리는 사업가다. 직장 안에서 하나의 부속품처럼 사용되고 싶지 않아 새롭게 도전한 것이다. 다른 영업보다 더 어렵다고 하는 보험영업에. 남들이 힘들다며 쉽게 도전하지 못하는 일에 뛰어든 것이다. 그렇다면 우리는 어떻게 해야 할까? 우리 업계에서 회자 되는 말이 있다. '성공은 본능에 역행하는 것'이라고. 본능을 따라서 편하게 일하려 한다면 우리 일은 오래 할 수가 없다. 평범한 삶을 살고 싶지 않다면 다음의 말을 명심해야 한다. "남이 하기 싫어하는 일을 하라. 그러면 남과 다른 삶을 살게 될 것이다."

셋째, 가장 많이 이야기하는 이유인 '만날 사람이 없어서'이다. 정말 만날 사람이 없는 것일까? 주변의 지인도 많고, 친구도 많고, 심지어 가족도 있다. 그런데 왜 많은 컨설턴트들은 '만날 사람이 없어서 이 일을 할 수 없다'고 하는 걸까? 각자의 핸드폰 안에 수많은 전화번호가 저장되어 있을 텐데 말이다. 우선 '만날 사람'이라는 개념부터 정확히 알아보아야 한다. 보험영업을 중도에 포기하는 컨설턴트들에게 '만날 사람'은 누구인가? 바로 '계약을 해줄 사람'인 것이다. 세상 어디에도 우리를 위해 계약을 해줄 사람은 없다. 자신의 필요에 의해서 보험에 가입할 사람만 있을 뿐이다.

가망고객 발굴의 핵심 포인트

다시 한 번 말하지만 '만날 사람'에 대한 개념이 잘못되었다. 만날 사람이 없는 것이 아니라 계약할 사람이 없는 것이다. 좀 더 넓은 의미의 '만날 사람'을 찾아야 한다. 다른 표현으로 가망고객 발굴이다. 그렇다면 가망고객은 어떻게 발굴해야 하는가? 여러 가지 방법들이 보험업계에서 활용되고 있다. 다양한 형태의 동창회, 동호회, 운동모임, 취미활동 모임 등을 활용하는 것이다. 그런데 가망고객 발굴의 가장 좋은 방법은 누가 뭐래도 '소개'를 통한 방법이다. 내가 신뢰할 수 있기에 다른 사람에게 자신 있게 소개해주는 행위. 이것이야말로 우리 비즈니스를 끊임없이 오래 이어갈 수 있는 핵심 비결이다.

그렇다면 '소개'를 통한 가망고객 발굴은 어떻게 가능한 것일까? 일을 그만두는 수없이 많은 컨설턴트들은 이 방법을 몰라서 그만두었을까? 그렇지 않을 것이다. 그들도 우리 일을 어느 정도 경험했다면 소개가 가장 좋은 방법임을 알았을 것이다. 하지만 소개를 통한 가망고객 발굴은 결단코 쉽지 않다는 것이 문제다. 그렇기에 바꾸어 말하면 '소개'는 마르지 않는 샘물처럼 끊임없이 새로운 고객을 만들 수 있다는 것이다. 소개만 잘 받으면 우리 일을 그만두지 않고 오래 할 수 있다는 결론이 나온다.

'소개'란 무엇이며 어떻게 해야 잘 받을 수 있을까? 자세한 내용은 '판매 프로세스'에서 다룰 것이기에 핵심만 짚겠다. 고객들이 나에게 자신의 지인들을 소개해주려면 어떤 신뢰가 있어야 가능할까? 보통은 무턱대고 나에게 지인들의 전화번호를 주지는 않을 것이다. 한두 번의 컨설팅으로 나를 얼마나 신뢰할 수 있을까? 쉽지 않기 때문에 그만큼 컨설팅이 중요하다. 다시 말해서 컨설팅의 내용이 고객에게 무엇인가 깊은 인상을 주고 고객 자신의 삶에 도움이 되는 내용이 있어야 한다. 무엇인가 영양가 있는 것을 섭취한 듯한 느낌이 있어야 신뢰가 생기는 것이다.

보험영업에 도전했다가 포기하는 많은 컨설턴트들에게 이야기해주고 싶다. 만날 사람이 없는 문제는 원인부터 정확하게 파악해야 한다고 말이다. 단순히 '만날 사람'만을 찾으러 헤매고 다닌다면 남의 다리를 긁고 있는 것과 같다. 포인트가 잘못되었다는 것인데 정작 문제는 가망고객을 '찾는 문제'가 아니다. 고객을 만나 상담을 통해 어떤 '임팩트(Impact)'를 줄 것인가가 관건이다. 한두 번의 상담에서 고객에게 강한 인상과 신뢰를 심어주어야 한다. 그러면 신뢰를 바탕으로 한 자연스러운 소개가 나오게 될 것이다. 우리 일을 잠깐 하고 그만둘 것이라면 모르겠지만 오래 할 계획이라면 고민해야 한다. 어떻게 해야 명품 컨설팅을 통해 소개를 잘 받을 수 있을지를 항상 염두에 두어야 한다.

감동과 신뢰를 줄 수 있는 컨설팅은
어떻게 가능한 것일까?

그렇다면 이제 고객에게 감동과 신뢰를 줄 수 있는 컨설팅에 대해 알아보자. 자신이 알고 있는 보험에 대한 단순한 정보를 설명하는 수준으로는 감동과 신뢰를 주기 어렵다. 질문을 통해 고객이 자신의 상황을 꺼내놓도록 해야 한다. 컨설팅하는 시간의 많은 부분을 고객에게 질문해야 하고 그 질문에 대한 답을 듣는 시간으로 진행해야 한다. 그런 다음 정확히 고객의 '니즈'를 찾아서 그 해답을 주어야 한다. 그러려면 컨설팅에 대한 훈련이 필수적이다. 고객과의 다양한 상황 속에서 능숙한 대처 능력을 키울 수 있는 훈련 말이다.

이런 능력을 키우기 위해 보험업계에서는 '롤플레이(Role Play)'라는 방법을 사용한다. 다시 말해 고객과 컨설턴트의 역할을 정해서 연기를 하는 것이다. 처음에는 어색하고 쉽지 않다. 모든 일이 그렇지만 숙련된 기술을 발휘하기 위한 비법은 오직 '반복' 연습뿐이다. 동료나 선배들과 함께 일을 마치고 사무실로 돌아오면 'Role Play'를 훈련한다. 내일 만날 고객을 생각하며,

오늘 만났던 만남을 복기하며 재현한다. 고객에 대해 고민하며 하는 훈련들이 실제의 만남에서 빛을 발하기 때문이다. 반복훈련에서 나오는 말은 힘이 있다. 같은 말을 열 번 연습했을 때와 백 번, 천 번 연습했을 때는 완전히 다르다. 고객의 가슴에 꽂히는 느낌이 다르고 반복에서 나오는 그 힘에 압도되어 고개를 끄덕이게 된다.

이제 왜 보험 컨설턴트들이 보험영업을 포기하는지 알았을 것이다. 여러 가지 이유들이 많겠지만 '만날 사람'이 없는 문제에 대해 이제 다른 각도에서 접근을 시도할 수 있다. 세일즈 매니저를 하며 우리 팀원들에게 가장 많이 들었던 말이 있다.

"매니저님, 만날 사람이 없어요. 그래서 이 일을 더 못할 것 같아요."

너무나 쉽게 입버릇처럼 말하며 포기하고 우리 업을 떠났다. 전쟁 중에 적에게 화살을 쏜다면 정확하게 적을 알고 쏘아야 한다. 엉뚱한 곳을 겨냥해 쏘면 맞지 않을뿐더러 맞아도 큰 타격을 주지 못한다. 그래서 원인을 정확히 알고 해결 방법을 찾는 것이 중요하다.

서두에 말한 것처럼 우리 일은 그 어떤 직업보다 가치 있고 보람 있는 일이다. 중도에 포기하는 일이 없도록 돕고 싶다. 정확한 원인을 모르고 겉으로 보이는 것 때문에 겁을 먹고 포기하면 안 된다. '만날 사람'을 어떻게 하면 많이 만들어서 우리 일을 오래 할지 고민해야 한다. 나에게 컨설팅을 받고 싶어지도록 만들어야 하고 반복적인 훈련으로 나의 컨설팅 능력을 올려야 한다. 그래서 고객들이 자연스럽게 소개해주는 단계로 접어들어야 한다. 소개가 나오면 우리 일은 오래 할 수 있다.

1. 보험영업을 오래 못 하는 이유

1) 우리나라 보험업의 문화가 성숙 되지 않았기 때문
2) 직장인보다도 더 일하지 않고 돈을 벌려고 하는 습성 때문
3) 만날 사람이 없어서

2. 가망고객 발굴의 핵심 포인트 - '소개'를 통한 방법이 최고

소개를 받기 위해서는 '임팩트' 있는 컨설팅이 필요

3. 감동과 신뢰를 줄 수 있는 컨설팅은 어떻게 가능한 걸까?

'롤플레이'를 통한 반복적인 훈련을 해야 함

컨설턴트십과 진짜 프로사업가 정신으로 중무장해야 성공한다

보험영업을 하는 컨설턴트들은 자주 이런 문제에 부딪힌다. 고객에 대한 컨설턴트의 마음은 과연 어떻게 해야 하나? 어느 정도의 마음으로 고객을 대해야 하는가? 고객을 만나러 가기 전 어떤 마음가짐을 가져야 하나? 현장에서 고객들과 대면하는 컨설턴트라면 당연히 직면할 수 있는 고민이다. 게다가 우리는 개인 사업이기에 사업가적인 정신이 필요하다. 직장인이 아닌 사업가로서는 어떤 마음가짐과 자세가 필요할까? 진정한 프로사업가가 되려면 어떻게 해야 할지 알아보자.

컨설턴트십(Consultant-ship)이란?

나 : "박 FC! 고객분과의 상담은 어땠어요? 치과 원장님이라고 했죠?"

박 FC : "어휴. 말도 마세요. 말이 전혀 안 통해서 애를 먹었어요."

나 : "왜요? 보험에 관심이 없는 분이시던가요? 그래도 경제적으로는 여유가 있으실 것 같은데, 많이 힘들었나요?"

박FC : "아니, 이 자식이 돈도 많은데 아이 보험 하나만 관심이 있는 거예요. 종신보험 이야기도 했고, 연금도 이야기했는데 전혀 관심이 없어요. 게다가 좀생이 스타일이에요. 아휴~ 재수가 없는 날이네요!"

2005년 겨울의 어느 날 저녁 무렵이었다. 사무실로 복귀를 한 후배 컨설턴트와의 대화는 이렇게 시작되었다. 여간해서는 화를 내지 않는 나였지만 그 날만큼은 그냥 넘어갈 수 없었다. 이 후배의 이야기를 들으며 내 귀를 의심했다. 고객을 만나고 돌아와 쏟아내는 말들이 상상을 초월했다. 우리에게 '고객'은 어떤 존재인가? 적어도 컨설턴트가 이렇게 욕설과 함께 쏟아내야 하는 대상은 아니다. 설사 본인의 생각처럼 상담이 원활히 진행되지 않았을지라도 말이다. 이 후배에게 고객은 과연 어떤 존재이고 대상일까? 이렇게 고객을 단지 돈벌이로만 생각하는 개념을 가지고 고객을 만나러 간 것이다.

모르긴 몰라도 고객은 이미 느끼고 있었을 것이다. 이 후배가 병원 문을 열고 들어서는 순간 어떤 목적으로 찾아왔는지 간파했을 것이고 상담을 진행하는 동안 아마도 머릿속 안에는 한 가지 생각뿐이었을 것이다. '빨리 이 미팅을 끝마치고 이 친구를 쫓아버리자'라는 생각. 이 치과 원장님은 충분히 느낄 수밖에 없다. 본인을 대하는 태도와 말투에서 자신을 돈벌이의 대상으로만 생각하고 있다는 것을 말이다. 참으로 안타까운 일이 아닐 수 없다. 이 후배의 사례는 컨설턴트십이 얼마나 중요한지 잘 드러내는 경우인데 컨설턴트십을 논하기 전에 기본이 전혀 없다고 말하는 편이 맞을 정도다.

컨설턴트십이란, 컨설턴트가 고객을 대하는 마음이다. 그렇다면 과연 어떤 마음으로 고객을 대하고 고객을 섬겨야 하는 걸까? 컨설턴트십 안에는 보험영업을 하는 목적과 가치관이 녹아 있다. 컨설턴트 본인의 성공, 돈, 명예만이 아니라 대가 없는 수고를 하며 고객을 섬기는 마음. 이를 통해 고객으로부터 인정받고 고객과 함께 평생을 걸어가고자 하는 마음. 이것이 컨설턴트십이라고 정의하고 싶다. 이런 'Ship'이 있는 컨설턴트를 통해 고객들은 신뢰를 느끼고 마음의 평화를 느낀다.

프로사업가 정신이란?

컨설턴트의 일은 개인 사업이지 취미활동이나 봉사활동이 아니다. 따라서 고객과의 상담에서 고객의 니즈를 정확히 파악하고 분석해야 한다. 그리고 폭넓은 지식과 경험도 갖춰야 하며 스스로 경영할 수 있는 지혜도 갖추어야 한다. 아마추어가 아닌 프로의 일이기 때문에 끊임없이 자기 계발과 관리가 필요한 직업이고 전문가 정신까지 요구된다. 프로답게 생각하고 전문성을 키워 프로로 행동해야 한다. 우리 스스로가 프로라고 주장한다고 프로가 되는 것이 아니다. 고객이 '프로'라고 불러주어야 하며 고객에게 인정받는 프로가 진짜 프로다.

2009년경 소개를 통해 은행에 근무하시는 사모님 한 분을 만났다. 이분의 가정과는 10년이 넘는 기간 동안 좋은 만남을 이어오고 있다. 온 가족의 보험을 온전히 내게 맡겨주시며 신뢰해주시는 감사한 고객이다. 사모님 가정의 보험들은 나름 꼼꼼히 잘 준비해드렸다. 그런데 늘 내 마음에 걸리는 부분이 하나 있었다. 바로 암보험이 상대적으로 부족한 것이다. 이미 사모님 가정은 나를 통해 삼성생명에 약 170만 원의 보험료를 내고 있었는데 맞벌이 가정이지만 결단코 적은 보험료는 아니었다. 몇 차례에 걸쳐 암보험을 제안했지만 결정하지 못하셨다. 이해는 되었지만 이 가정을 책임지고 있는 나로서는 포기할 수 없었다.

1년이 넘는 시간 동안 무려 일곱 번 이상을 찾아뵙고 제안했다. 보험료 3만 원인 암보험. 그리 크지 않은 금액의 보험을 내가 방문할 때마다 권하니 사모님은 이해가 안 된다는 표정을 지었다. 그렇게 많은 보험을 이미 내게 가입하셨기에 내 제안에 큰 의미를 두지 않으셨다고 한다. 그런데 나는 프로다. 금액에 상관없이 고객 가정에 비어 있는 보장을 그냥 보고 지나칠 수가 없었다. 물론 나의 성격 탓일 수도 있지만 어쨌든 난 고객 가정의 부족한 부분에 대해 끊임없이 이야기한다. 고객이 제안을 받아들일 때까지 말이다.

"정말 이사님은 프로세요. 대단해요. 이 작은 보험 때문에 그렇게까지 찾아오시니. 정말 나에게 필요한 거구나 하는 생각이 드네요. 감사해요."

암 보험에 사인하시며 사모님이 내게 하신 말이다.

올해 초 내가 속한 지역단에서 명인급 컨설턴트들을 위한 교육이 있었다. 명인 컨설턴트들 중에서도 엄격한 면접을 통해 교육 참여가 결정되었다. 지역 단장의 면접 중에 나의 개인사업체에 관한 질문을 받았다. 적지 않은 연봉을 주며 직원을 쓰고 있는 것에 대해 궁금해했다.

"단장님, 저는 우리 일을 오래 하고 싶습니다. 이 사업을 통해 저의 꿈을 이루고 싶습니다. 보험의 핵심은 보험금을 지급하는 것에 있다고 생각합니다. 고객분들이 보험금을 청구했을 때 정확하고 불편하지 않도록 지급을 돕는 것이지요. 우리 일을 오래 할수록 저 혼자는 도저히 할 수 없다는 것을 알게 되었습니다. 그래서 직원을 고용하게 되었죠."

"그런데 명인님! 다른 분들은 대부분 파트타임으로 쓰는데요. 명인님은 어떻게 4대 보험을 적용하는 정직원을 쓰게 되었나요?"

단장님은 의아하다는 표정을 지으셨다.

"저도 처음에는 개인비서 형태의 파트타임 직원을 여러 번 고용했습니다. 그런데 역시 파트타임은 함께 오래 일하기가 쉽지 않았지요. 오랫동안 함께하면서 고객관리를 철저히 해줄 사람을 찾게 되었습니다. 물론 업계에서 가장 좋은 복지와 혜택을 주는 조건이었지요. 직원이기보다는 은퇴까지 함께할 파트너를 원했습니다. 그래서 고객들에게 돌려줄 수 있는 온전한 시스템을 갖추게 된 것이지요."

나는 오랫동안 고객을 만나며 은퇴하기 전까지 왕성한 활동을 하고 싶다. 고객을 만나기 위한 철저한 준비를 하는 일에 시간을 써야 한다. 그래서 내가 고객을 만나기 전 생각하고 고민하는 일에 많은 에너지를 쓴다. 또한, 만나서 상담하는 일도 마찬가지다. 그렇게 하기 위해 이 두 가지 일을 제외한 다른 대부분의 일은 나의 파트너가 담당해준다. 이것이 시스템이다. 정해진 시간에 더 많은 결과와 성과를 만들어내는 시스템. 진정한 프로사업가라면 이러한 시스템을 차근차근 갖춰나가야 한다. 시스템을 만드는 일에 적극적인 투자가 필요한 것이다.

진정한 사업가라면 투자하는 것을 아끼지 않아야 하며 고객들에게 더 나은 컨설팅을 하기 위해 배우고 익히는 일에 투자해야 한다. 특히 고객관리를 위한 부분에 일정한 비용을 책정해서 투자를 지속해야 한다. 사실 우리가 보험을 판매해서 받는 수수료는 온전히 우리의 것이 아니다. 1년 이내에 고객의 상황변화로 부득이 실효나 해약이 되면 환수되기 때문에 이를 위한 비용도 별도로 준비해야 한다. 그러기에 돈을 함부로 사용할 수 없다. 사업에는 언제나 리스크가 따르기 마련이고 이런 리스크를 대비하는 것 또한 프로사업가로서 준비할 덕목이다.

"고객이 나를 선택하는 것이 아니라 내가 고객을 선택한다."

많은 컨설턴트들이 보험영업이 어렵다고 한다. 특히 경쟁자들이 많아서 어렵다고 한다. 여러 형태의 판매 채널들도 있고 보험사들도 참으로 많으니 틀린 말은 아니다. 그래서 수많은 컨설턴트들 중에 내가 선택받기를 기다린다. 하지만 우리 비즈니스는 철저하게 내가 고객을 선택해야 한다. 우선 나름의 기준으로 판단해야 한다. 나와 유사한 가치관이 있는지, 삶을 열정적으로 살며 정말 괜찮은 사람인지를. 그리고 이 고객과 함께 가고 싶은지를 판단해야 한다. 그렇게 판단이 섰다면 그때부터 비로소 시간을 투자해야 한다. 이 고객이 설령 경제적인 여력이 안 되어도 기다릴 수 있다. 건강이 안 좋다면 나아질 때까지 돕고 결국은 나의 고객 리스트에 담아야 한다.

정말 함께 가겠다는 결론이 난 상황이라면 웬만하면 포기하지 않는다. 시간과 에너지를 쏟으며 끝까지 고객을 만들기 위해 도전한다. 하지만 그렇지 않은 고객이라면 한두 번의 만남을 통해 빨리 포기해야 한다. 나는 사업가이기에 시간의 배분, 낭비에 대해 민감하다. 나의 유한한 에너지를 꼭 써야 할 고객들에게 쓰고 싶다. 불필요한 곳에 에너지를 낭비해서는 안 된다. 그것은 나를 믿고 신뢰하는 고객들에게 정말 미안한 일이다. 나의 에너지를 꼭 필요한 고객들에게 잘 배분하는 것, 이 또한 진정한 사업가 정신 중의 하나이다.

우리는 고객들로부터 거절을 당하거나 예상했던 계약들이 종종 실패한다. 하지만 프로사업가는 낙담하거나 좌절할 여유가 없다. 왜냐면 나에게는 나를 기다리고 고마워하며 필요로 하는 고객들이 있기 때문이다. 그들에게 이렇게 좌절하고 넘어져 있는 모습들을 보일 수 없다. 그건 너무 미안한 일이 된다. 그래서 쉽게 멘탈을 극복하고 바로 일어나서 앞만 보고 달리게 된다. '보라, 이전 것은 지나갔으니 새것이 되었도다'라는 성경의 말씀처럼 이전 것은 이전 것이다. 그것이 좋은 것이든 나쁜 것이든 나는 오늘부터 새롭게 시작해야 한다. 이것이 진정한 사업가 정신이다.

이 장의 시작에서 우리는 컨설턴트십과 사업가 정신이 무엇인지 질문을 던졌다. 그 답은 나보다 다른 사람을 먼저 생각하고 섬길 수 있는 마음이 있어야 한다는 것이다. 나의 이익이 우선시된다면 우리 일이 맞지 않을 수 있다. 물론 보험영업도 비즈니스이기에 이윤 창출이 우선이다. 당연히 동의한다. 하지만 고객들로부터 먼저 고맙다, 감사하다는 말을 듣는다면 어떨까? 그러면서 나도 성공할 수 있다면 얼마나 감사한 일인가! 프로사업가 정신은 어떤가? 결국은 고객에게 인정받으며 함께 성장하기 위해 필요하다. 이런 선한 마음들로 보험영업에 도전하는 이들이 많아지길 희망해본다.

1. 컨설턴트십이란 대가 없는 수고로 고객을 섬기는 마음이다.

2. 프로사업가 정신

    1) 고객 가정의 부족한 보장에 대해 포기하지 않고 채워주는 마음이다.

    2) 고객관리 시스템을 만들어 오래도록 고객에게 혜택을 주겠다는 마음이다. - 정직원 고용에 투자

    3) 나에게 주어진 유한한 시간을 낭비하지 않고 꼭 필요한 고객들을 위해 사용하겠다는 마음이다.

'열정'은 이 일을 해야만 하는
'소명의식과 간절함'을 통해 지속된다

보험영업에 뛰어드는 많은 이들은 두려움을 가지고 있는데 영업은 어렵다는 선입견이 가장 큰 두려움의 원인이다. 더군다나 일반적인 영업이 아닌 보험영업이기에 두려움은 한층 더하다. 이 사회 전반에 스며 있는 보험에 대한 부정적인 이미지가 내가 이 일을 시작하기 너무나 오래전부터 형성된 것이다. 내 잘못이 아닌데 결과적으로 내가 감당해야 하는 아이러니한 현실 때문에 보험영업은 시작도 전에 두려워진다. 이 두려움과 싸우려면 어떻게 해야 할까? 과연 이길 수는 있는 것일까? 이 일을 통해 반드시 성공하겠다는 강한 '열정'이 아니고서는 이겨낼 수 없다. 이 열정의 근원을 알아보자.

열정이란?

그렇다면 열정이란 무엇인가? 사전에는 '어떤 일에 열렬한 애정을 가지고 열중하는 마음'이라고 나온다. 어떤 일에 푹 빠져 몰입된 마음이다. 자나 깨나 그 일만 생각하고, 미쳐버린 마음의 상태다. '불광불급(不狂不及)'이라는 말이 있는데 미치지 않으면 미치지 못한다는 뜻이다. '완전히 그 속에 빠지지 않으면 최고의 경지에 오를 수 없다'라는 뜻이리라. 그래서 모든 일을 함에 있어 성공의 비결을 '열정'이라고 할 수 있다. 월터 크라이슬러도 성공의 비결에 대해 이렇게 정의했다. "능력, 재능, 에너지 등 여러 가지가 있지만 가장 중요한 비결은 '열정'이다."

2005년은 내 인생에 있어서 잊을 수 없는 한 해였다. 2004년 10월 보험 영업을 시작한 후 두 달 만에 포기하려 했다. 막연히 잘 되리라 생각했는데 결과는 실망 그 자체였다. 왜 안 되는지 이유를 몰랐기에 이 일을 지속할 힘이 없었다. 그런데 성탄절을 며칠 앞둔 어느 날 비로소 내게 부족한 것이 어떤 것인지 깨닫게 되었다. 나는 달라졌고 잃어버렸던 열정을 되찾게 되었다. 그래서 새로운 목표인 '7 to 11'에 도전하게 되었다. 아침 7시부터 밤 11시까지 일에 집중하기. 17년이 지난 지금 다시 해보라면 결단코 하지 못할 열정의 도전인데 그때는 나의 꿈을 이루기 위해 당연히 해야 하는 일로 알았다. 그렇게 해야 성공한다고 배웠고, 나름의 성공을 만들어갔다.

일주일 중 일요일 하루를 빼고는 매일 같이 '7 to 11'을 지키며 일에 몰두했다. 그렇게 1년이라는 열정의 시간이 지나갔다. 12월 초 이미 목표한 '챔피언'의 바로 아래 순위인 '슈퍼골드'를 달성했다. 회사로부터 달성 소식을 전해 듣자 온몸에 힘이 빠지며 바닥에 털썩 주저앉았다. 온 열정을 다해 달려왔던 시간이 주마등처럼 스쳐 지나갔다. 놀란 아내는 7살 아들과 함께 나를 끌다시피 부축해서 병원으로 갔다고 한다. 원광대 산본병원에서 3일간의 입원 치료를 받았다. 종합적인 검사를 진행한 의사는 '탈진'으로 진단을 내렸다. 특별한 문제는 없고 과로로 인해서 탈진한 것이라고 했다.

오로지 목표한 것을 달성해야 한다는 생각밖에 없었다. 그 목표에 대한 집념들이 나를 열정적으로 만들었다. 열정 속에 달리던 나는 몸 상태조차 알아채지 못했었다. 일에 대한 열정은 그 기간만큼은 나를 초인으로 만들었다. 지금 생각해 보면 무식하기까지 했던 열정의 시간이었다. 시간이 지나면서 조금씩 알게 되었다. 그때의 그 열정이 있었기에 오늘의 내가 있다는 것을 말이다. '7 to 11'은 그 후로도 약 2년간 지속되었다. 물론 건강을 잘 관리해서 그 후로는 병원 신세를 진 일은 없었다.

열정적인 사람이 되고 싶다면……

성공한 CEO들의 특징을 조사한 여론조사에 의하면 중요한 공통점이 있다. '일에 대한 강한 열정'이다. 수많은 어려움을 이겨내고 사업적인 성공을 이룰 수 있던 원동력, 그것이 바로 열정이다. 성공한 사람들은 열정적으로 행동한다. 열정은 놀라운 비밀을 가지고 있다. 열정이 없던 사람도 의지적으로 열정을 가지고 행동하면 열정적인 사람으로 변한다. 참으로 놀라운 일이 아닐 수 없다. 일단 열정적으로 행동하면 자신의 내부에서 지속적으로 영향을 미치고 점점 열정에 휩싸이게 된다. 이것은 불안감을 극복하게 해주며 열정적인 사람으로 변하게 만든다. 내게 비록 열정이 부족하더라도 열정적으로 행동해야 하는 이유이다.

열정은 어디에서 오나?

열정적으로 행동하면 열정적인 사람이 된다는 사실을 알았다. 그렇다면 열정적인 행동은 과연 어떤 이유로 할 수 있을까? 열정은 어디서부터 오는 것일까? 엄청난 열정 소유자의 공통점은 그들이 이루고 싶은 강렬한 꿈이 있다는 것이다. 꿈이 있어서 전혀 불가능해 보이는 것에 도전하게 되고, 가능하게 만들 수 있다. 꿈은 신이 인간에게 준 가장 의미 있는 선물이고 우리의 삶을 유지하는 가장 기본적인 에너지다. 꿈이 있어야 사람은 성장하고 열정을 갖게 된다.

〈행복을 찾아서〉라는 한 편의 영화를 소개하고자 한다. 이 영화는 억만장자 크리스 가드너의 성공을 그린 실화다. 영화 속 주인공인 '크리스 가드너'는 실제로 의료기를 판매했던 세일즈맨이었다. 아들과 함께 노숙 생활을 할 정도로 힘든 생활을 살았다. 그의 어린 시절은 가정폭력으로 물들어져 있었기에 삶은 한순간도 편안하지 않았다. 그러던 중 자신의 인생을 바꾸게 되는 계기가 찾아온다. 주식중개인이라는 새로운 일에 도전한 그는 누구보다도 열정적으로 일에 집중한다. 덕분에 포기할 수밖에 없는 어려운 상황이 와도 그는 놀라운 열정으로 모두 이겨낸다.

크리스 가드너는 증권사에서 월급 없는 인턴으로 일을 시작한다. 인턴 기간 중 하루 200명의 고객과 통화하는 것을 목표로 삼는다. 정말 피나는 노력과 열정으로 그 과정들을 이겨낸다. 그는 증권에 대해 전혀 지식이 없었는데 어떤 열정이 그를 그토록 강하게 만들었을까? '자녀에 대한 사랑'이 그가 포기하지 않고 그토록 열정적인 삶을 살 수 있었던 이유다. 자녀를 더는 자신과 같은 모습으로 살게 할 수 없다는 절실한 마음이 그의 열정의 원천이었던 것이다. 누구나 열정의 원천은 다를 수 있다. 자녀를 키우는 같은 아빠로서 영화를 보는 내내 깊은 공감이 되었다. 내가 저 상황이라면 난 얼마나 열정적으로 살아낼 수 있을까? 이런 질문과 함께 말이다.

그렇다면 나에게 있는 열정은 어디서 오는 것일까? 처음에는 내가 사랑하는 가족들을 위해 뛰었으니 가족이 나의 열정의 원천이었다. 홈스쿨링을 했던 우리 아이들에게 가장 좋은 경험과 최상의 교육 환경을 주고 싶어서 간절한 마음으로 뛰었다. 지금은 보험영업을 통해 이루고자 하는 또 하나의 꿈이 있다. 내가 믿는 하나님께서 내게 하라고 하신 일. 내가 만나는 많은 사람에게 '하나님의 선한 영향력을 전하는 일'. 그로 인해 '힘들어하던 사람들이 살아나는 일'. 그것이 나의 꿈이다. 우리 일을 통해 이뤄야 하는 분명한 '꿈'이 있기에 난 멈출 수가 없다. 나의 열정의 원천은 '사람을 살리라 하신 하나님의 소명'이다.

열정은 내 안의 두려움을 극복하게 한다. 보험영업이 어렵다는 선입견으로 인한 두려움을 이겨낼 힘을 준다. 신입 초기에 고객을 만나러 가기 전 가졌던 두려움. 전화를 걸기가 두려워 고객이 전화를 받지 않기를 바라던 마음들. 이런 두려움들은 열정이 있다면 능히 이겨낼 수 있다. 17년 동안 '열정'이 수많은 컨설턴트의 수입을 두 배, 세 배로 증가시키는 것을 보았다. 열정이 부족한 컨설턴트들이 실패하는 것도 보았으니 나는 열정이야말로 성공적인 보험영업의 비결이라고 굳게 믿고 있다. 이런 열정을 지속하려면 우리일을 해야 하는 명확한 소명 의식과 간절함이 필요하다.

이 장에서 기억해야 할 내용

1. 보험영업의 두려움을 이길 수 있는 강력한 힘은 '열정'이다.

2. 강력한 열정이 나를 성공으로 이끈다.

3. 열정적인 사람이 되려면 열정적으로 행동해야 한다.

4. 이루고 싶은 강렬한 꿈이 열정을 만든다.

5. 성공의 핵심인 열정은 '소명 의식과 간절함'을 통해 지속된다.

고객이 거래하고 싶은
매력적인 컨설턴트가 되는 비결을 연구하라

보험영업을 다른 표현으로 'People Business'라고 한다. 사람을 대상으로, 사람을 통하여, 사람과 함께하는 사업이다. 즉, 사람의 마음을 얻어야 가능한 비즈니스다. 그러기 위해서 보험 컨설턴트는 두 가지 중 하나는 가지고 있어야 한다. '매력' 또는 '실력'. 누구나 같은 '실력'이 있다고 전제한다면 결국 '매력'에서 승부가 갈린다. 어떻게 하면 고객에게 매력적인 컨설턴트로 인정을 받을 수 있을까? 나의 매력이 고객에게 발산이 되고 느껴질 때 고객은 마음을 열게 된다. 따라서 매력적인 컨설턴트가 되는 일은 만만치 않지만 연구할 가치가 있는 일이다.

사람의 마음을 얻기 위해서는 어떻게 해야 할까? 먼저 자신을 겸허히 낮춰야 한다. 자오위핑의 저서 《마음을 움직이는 승부사 제갈량》은 그 원리를 말해준다. "찻잔이 주전자에서 물을 얻고자 한다면 찻잔의 위치는 주전자보다 낮아야 한다." 이것이 제갈량의 지혜인데 사람의 마음을 얻기 위한 기본적인 원리다. 진정 사람의 마음을 얻고자 한다면 찻잔처럼 자신을 겸허하게 낮춰 상대방을 먼저 생각하고 배려해야 한다. 그리고 상대방의 장점을 찾고, 칭찬하며, 미소로 신뢰를 쌓아야 한다. 물론 정직함과 진실함이 바탕이 되어야 한다. 이런 모든 것들이 종합적으로 버무려질 때 상대방의 마음을 얻을 수 있다.

말의 힘, 칭찬의 힘, 미소의 힘

첫 번째로 보험영업은 '말'로 하는 비즈니스다. 고객과 만나 말에서 시작해서 말로 끝난다. 눈에 보이지 않는 상품을 말로 그림을 그리듯 생생하게 설명해 고객에게 결정하게 한다. 그런 일이기에 '말의 힘'에 대해서 아는 것은 정말 중요하다. 한마디 말로 계약이 성사될 수도 있고 영원히 사라질 수도 있다. 심지어 계약을 넘어 한 사람을 얻을 수도 있고 영원히 잃을 수도 있는 일이다. 따라서 '말의 힘'을 정확히 알고 적절히 사용하는 것은 우리 일에 너무나 중요한 핵심이다.

EBS 다큐 〈말의 힘〉이라는 프로그램을 본 적이 있다. 실험용 유리병 두 개를 준비해 그 안에 방금 한 밥을 똑같이 넣는다. '사랑해, 행복해'라고 적힌 종이와 '짜증 나, 미워'라고 적힌 종이를 각각 붙인다. 아나운서에게 매일 한쪽 유리병에는 사랑스러운 말, 긍정적인 말을 하게 했고 다른 한쪽 유리병에는 '짜증 나'와 같은 부정적인 말을 하도록 했다. 과연 이 실험 결과는 어땠을까? 놀랍게도 긍정적인 말을 해준 밥은 뽀얗고 구수한 누룩곰팡이가 피었다. 반면 부정적인 나쁜 말을 해준 유리병에는 시커멓고 역한 냄새의 곰팡이가 피었다. 이 실험을 통해 우리는 우리가 하는 말의 힘을 실제로 확인할 수 있었다.

단순히 말의 문제만은 아니다. 우리가 하는 말들은 사실은 마음속의 생각에서 나오는 것인데 위의 실험에서도 확인할 수 있듯이 말은 사람과 사물에 실질적인 영향을 미친다. 그렇다면 우리가 고객을 만나기 전 어떤 마음으로 준비를 해야 할까? 만나서 몇 마디 하지 않아도 고객은 이미 우리의 마음을 느낄 수 있다. 우리가 한 몇 마디 말 속에 고객을 대하는 우리의 마음이 전달되기 때문이다. 그래서 컨설턴트들은 마음과 말을 준비해서 고객과의 상담에 임해야 한다. 그것이 매력적인 컨설턴트가 되는 첫 번째 중요한 요건이다.

두 번째로 '칭찬'을 통한 매력을 알아보자. 흔히 하는 말로 '칭찬은 고래도 춤추게 한다'고 한다. 칭찬은 강아지들뿐만 아니라 어린아이들은 물론 인생을 많이 산 어르신들까지 좋아한다. 약을 먹기 싫어하는 환자도 칭찬해주면 약을 먹기 시작한다. 하지만 우리는 대부분 칭찬에 인색하다. 칭찬이 좋은 줄을 모르는 사람은 없지만 칭찬이 우리에게 익숙하지 않은 것은 왜일까? 칭찬을 자주 받으며 살아오지 못했기 때문이다. 칭찬을 받아도 온전한 칭찬보다는 두리뭉실하고 모호한 칭찬을 받았다. 구체적이고 근거가 확실한 칭찬을 받지 못했기에 칭찬을 잘하지 못한다.

그렇다면 고객과의 만남에서 우리는 어떻게 고객을 칭찬해야 할까? 칭찬을 통해 고객의 마음을 얻기 위해서는 훈련이 필요하다. 매력이 느껴지는 컨설턴트로 인식되기 위해서도 마찬가지다. 먼저 진심을 담은 칭찬이 기본인데 누구나 하는 그런 형식적이고 기계적인 칭찬은 금물이다. 상대방의 장점을 찾아 칭찬해야 한다. 외모나 보이는 것을 칭찬하는 것도 필요하지만 사전에 고객에 대해 정보를 알고 갈 수 있다면 좋다. 또는 질문을 통해 고객이 어떻게 그 자리까지 왔는지 알고서 그 과정에서의 노력과 결실을 칭찬할 때 고객의 기쁨은 배가될 것이다. 물론 컨설턴트에 대해 매력적으로 느끼고 신뢰하게 되는 것도 당연한 일이다.

입사 초기에 소개로 만난 유리 씨는 가족과 같은 고객이다. 만날 때마다 난 유리 씨의 가족에 대한 마음과 생활력에 진심 어린 칭찬을 보냈다.

"유리 씨처럼 이렇게 부모님을 생각하는 사람을 본 적이 없네요."

"유리 씨는 늘 만나면 저를 기분 좋게 해요. 그래서 제가 자주 만나고 싶은가 봐요. 하하."

"유리 씨는 마음이 참 따뜻하고 다른 사람의 입장을 배려해줘요. 그래서 제가 많이 배워요."

사업에 성공하신 대표님들을 뵈면 반드시 하는 칭찬이 있다.

"대표님! 어떻게 길지 않은 시간에 이런 탄탄한 사업체를 만드셨나요?"

"남다른 방법이 있으실 것 같은데 들려주실 수 있으신가요?"

그냥 하는 의례적인 칭찬이 아니다. 난 정말 이런 고객분들을 통해 많이 배운다.

세 번째로 매력적인 컨설턴트가 되기 위해서는 '미소의 힘'을 알아야 한다. 하버드의 철학자이자 교육자인 윌리엄 제임스의 말이다.

"행복해서 웃는 것이 아니고 웃으니까 행복해지는 거야."

영업 중에서 가장 어렵고 스트레스가 많다는 영업인 보험영업을 하면서 항상 밝게 미소를 짓는다면 그것은 항상 진심이 아닐 수도 있다. 우리 일이 마냥 행복해서 웃는 것은 아니지만 웃으면서 하니까 조금씩 나아지고 행복해지는 것이다. 고객의 사무실 앞에서 잠시 미소 짓는 연습을 한다. 곧 좋은 만남이 될 고객을 떠올리며 감사한 생각과 함께 환한 미소를 짓는데 그 미소와 함께 좋은 마음으로 고객을 만나면 결과는 긍정적일 때가 많다. 고객도 나와 같은 미소를 짓는 경우가 대부분이기 때문이다.

누군가가 억지로 오 리를 가자면 그 사람과 십 리를 동행하라

가족들과 제주도 여행을 하던 중 유명 호텔에서의 일이다. 다음 날 중요한 관광 일정이 있어서 프런트에 '모닝콜' 서비스를 요청했다. 늦으면 안 되니 7시에 꼭 콜을 해달라고 말이다.

"편히 주무셨습니까? 지금은 7시 정각입니다. 깨워 달라고 하셨지요?"

여기까지는 다른 호텔에서도 흔히 받을 수 있는 서비스다. 그런데 그 직원은 거기에서 그치지 않았다.

"십 분 후에 다시 한 번 전화를 드릴까요?"

순간 정신이 번쩍 들었다. 이 호텔의 프런트에 고객의 필요를 진짜 아는 프로가 있었구나. 사실 전날의 무리한 일정으로 정말 10분만 더 자고 싶었다. 차마 미안해서 요청하지 못했을 뿐이다. 이 직원은 나의 정확한 니즈를 알고 있었다.

두 자녀를 홈스쿨링으로 교육하며 아이들에게 자주 하던 말이 있다. 《성경》〈마태복음〉에 나오는 구절이다.

"또 누구든지 너로 억지로 오 리를 가게 하거든 그 사람과 십 리를 동행하고……."

그렇다. 누군가가 나에게 요구하는 그것보다 조금 더 배려하는 마음. 누군가의 필요를 미리 알고 챙겨주는 마음. 고객들에게 진정으로 인정받는 컨설턴트는 이런 마음을 가지고 있다. 이런 배려는 결단코 그냥 나오지 않는다. 고객에 대해 관심이 있고, 세심히 관찰할 때 비로소 그 니즈를 알 수 있다. 이 단계까지 다다르면 고객은 컨설턴트에게 매력을 느낄 것이다.

정직함의 힘

사람에게 가장 큰 매력을 느끼는 요소 중의 하나가 정직함일 것이다. 많은 이야기를 하지는 않아도 이 사람에게는 뭔가 남다른 신뢰가 느껴진다는 느낌을 받으면 결과는 성공적일 수밖에 없다. 고객이 즐거운 마음으로 결정하게 만드는 사람. 이것이 우리의 핵심 자질이 되어야 한다. 결국 계약을 위해 호감 가는 연기를 하기보다는 정직하게 고객을 대하면 정직한 고객이 우리 곁으로 몰려오기 마련이다. 우리가 정직하지 않으면 정직하지 않은 고객과 만나기 때문에 누구나 자신의 몫의 고객을 만나서 감당하게 된다.

간혹 상담을 마무리하는 단계에서 떨쳐버리기 어려운 유혹을 느끼곤 한다. 고객은 정확한 내용을 모르기에 내가 조금만 밀어붙이면 결정할 것 같은 상황. 하지만 나는 알고 있다. 이 계약이 고객에게 최선은 아니라는 것을 말이다. 나에게 유리하고 내가 속한 지점에 더 도움이 되지만 고객에게도 그리 나쁘지만은 않다면 우리는 쉽게 유혹에 넘어간다. 처음부터 고객에게 확실히 좋지 않다면 결정이 쉬우리라. 그러나 고객에게 나쁘지 않더라도 최선이 아니라면 조금 번거로워도 솔직히 이야기하고 다시 해야 한다. 사실 솔직히 이야기하는 것은 어렵지만 그렇게 했을 때 우리는 변한다. 고객이 거래하고 싶은 매력적인 컨설턴트가 되는 것이다.

지금까지 우리는 매력적인 컨설턴트가 되는 비결에 대해 알아보았다. 우리가 만나는 고객은 사람이다. 모든 사람은 똑같다. 누군가로부터 칭찬을 받고 싶고, 인정받기를 원한다. 그런 관점에 보면 우리 일이 어렵지 않을 수 있다. 고객들이 대접받고 싶은 대로 그들을 대접해 주면 되기 때문이다. 일단 고객의 말을 경청하고, 관찰하고, 파악한다. 그리고 밝은 미소와 함께 진심을 담아 칭찬한다. 말의 힘에 대해 믿고 고객의 노력과 결실을 칭찬한다. 오래도록 함께 걸어가고 싶은 매력적인 친구가 될 수 있도록 말이다.

이 장에서 기억해야 할 내용

1. 말에는 사람과 사물에 실질적인 영향을 미치는 힘이 있다.

2. 진심을 담은 구체적인 칭찬은 고객의 마음 문을 열게 한다.

3. 감사한 마음으로 짓는 밝은 미소는 우리와 고객을 행복하게 만든다.

4. 언제나 정직함으로 고객을 대하는 것이 가장 좋은 해답이다.

Part
2

성공하는
보험영업의
노하우

고객의 말을 경청해서 들으면
그 안에 모든 답이 있고 계약이 보인다

현대를 살아가는 많은 이들은 자신의 이야기를 들어줄 사람에 목말라한
다. 물론 인터넷을 통해 지구 반대쪽에 있는 사람들과도 쉽게 소통할 수 있
고 SNS를 통해서도 정말 많은 사람과 소통하고 대화하는 것처럼 보인다. 하
지만 역설적으로 얼굴을 맞대고 자신의 속 이야기를 털어놓는 것은 어렵다.
그래서 직접 만나 대화할 때, 상대의 말을 집중해서 듣고, 정확히 말로 표현
하는 것은 매우 중요하다. 그중에서도 상대방의 이야기를 집중해서 듣는 것
이 말하는 것보다 훨씬 중요하다. 세일즈에서도 상대방의 이야기를 집중해
서 잘 듣는 것은 성공의 기본적인 비결이다. 그래서 우리가 흔히 이야기하는
'경청(傾聽)'에 대해 정확히 연구할 필요가 있다.

경청의 중요성

우선 '경청'이 무엇인지 알아보자. 사람 사이의 소통과 인간관계를 이야기할 때 빠지지 않고 등장하는 '경청'의 사전적 의미는 '주의를 기울여 열심히 들음'이다. '경(傾)'은 경사가 졌다는 의미로 몸을 기울여 상대의 이야기를 들으라는 의미이다. '청(聽)'은 귀로 듣고, 눈으로 보고, 마음으로 공감을 하라는 뜻이다. 한자로 풀면 이 두 글자 안에 숨겨진 경청의 진정한 의미를 쉽게 찾을 수 있다. 그렇다면 보험영업, 즉 세일즈에서 경청의 의미는 어떤 것일까? 그리고 과연 경청하면 세일즈에 어떤 도움이 되는 것일까?

"누가 당신보고 해결해달래? 그냥 들어줄 수는 없어?"

연애 시절부터 지금의 아내에게 자주 듣던 말이다. 처음에는 이 말의 뜻을 잘 몰랐다. 나에게 직장 상사의 뒷담화를 한참 하기에 맞장구를 친다고 몇 마디 한 것 뿐이다. 게다가 다른 사람의 뒷담화를 듣는 일은 그리 유쾌하지 않았다. 그래서 뭔가 내가 아내 문제에 대한 해결책을 내야만 할 것 같아서 대안을 제시했는데 아내는 오히려 짜증을 냈다. '내가 뭘 잘못했지?' 하며 억울해했지만 오랜 시간 부부로 함께 살며 조금씩 알아가게 되었다. 아내가 내게 원한 것은 정답이나 해답이 아니었다. 그냥 아내의 이야기를 들어주고 공감해달라는 것뿐이었다. 그런데 그것이 참으로 쉽지 않다. 이해시키려 하지 말고 이해해주면 되는 것이 말이다.

세일즈에서도 마찬가지다. 고객과의 상담은 질문과 경청으로 이루어진다. 대부분의 컨설턴트들이 고객과의 면담에서 화려한 말과 전문가적인 스킬이 중요하다고 생각한다. 물론 틀린 말은 아니다. 당연히 말도 잘하면 좋고, 전문성이 있으면 좋다. 하지만 우선은 내가 말하기보다는 고객의 말을 집중해서 잘 들어야 한다. 그냥 듣기만은 안 되고 정말로 잘 들어야 한다. 이 '잘'이란 단어에 참으로 많은 뜻이 담겨 있다. 팀장으로 17명의 팀원을 리드하던 시절 고객과의 면담에 가는 팀원에게 항상 하던 말이 있다.

"가서 고객분들 이야기 '잘' 듣고 와서 얘기해줘."

여기서 말하는 '잘' 듣는 것이 바로 '경청'이다. 보험 컨설턴트는 고객들이 자신들의 니즈에 대해 말하는 것을 들어야 한다. 먼저 고객의 모든 상황을 파악하고 고객의 니즈를 자세히 분석해야 한다. 고객에게 어떤 특정한 도움을 제공하기 전에 상대에 대해 먼저 파악해야 하는데 우리가 그들의 얘기를 진심으로 들어줄 만큼 관심이 있는 것을 고객이 알아채야 한다. 그러면 고객은 자신들이 중요한 사람으로 대우받고 있다고 느끼게 된다. 고객이 이야기하지 않으면 우리는 무엇이 고객에게 중요한지 알 수 없다. 고객은 우리와의 만남에서 분명한 목표가 있다. 그들의 목표를 달성하도록 도우며 인도하는 일이 우리 역할이다.

고객의 이야기를 진심으로 집중해서 듣는 것은 정말 중요하다. 그러면 고객은 자신의 말을 모두 하게 되며 언젠가 우리에게도 말할 기회를 준다. 가끔 고객과의 상담이 잘 풀리지 않고 꼬여가는 경우가 있다. 이런 경우 대부분 잠시 내 말을 멈추면 된다. 고객에게 주도권을 주고 자신의 문제에 대해 말하도록 해야 한다. 내가 귀를 기울이고 집중하면 고객은 생각지도 못한 귀중한 정보를 꺼내놓는다. 아무리 묻고 캐물어도 내놓지 않던 정보들을 말이다. 이것이 경청의 진정한 힘이다!

경청의 기술

경청 잘하는 방법을 말하자면 너무나 다양하고 많다.

첫째, 경청은 적절한 질문에서부터 시작된다. 처음부터 고객들은 자신의 이야기보따리를 펼쳐놓지 않는다. 그래서 무엇보다 고객이 마음 문을 열 수 있는 적절한 질문으로 시작해야 한다. 그다음 고객의 이야기를 주의 깊게 들으며 고객이 자신의 속 깊은 이야기를 할 수 있도록 분위기를 만들어야 한다. 또한 고객이 입을 여는 것을 기다리는 훈련 또한 필요하다. 컨설턴트가 답답함을 못 이겨 이야기를 시작하면 곤란하다. 만약 고객이 침묵을 지키면 "조금 더 자세히 말씀해주십시오"라고 말해서 고객의 이야기를 들을 수 있도록 계속 기회를 만들어야 한다.

둘째, 고객의 이야기에 공감을 적극적으로 표현한다. 일종의 맞장구, 추임새를 활용한다. "그러셨군요! 정말 대단하십니다." "많이 힘드셨겠어요!" "어떻게 그런 생각을 하셨어요?" "저라면 결코 그렇게 하지 못했을 텐데……." "오늘 제가 정말 많이 배웁니다." 등등 말이다. 물론 전제는 진심으로 고객의 대화에 동참하고 공감해야 한다는 것이다. 형식적인 립서비스는 고객이 금방 알아챌 수 있다. 표정으로 말하기, 눈 맞추며 공감하기, 고개 끄덕이기, 미소 짓기 등으로 고객의 이야기에 집중하고 있음을 느껴지게 해야 한다. 고객은 지식이 많은 컨설턴트보다 자신에게 집중해주는 컨설턴트를 더 신뢰한다. 집중은 존중을 의미하는데 고객은 존중받기를 원한다.

셋째, 컨설턴트는 고객에게 들은 내용을 반드시 확인해야 한다. 군대를 다녀온 사람들은 '복명복창(復命復唱)'이라는 말을 알 것이다. 군 생활 시절, 사단장 비서실에 근무했던 경험이 있다. 말 그대로 '복명복창'의 삶이었다. 상관으로부터 명령과 임무를 받으면 그 내용을 다시 되풀이해 말한다. 반드시 그 일을 해내겠다는 의지를 담아서 큰 소리로 외친다. 물론 고객과의 상담에서는 복명복창까지 할 수는 없다. 하지만 같은 내용이라도 듣는 사람에 따라 다르게 해석되는 경우가 많다. 그래서 다시 한 번 고객에게 확인해 오해를 방지해야 한다. 고객의 본뜻을 정확히 파악하고 제대로 이해했다는 것을 알려줘야 한다.

넷째, 효과적으로 침묵을 잘 사용해야 한다. 우리는 고객이 뭔가 생각해야 하는 질문을 던져야 한다. 그리고 고객이 대답할 수 있는 시간을 주어야 한다. 때로는 침묵해야 하는 시간이 생각보다 길어질 수 있다. 그래도 고객이 먼저 말할 때까지 기다려야 한다. 하지만 대부분의 컨설턴트들은 침묵하는 것을 힘들어하며 말을 너무 많이 하고 싶어 한다. 나도 예외는 아니었다. 어색한 상황을 지속하는 것이 힘들고 뭐라도 말해야만 할 것 같다고 생각한다. 바로 그것이 고객과의 상담에서 쉽게 빠지는 함정이다.

우리는 침묵을 두려워하지 말아야 한다. 기다리지 못하고 뭔가 말을 해야 한다는 강박에서 벗어나야 한다. 안달이 나서 말을 하는 순간 쓸데없는 말이 튀어나온다. 자신에게 불리한 상황으로 빠져 들어가는 느낌을 지울 수가 없다. 말을 많이 하는 것은 나쁜 습관이다. 특히 상대가 말하고 있을 때 끼어드는 것은 최악이다. 고객은 스스로 조용히 고민할 시간을 원한다. 누구의 강요도 받지 않고 자신이 직접 어떤 결정을 내리기를 원하는 것이다. 고객에게 주도권을 주고 우리는 입을 다물면 모든 문제가 쉽게 해결될 것이다. 때때로 내가 침묵하면 고객들은 주지 않아도 될 정보까지도 준다. 이렇듯 경청에 있어서 침묵은 우리에게 승리를 안겨준다.

상대에게 먼저 말할 기회를 줘라

입사 초기에 고객에게 무엇인가 많은 것을 알려주고 싶은 열정이 대단했다. 신입이 흔히 범하는 실수가 날마다 나의 상담에서 일어났다. 고객에게 말할 기회를 주지 않고 내가 많은 말을 하는 실수 말이다. 요즘은 출근하는 승용차 안에서 조용히 기도한다.

"주님! 오늘도 같은 실수를 반복하지 않게 해주소서. 내가 무슨 말을 해야 할지 알기 전까지 제 수다스러운 입을 제발 다물게 하소서. 아멘!"

한동안 이 기도를 매일 아침마다 했다. 나의 고질적인 문제가 해결되기 전까지 반복되는 기도와 훈련을 통해 어느 순간 고객에게 마이크를 넘기게 되었다. 그러니까 상담이 훨씬 더 쉽고 여유로워졌다. 이전보다 에너지도 덜 쓰게 되니 체력에도 도움이 되었다.

고객에게 주도권을 주고 고객의 말을 경청하는 방식은 나를 자유롭게 한다. 무슨 말을 해서 고객에게 많은 정보를 뽑아낼까 하는 생각이 사라지기 때문이다. 고객이 긴장 속에 싸워야 하는 대상이 아니라 또 다른 인생의 경험을 공유하는 대상이 된다.

'이래서 경청이 그렇게 중요하다고 입을 모아 말하는구나!'

깨달음이 하나씩 생길 때마다 형언하기 어려운 희열이 밀려온다. 상대에게 먼저 말할 기회를 주는 것은 세일즈에서만 적용되는 것인가? 오히려 이것은 우리가 어떤 일을 하든지 사람과의 관계에서 아주 중요한 개념이며 원활한 대인관계를 위해 꼭 필요한 비법이기도 하다.

전 세계에서 가장 널리 읽히고 있는 신문의 칼럼니스트인 도로시 딕스도 그녀의 경험을 다음과 같이 썼다.

> "대중에게 다가가는 지름길은 그들에게 혀를 내미는 것이 아니라 귀를 내미는 것이다. 내가 상대방에게 어떤 달콤한 말을 한다 해도, 상대방에게는 자기 자신에 관해 말하고 싶어 하는 얘기의 절반만큼도 흥미롭지 않은 법이다. 그러니 훌륭한 동료가 되고 싶으면 상대방에게 이렇게 말하기만 하면 된다. '세상에! 그래서? 더 얘기해 줘.' 나는 더 이상 총명한 대화 상대가 되는 것에 대해 염려하지 않는다. 그저 좋은 청취자가 되려 노력할 뿐이다. 그렇게 하는 사람들은 어디를 가나 환영받기 마련이다."(출처: 토니 고든, 《실패에서 성공으로》)

물론 경청만으로 세일즈가 완성되는 것은 아니다. 경청은 복잡한 프로세스 중 중요한 한 요소일 뿐이다. 그런데 보험영업은 종합예술이라 어느 하나만 잘 실천했다고 완성되는 것은 아니다. 많은 서적이나 연구 논문을 보면 마치 경청 하나면 다 되어질 듯이 이야기를 한다. 하지만 현장에서의 세일즈는 결단코 그렇지 않다. 경청 한 번 잘해서 이루어지는 계약은 100의 하나 정도일까? 고객과의 첫 만남에서의 이미지, 적절한 질문을 통한 고객의 상황 파악, 전문적인 지식의 필요성 등 이 모든 것을 활용해 고객에게 가장 최선의 대안을 제시해야 성공할 수 있다.

무엇보다도 한두 번에 포기하지 않아야 한다. 좋은 고객일수록 끊임없이 터치하며 관심을 보이고 도전해야 한다. 이런 모든 것이 모여 고객의 마음 문을 여는 것이다. 그 과정에 고객과의 모든 대화는 경청의 기술을 잘 활용해야 한다. 또한 세일즈의 모든 프로세스의 각 단계를 훈련해서 나의 것으로 만들어야 한다. 처음에는 한 단계씩 훈련해야 하지만 현장에 나가 고객을 대면하면 전체가 하나의 시스템으로 돌아가야 한다. 막힘이 없이 자연스럽게 연결되어 마무리되어야 하는데 그 과정은 아름답고 심지어 경이롭기까지 하다. 고객으로부터 신뢰받고 인정받는 컨설턴트는 바로 이런 프로가 되어야 가능한 것이다.

이 장에서 기억해야 할 내용 ————————

1. 경청은 고객의 마음 문을 여는 가장 중요한 핵심이다. 집중해서 고객
   의 말에 귀를 기울여야 한다. 그 안에 모든 답이 있다.

2. 경청의 기술
   1) 적절한 질문을 통해 고객이 말하도록 해야 한다.
   2) 고객의 이야기에 공감을 적극적으로 표현한다.
   3) 고객에게 들은 내용을 반드시 확인해야 한다.
   4) 효과적으로 침묵을 잘 사용해야 한다.

3. 상대에게 먼저 말할 기회를 줘라. - 고객에게 주도권을 주고 고객의
   말을 경청하는 일은 나를 자유롭게 한다.

식어가는 열정을 유지할 수 있는
유일한 길은 정형화된 활동의 숙달이다

    한 해의 시작인 1월이 되면 우리는 누구나 목표와 계획을 세운다. 아마도 가장 많이 세우는 목표는 건강을 위한 운동, 어학 공부, 금연 등일 것이다. 처음엔 모두 뜨거운 열정으로 시작한다. 헬스장과 수영장의 회원 수를 유심히 살펴보면 쉽게 알 수 있는 공통점이 있다. 첫 주, 첫 달의 회원 수가 급격히 늘었다가 시간이 지날수록 서서히 줄어든다. 뜨거웠던 첫 마음이 사라져서다. 보험영업도 마찬가지다. 신입 시절의 그 뜨거운 열정은 과연 얼마나 지속될 수 있을까? 1년? 6개월? 대부분 3개월도 못 가기 마련이다. 그렇다면 처음의 그 열정은 다 어디로 사라지는 것일까? 그 뜨거움이 계속 유지될 수만 있다면 누구나 다 성공할 수 있을 텐데 왜 처음의 열정이 계속해서 유지되지 않는 것일까?

신입 초기의 열정이 지속되지 못하는 이유

보험영업뿐 아니라 어떤 일이든 처음의 열정이 지속되는 것은 가능할까? 만약 가능하다면 성공하지 못하는 사람이 하나도 없을 것이다. 보험영업에 처음 뛰어든 신입 컨설턴트들도 모두 성공할 수 있다. 초기의 열정만 유지하며 열심히 뛸 수 있다면 말이다. 하지만 통계적으로 봐도 그런 사람은 100의 한두 명 정도뿐이다. 왜 이론적으로는 아주 쉬워 보이는 초기 열정의 유지가 무엇 때문에 안 되는 것일까? 그 이유만 알고 대안을 찾을 수 있다면 누구나 성공할 수 있거나 적어도 성공으로 훨씬 더 가까이 다가설 수 있으니 그 이유를 알아보자.

첫째, 인간이기에 그 열정을 지속하기 어렵다. 어찌 보면 당연한 일일 것이다. 누구나 굳은 각오로 시작하지만 시간이 지남에 따라 자연스럽게 그 열정은 식는다. 우리가 로봇이라면 가능할지 모르지만 말이다.

둘째, 고객들의 예상치 못한 거절로 인한 상처 때문에 열정은 식는다. 처음 현장에 갈 땐 부푼 꿈을 안고 달려 나간다. 그런데 나를 알고 있고, 내가 믿었던 지인들로부터 거절이 시작되고 여기저기서 거절들이 날아온다. 정신을 차릴 수 없을 정도로 거절에 얻어맞고 나면 흔히 말하는 멘붕에 빠지게 된다. 그렇게 몇 번 강펀치를 맞고 나면 초기의 열정은 어디로 사라졌는지 찾을 길이 없다.

셋째, 이 사회 전반에 스며 있는 보험에 대한 부정적인 이미지 때문이다. 인생을 살면서 어떤 문제가 생기면 그것에 대한 원인과 이유를 찾기 원한다. 하지만 결국 그것을 찾지 못해 스스로가 납득되지 않으면 멘탈(Mental)에 영향을 받는다. 컨설턴트들이 열정을 지속하지 못하는 이유가 바로 여기에 있다. 오랜 시간 동안 사회 전반에 굳어져 있는 보험에대한 부정적인 이미지 때문에 이유 없이 오해를 받는다. 전문성있게 보험의 필요성을 인식시키기보다 부담스럽게 가입 권유를 받았던 경험으로 인한 이미지. 이러한 해석되지 않는 오해로 인해 멘탈이 무너져 열정을 지속하지 못하는 것이다.

넷째, 사업가적인 마인드의 부족이다. 우리 일은 월급을 받고 주어진 시간에 내 역할만 충실히 하면 끝나는 일이 아니다. 내 사업이기 때문에 처음부터 끝까지 내가 주인이 되어 열정을 쏟아야 가능한 일이다. 그런 마인드가 부족하면 당연히 열정은 식어가고 성공할 수 없다.

이러한 이유로 인해 신입 초기의 열정은 계속해서 유지하기가 어렵고 힘들다. 그렇다면 어떻게 해야 초기의 그 뜨거운 열정을 계속해서 가져갈 수 있을까? 바로 '정형화된 활동'에 그 답이 있다. 어떤 일이든 성공하기 위해 준비하고 노력하는 과정은 거의 유사하다. 골프를 처음 시작할 때는 공기 좋은 필드에 나가 게임을 즐기는 맛에 빠진다. 타수를 줄이고 싶고, 잘 치고 싶은 마음에 열심히 연습장도 다니고 필드도 나간다. 하지만 몇 개월이 지나면서 생각만큼 쉽지 않음을 알게 된다. 마음 같지 않게 공은 안 맞고, 시간과 돈은 많이 들어가기 마련이다. 처음의 열정이 식어버린다.

이제는 뭔가 지속할 수 있는 시스템이 필요하다. 프로 코치를 통해 제대로 레슨을 받아본다. 정해진 시간에 레슨을 받고 골프 동아리에 가입해 계속해서 필드에 나간다. 이런 시스템이 정착되면 정말 골프를 즐기는 단계에 들어서게 된다. 우리 일도 마찬가지다. 신입 초기의 열정이 식어가는 단계가 되면 '정형화된 활동'으로 들어가야 한다. 정확히 말하면 '정형화된 활동'을 내 것으로 만들어 몸에 익혀야 하는 것이다. 그리고 그것을 반복하며 우리 일에서 발생할 수 있는 여러 장애물을 이겨내야 한다.

활동과 정형화된 활동이란?

우리 일에서 '활동(Activity)'이란 무엇인가? 보험영업에서 '활동'은 사람을 만나는 것이다. '활동'은 단순히 열심히 하는 것이 아니라 잘해야만 하는 것이다. 다시 말해 사람을 잘 만나야만 하고 전략을 가지고 만나야 한다. 우리가 말하는 '활동'은 우리가 처음으로 시도하는 것이 아니라 이미 수많은 선배가 검증해온 길이다. 그렇기 때문에 '활동'은 꾸준히 원칙에 맞춰서 습관을 들여야 한다. 하고 싶을 때 왕창 하고 하기 싫을 때 안 하는 그런 '활동'은 안 된다. 밥 먹는 것처럼 해야 한다. 하루 세끼를 무조건 먹으면 되는 것이 아니라 때에 맞춰서 적당량을 먹어야 건강해진다. 얼마나 원칙에 맞게 꾸준히 규칙적으로 하느냐가 관건이다.

그렇다면 '정형화된 활동(Structured Activity)'은 어떤 것을 말하는가? 우리가 보험영업을 위해 필요한 여러 가지 '활동'들을 정형화시키는 것이다. 그렇다면 어떤 이유로 활동을 정형화해야 할까? 바로 결과를 극대화하기 위해서다. 우리에겐 하루라는 시간이 주어지는데 그 시간 안에 많은 사람을 만나야 한다. 어떻게 하면 똑같은 시간에 많은 사람을 만나느냐가 핵심이다. 그래서 내가 하는 '활동'을 정형화시켜 시스템화해야 한다. 정형화된 활동은 경제적 논리가 적용되는데 최소한의 노력으로 최대의 효과를 낼 수 있다. 일정한 일을 한 후 더 많은 효율을 내기 위해서 그리고 일의 양을 줄이더라도 변함없이 같은 효율을 내기 위해서 말이다.

보험영업이 어려운 이유는 고객의 거절이 다반사이기 때문이다. 가랑비에 옷이 젖듯이 인식하지 못하는 작은 거절들이 우리의 멘탈을 무너뜨린다. 이때 멘탈이 무너지지 않는 가장 좋은 방법은 바쁜 것이다. 가까운 지인에게 받는 거절, 약속해놓고 지키지 않는 고객으로부터 받는 상처 등 이런 여러 가지 이유로 우리는 늘 멘탈에 영향을 받으며 산다. 이럴 때 또 다른 약속을 정하고 바쁘게 움직이면 멘탈은 바로 회복된다. 하지만 고민만 하며 사람을 안 만나면 회복되지 않는다. 그런데 멘탈 극복을 위해 바쁘게 움직이는 것은 '정형화된 활동'을 할 때 가능하다. 흔들림 없는 멘탈업(Mental-up)을 유지하기 위해서는 '정형화된 활동'이 답이다.

우리 비즈니스의 성공 비결은 얼마나 많은 사람을 많이 만나느냐에 달려 있다. '정형화된 활동'의 궁극적인 목적은 바로 '많은 사람을 만나는 것이다'. 농부가 가을에 수확을 많이 하기 위해서는 여러 가지 환경과 상황이 필요하다. 날씨와 농사 기법, 성실함 등이 중요하지만 무엇보다 중요한 것은 씨 뿌리는 '양'이다. 설령 날씨가 나빠도 뿌린 씨가 많으면 수확량은 늘어날 것이다. 우리 일도 같은 원리다. 컨설턴트가 조금 실력이 부족해도 괜찮다. 만날 수 있는 고객이 많고, 많이 만나면 기술도 늘고 결과는 좋아질 것이다. '정형화된 활동'은 우리가 주어진 시간에 더 많은 고객을 만나게 해준다. 이것이 성공의 핵심이다.

'정형화된 활동'의 내용

1. 스케줄 준비의 정형화

스케줄을 준비하는 시간은 일주일 중 가장 중요하며 내 사업 성공의 성패를 가르는 시간이다. 다음 주에 만날 고객의 명단을 뽑고 동선을 고려해서 일정을 만들어간다. 스케줄은 매일 시간을 내서 짜야 한다. 특히 이동 중이나 상담과 상담 사이의 자투리 시간을 활용하면 좋다. 그렇게 순간순간 연결되는 고객과 먼저 약속을 정한다. 가능한 한 점심시간부터 채워 나간다. 그리고 금요일 오전 시간을 정해서 집중적으로 스케줄을 짜야 한다. 우선 프레젠테이션은 가능한 주초인 월, 화로 잡는다. 그다음 초회 면담은 수, 목, 금으로 진행한다. 이 초회 면담의 결과로 월, 화에 프레젠테이션이 진행된다. 스케줄 짜는 일이 정형화되면 의식하지 않고도 자연스럽게 할 수 있다.

처음에는 금요일 오전만 시간을 냈다. 시간이 지나면서 단순히 스케줄만 짜는 일에서 한 단계 업그레이드되었다. 일단 다음 주에 만날 고객들을 위한 계획이 필요해서 계획을 세우는 일에 더 많은 시간 투자를 결정했다. 매주 월요일 아침 나는 기대에 부푼다. 한 주의 업무를 시작하는 순간 설렘으로 시작한다. 무작정 고객을 방문하는 대신 자신감과 열정을 가지고 만나러 간다. 나는 만날 고객에 대해 생각했고, 그들의 상황을 연구했다. 그들에게 도움이 될 만한 몇 가지 아이디어도 발견했으며 아무 계획 없이 고객을 만나러 가는 것이 얼마나 시간 낭비인지 경험했다. 이것이 스케줄 준비뿐 아니라 고객과의 상담을 위한 준비도 정형화되어야 하는 이유다.

2. 일하는 시간의 정형화

우리 업계에서 성공한 선배들을 통해 흔히 듣는 말이 있다. '7 to 11' 아침 7시부터 밤 11시까지 일한다는 말이다. 하루 8시간 일하는 직장인들은 도무지 이해가 되지 않을 것이다. 시대가 발전할수록 일하는 시간을 더 줄이는 추세다. 그래야 가족들과 함께하는 시간이 늘어나는 것이기 때문이다. 당연히 가족들과 함께하는 시간은 중요하다. '7 to 11'은 내가 입사 초기에 강조되었던 개념들이지 지금은 업계에서 이런 개념을 지키거나 강요하는 사람은 거의 없다. 하지만 어떤 일의 성공을 위해서는 일정 기간 집중할 필요가 있다. 매일 정해진 시간 동안 일하는 훈련을 하자는 것이다. 무조건 긴 시간을 강요하는 것이 아니라 각자 자신에게 맞게 시간의 양은 조절하되 지속하고 정형화해야 한다.

남들과 다른 삶을 살겠다는 각오로 뛰어든 보험영업인으로 난 월급을 받는 샐러리맨이 아니고 사업가다. 사업의 성공을 위해 초기에 집중하는 것은 어찌 보면 당연한 일일 것이다. 물론 이렇게 긴 시간 동안 일을 하는 것은 정해진 기간만 해야 한다. 나의 경험으로는 1년 정도를 추천하고 싶다. 정형화된 활동을 몸에 익히기 위해 도전해볼 충분한 가치가 있다. 지금은 오전 10시경 출근을 해서 가능한 6시 이전에 일을 마치려고 노력한다. 때론 부득이

하게 저녁 상담이 잡히면 늦어지기도 하지만 일하는 시간을 정형화해서 지속하면 놀라운 결과를 얻게 된다. 적은 시간을 일해도 결과는 같거나 더 좋아진다. 어찌 보면 당연한 일이다. 나의 경험과 스킬이 성장하기 때문이다.

어떤 직업이든 취미생활이든 초심을 지키는 일은 어렵다. 처음 시작할 때의 그 뜨거운 열정이 지속될 수만 있다면 엄청날 것이고 성공하지 못할 사람이 한 명도 없을 것이다. 하지만 열정을 지속하기란 여간 만만한 일이 아니다. 이것이 보험영업을 오래 하며 늘 고민했던 부분이다. 시간이 지남에 따라 지식과 경험, 스킬은 늘어나니까 처음의 열정만 유지될 수 있다면 정말 '대박 사건'인 것이다. 하지만 위에서 이야기한 여러 이유로 열정은 시간이 지남에 따라 서서히 식어간다. 그래서 우리는 '정형화된 활동'을 통해 이 식어가는 열정을 잡아야 한다. 잡아서 계속 유지하며 우리가 원하는 성공의 길로 함께 나아가야 한다.

이 장에서 기억해야 할 내용 _____

1. 신입 초기의 열정이 지속되지 못하는 이유

   1) 인간이기에 그 열정을 지속하기 어렵다.

   2) 고객들의 예상치 못한 거절로 인한 상처 때문에 열정은 식는다.

   3) 이 사회 전반에 스며있는 보험에 대한 부정적인 이미지 때문이다.

   4) 사업가적인 마인드의 부족이다.

2. 보험영업에서 '활동'은 사람을 만나는 것이다.

3. '정형화된 활동'을 해야 하는 이유는 결과를 극대화하기 위함이다. 흔들림 없는 멘탈업을 유지하기 위함이다.

4. '정형화된 활동'의 내용 - 스케줄 준비의 정형화, 일하는 시간의 정형화

영업 전설들의 고급 노하우가
세일즈 프로세스다

세상에는 두 가지 종류의 상품이 존재한다. 첫째, 내가 팔려고 하지 않아도 고객이 필요해서 팔리는 상품이 있고 둘째, 고객이 필요성과 가치를 모르기에 팔려고 노력해야 하는 상품이 있다. 대표적으로 우리가 먹는 쌀, 과일, 고기 등은 그냥 팔리는 상품이다. 기다리면 사람들이 필요해서 사러 온다. 어느 가게의 상품을 선택할지만 고민하는 것이다. 반면, 우리가 판매하는 보험상품은 대표적으로 팔려고 노력해야 하는 상품이다. 보험의 필요성과 가치를 설명하고, 판매하는 컨설턴트 자신까지 어필해야 한다. 보험상품은 찾아가서 알려야 하지 그냥 매장에 진열해두었다고 찾아와서 사는 상품이 아니다. 그래서 보험상품은 효과적인 전달을 위한 일련의 과정들이 필요하다.

고객의 구매 심리

누구나 멋진 상대를 보고 첫눈에 반해본 경험이 있을 것이다. 그런 멋진 상대에게 접근해서 마음을 전하는 일은 쉽지 않다.

"당신을 보고 첫눈에 반했습니다. 저와 사귀시죠!"

만약에 이렇게 들이댄다면 과연 성공할 수 있을까? 내가 누구인지도 모르고 이성을 만나려는 마음의 준비가 되지 않은 상대라면 당황스러워 바로 "No"라고 대답할 것이다. 설령 들이대는 상대가 마음에 들더라도 쉬워 보이지 않기 위해서 "Yes"라고 바로 답하기는 쉽지 않다. 그렇다. 세상의 모든 일이 그렇듯이 순서가 있고 절차가 있는 법이다.

처음부터 사귀고 싶다는 속내를 드러내지 않아야 한다. 먼저 자주 만날 기회를 만들어야 한다. 특별한 관심은 없는 듯한 느낌을 줘야 한다. 좋은 인상을 남기며 자연스럽게 만남을 이어가야 한다. 그러면서 만남이 될 때마다 자신을 좀 더 알린다. 상대에 대해서도 조금씩 알아간다. 서서히 서로에 대해 호감이 생기게 된다. 결정적인 타이밍이 올 때 사귀고 싶음을 상대에게 알린다. 연인이든, 친구든, 고객에 이르기까지 비슷한 프로세스를 거친다. 이런 과정을 통해 소중한 만남의 결실들이 생긴다.

보험상품 판매도 마찬가지이다. 고객은 보험이 왜 필요한지 모른다. 심지어 부정적인 이미지마저 있다. 그런데 첫 미팅부터 보험 판매의 의도를 드러낸다면 거부감마저 생긴다. 모든 것이 그렇듯이 자연스러운 것이 제일 좋다. 고객의 부담을 최소로 줄이고 정해진 프로세스를 따라 한 걸음씩 다가서야 한다. 그래야 고객의 마음이 열리게 된다. 또한 보험에 대해서도 적극적인 관심을 가지게 된다. 고객은 자신도 모르게 컨설턴트가 유도하는 프로세스를 따라오게 된다. 이때 고객의 반응을 주의 깊게 살피면서 차근차근 다가서는 것이 중요하다.

세일즈 프로세스란?

팔아야 하는 상품인 보험은 고객을 움직일 수 있는 어떤 절차가 필요하다. 항상 '거절'이라는 장애물이 기다리고 있다. 그래서 단번에 계약 체결이 이루어지기는 어렵다. 고객들은 보험상품을 제안받을 때 몇 가지 형태의 거절은 한다. '보험의 필요성을 잘 모르겠다.' '돈이 없어 가입이 어렵다.' '좀 더 생각해 보겠다.' 이런 고객의 거절을 미리 제거할 수 있다면 체결 확률은 훨씬 높아질 것이다. '세일즈 프로세스'란 바로 이런 거절을 효과적으로 극복하는 일련의 과정이다. 수백 년 동안 보험업의 선배들이 발견한 성공 노하우의 결정판이다. 판매를 위한 가장 합리적이고 효율적인 방법들을 정리해놓은 것이다.

세일즈 프로세스는 학문적인 연구 결과가 아니다. 현장에서, 고객과의 접점에서 검증된 실제적인 판매체계다. 또한 과학적인 시스템이다. 마트에서 간단한 식료품을 판다면 이런 프로세스가 필요하지 않을 것이다. 가만히 있어도 팔리기 때문이다. 하지만 보험상품은 다르다. 고부가가치 상품이고 비자발적인 상품이기에 프로세스가 필요하다. 이런 특성을 알고 세일즈 프로세스를 익혀야 한다. 내 생각을 버리고 무작정 선배들의 집약된 성공 노하우를 배워야 한다. 믿고 따라 하면 성공이 보이는 강력한 시스템이다.

세일즈 프로세스의 구체적인 내용은 Chapter 4에서 자세히 다룰 예정이다. 우선 간단히 정리하면 다음과 같다.

> **가망고객 발굴**(Prospecting) → **전화로 약속 잡기**(Telephone Approach) → **초회 면담**(Approach) → **고객 상황조사**(Fact & Feeling Finding) → **보장분석 및 상품설계**(Insurance Analysis & Design of Product) → **대안 제시**(Presentation) → **종결**(Closing) → **소개 요청**(Request of Introduction) → **보험증권 전달**(Delivery of Policy) → **사후관리 및 고객관리**(Follow up & Customer Management)

세일즈 프로세스의 목적

어떤 일을 함에 있어 항상 두 가지 개념이 공존한다. '목적 달성'과 '과정과 절차를 제대로 하는 것'. 어느 것이 더욱 중요한 것일까? 두 가지 개념이 모두 중요하다는 것쯤은 누구나 알 것이다. 일의 성공을 위해서는 두 가지 개념을 조화롭게 온전히 이뤄내는 것이 절실히 필요하다. 세일즈 프로세스를 따라 판매를 하는 과정도 예외일 수는 없다. 그렇다면 제대로 지켜야 하는 과정과 순서는 무엇을 위해 존재하는 것인가? 제대로 된 절차와 과정은 목적에 충실할 때 빛을 발하는 것이다.

세일즈 매니저 시절 팀원과 함께 고객 가정에 동행한 적이 있었다. 첫 만남이었지만 상담은 어렵지 않게 진행되었고 느낌이 좋았다. 고객은 함께 간

팀원의 가족이 소개해줘 기본 신뢰가 있는 상황이었다. 고객 본인도 어느 정도 필요성을 느끼고 있음을 바로 감지할 수 있었다. 첫 미팅이었지만 바로 그 자리에서 계약 체결이 가능한 상황이었다. 하지만 우리 팀원은 고객의 반응이나 전체적인 상황은 아랑곳하지 않는 듯 보였다. 제대로 프로세스를 다 지켜서 두 번째 미팅에서 계약 체결이 진행되어야 한다고 생각하는 듯했다. 하지만 고객의 가입 의사가 보이면 바로 결정을 도와야 한다. 제대로 된 세일즈 프로세스도 결국엔 보험 가입을 위한 절차일 뿐이다.

진행하는 어느 단계에서라도 보험 가입 의사를 보이면 바로 사인을 받아야 한다. 우선 결정을 돕고 난 후 자세한 설명은 다음에 해도 늦지 않다. 옆에서 지켜보던 나는 답답함을 도저히 참을 수 없었다. 참다못해 중간에 끼어들어 설명을 멈추게 하고 사인부터 받았던 일이 기억난다. 간혹 그 팀원을 만나면 지금도 그때의 일을 이야기하며 함께 웃는다.

"매니저님! 그때 이후로는 내 생각보다는 고객의 상황을 먼저 파악하려고 합니다."

이 팀원뿐 아니라 누구나 쉽게 할 수 있는 실수다.

축구를 좋아하는 사람이라면 쉽게 느낄 수 있는 교훈이 있다. 축구선수들이 평소 훈련 중 하는 수많은 기술의 목적은 무엇 때문일까? 2:1 패스를 통한 측면 돌파, 세트피스를 통한 팀플레이 등 기타 여러 기술의 숙련된 훈련의 목적은 한 가지다. 바로 골을 넣기 위한 것이다. 하지만 축구 시합을 하면 종종 웃지 못할 상황이 벌어지곤 한다. 배운 것을 실천하겠다는 강한 의지로 골문이 비어 있음에도 동료에게 패스하는 것이다. 답답하지 않을 수 없다. 간혹 제대로 된 세일즈 프로세스를 지키겠다며 고객의 심리 변화나 의사

결정을 무시하는 컨설턴트들이 있다. 판매과정에서 무엇이 진정 제대로 된 프로세스인지 돌아봐야 한다. 혹시 본인의 고집이나 아집은 아닌지…….

세일즈 프로세스를 통한 문제 파악

계약 체결의 확률은 세일즈 프로세스를 지킴에 따라 올라간다. 신앙생활을 하는 크리스천은 어떤 어려운 일에 부딪히면 나름의 기준이 있다. 그것은 바로 하나님의 말씀인 《성경》이다. 《성경》의 말씀에 근거해 어떤 일이든 옳고, 그름을 판단한다. 보험영업에서도 《성경》과 같은 중요한 판단 기준이 있다. 그것이 세일즈 프로세스다. 판매과정에서 큰 문제가 없다고 판단이 들지만 결과는 고객의 거절로 판매가 되지 못했다. 과연 어디가 잘못된 것일까? 그것을 확인하는 방법은 세일즈 프로세스를 점검하는 것이다.

세일즈 프로세스는 우리가 난관에 부딪칠 때마다 우리의 길잡이가 되어준다. 길을 잃지 않게 방향을 잡아주는 것이다. 계약 체결이 되지 않은 데는 분명 이유가 있다. 그 이유를 우리가 정확히 파악하지 못할 뿐이다. 그럴 때는 반드시 이전 단계부터 체크해야 한다. 계약 체결의 문제를 그 단계에서만 원인을 찾으려고 하면 답이 나오지 않는다. 대부분 경우에 앞 단계인 초회면담에서 문제가 있었을 것이다. 조용히 복기해보면 쉽게 실패의 원인을 찾을 수 있다. 계약 체결에 실패하고 돌아온 팀원들에게 항상 이렇게 조언했다.

"세일즈 프로세스를 점검해봐. 어느 단계에서 배운 대로 하지 않았는지 체크해보면 원인이 보일 거야."

초회 면담을 마치고 다음 약속을 잡을 때 종종 하는 실수가 있다. 상담을 한 고객이 가정에서 '결정권'이 있는지 반드시 확인해야 한다. 그래야 다음에 사무실로 갈지, 가정으로 방문할지 결정이 된다. 아내에게 결정권이 있다면 당연히 아내와 함께 만나 진행해야 한다. 초회 면담을 마친 후 간단히 질문하는 프로세스만 넣으면 된다.

"과장님! 가정의 재정관리는 과장님께서 하시나요? 사모님께서 하시나요?"

이런 간단한 프로세스를 지키지 않으면 다음 단계에서 당황스러운 일을 겪게 된다. 프레젠테이션을 깔끔하게 잘하고 고객의 결정을 기다리는데 고객은 머뭇거리며 집안의 돈 관련된 결정권은 아내에게 있다고 한다. '아차차!' 초회 면담 때 한 번만 물어봤으면 좋았으련만. 후회해도 소용이 없다. 어쩔 수 없이 다시 한 번 가정으로 방문해서 아내를 설득해야 한다. 무엇인가 잘 안 되고 있다면 바로 앞 단계를 점검하고 원인을 찾아라.

세일즈 프로세스의 각 단계를 완벽히 숙달하라

골프라는 운동은 내가 해본 어떤 운동보다 까다롭고 어렵다. 단순해 보이지만 사람을 스트레스받게 하는 운동이다. 축구를 오랫동안 해왔던 나로서는 이해가 되지 않는다. 날아오는 공도 내 발로 잘 컨트롤해 패스도 하고 골도 넣는다. 그런데 가만히 서 있는 공이 애를 먹이고 맞출 수가 없다. 맞춰도 내가 원하는 방향으로 가지 않는다. 골프 프로 코치를 통해 한 동작 한 동작을 나눠서 배운다. 백스윙과 다운스윙, 임팩트, 피니시까지 말이다. 하지만 프로선수들이 치는 모습을 보면 결코 나눠서 치지 않는다. 그냥 자연스럽게 하나의 동작으로 눈 깜짝할 사이 스윙을 한다. 골프의 초보인 내게는 놀랍기만 한 동작들이다.

우리의 보험영업 세일즈 프로세스도 마찬가지다. 각 과정을 연습할 때는 단계별로 나눠서 배우고 익힌다. 하지만 현장에서 고객들과 만나 상담이 진행되면 다르다. 물 흐르듯이 자연스럽게 흘러가서 계약에 이르는 것이다. 마치 골프의 스윙이 한 번에 자연스럽게 나오는 것처럼 이루어진다. 그렇게 자연스럽게 진행이 되는 것은 거저 되는 것이 아니다. 각 단계를 완벽히 내 것으로 만들어내는 훈련을 통해서만이 가능하다. 자신도 인식하지 못할 정도로 몸에서 배어 나와야 한다. 이것이 진정한 프로가 되는 과정이고, 이 단계가 되어야 고객에게 신뢰와 인정을 받을 수 있다.

이 장에서 기억해야 할 내용 ————————————

1. 고객에게 판매를 제안할 때는 순서와 절차에 따라 차근히 다가서야 한다.

2. 세일즈 프로세스는 판매를 위해 가장 합리적이고 효율적인 방법들을 정리해 놓은 것이다.

3. 세일즈 프로세스의 목적은 제대로 된 절차를 통한 계약 체결에 있다.

4. 세일즈 프로세스의 단계별 점검을 통해 판매 실패의 원인을 찾아 해결해야 한다.

5. 세일즈 프로세스의 각 단계를 완벽히 숙달해 몸에 익혀야 한다.

많이 만나 많이 소통하라

보험 세일즈의 전설인 '프랭크 베트거'는 영업을 이렇게 정의했다.

"영업이라는 일은 결국 한 가지, 오직 한 가지로 귀착됩니다. 그것은 바로 사람들을 만나는 일입니다. 밖에 나가서 하루에 네다섯 명의 사람들에게 자신의 이야기를 정직하게 할 수 있는 평범한 사람이라면, 그 사람은 영업에서 성공할 수밖에 없습니다."

그렇다. 많은 컨설턴트가 나에게 와서 묻는다.

"과연 보험영업을 어떻게 해야 성공할 수 있습니까?"

나도 프랭크 베트거의 말에 200% 동의한다.

"매일 꾸준히 네 명 이상의 사람을 만나서 우리가 하는 일을 이야기하라."

역동적인 활동의 필요성

보험영업 17년, 그 이전의 다른 분야의 영업 경험까지 더하면 23년이다. 누군가가 나에게 영업이 무엇이냐고 묻는다면 간단히 대답해 줄 수 있다. "영업은 사람들을 만나서 그들을 알아가고 나를 알리는 일이다"라고 말이다. 그럼 영업에서 성공하려면 어떻게 해야 하느냐고 묻는다면 이렇게 말해주고 싶다. "주어진 시간 안에 많은 사람을 만나 계약의 확률을 높이면 성공할 수 있다." 물론 보험영업도 다르지 않다. 많은 사람을 만나서 그들에 대해 질문하고 나에 대해 알려주는 것이다. 결코 어려운 일은 아니다. 실천만 할 수 있다면 누구나 가능하다.

보험영업은 'Head Work'가 아니라 'Foot Work'이다. 머리가 아니라 발이 빠르고 바쁘게 움직여야 성공할 수 있는 일이라는 뜻이다. 보험영업을 해본 사람은 쉽게 이해하고 알 것이다. 사무실에 앉아 고민하며 머리로 온갖 상상의 나래를 펴며 할 수 있는 일이 아니다. 현장에 나가 고객들과 만나고 부대끼며 발이 아파야 하는 일이다. 모든 영업이 그렇듯이 현장에 답이 있다. 현장에서 고객과 만나서 씨름을 해야 어떤 답이라도 나오는 것이다. 말로는 쉬워 보이지만 결단코 만만하지는 않다. 쉽지 않기에 많은 컨설턴트들이 실천에 옮기지 못한다.

물론 무작정 많이 만난다고 계약이 성사되는 것은 아니고 충분한 준비가 되어 있어야 한다. 전략도, 훈련도 필요하며 고객에 대해 충분히 고민하고 만나야 한다. 하지만 우선 역동적으로 움직이며 많은 사람을 만나는 방법을 알아야 한다. 우리의 역동적이고 활발한 활동이 우리가 하는 모든 것을 결정짓는다. 최종적인 결과는 우리 활동의 많고 적음에 달려 있다. 보험영업을 성공한 사람이라면 알고 있을 것이다. 실적이 오르는 것은 계약의 크기보다는 왕성한 활동에서 온다는 것을 말이다.

이렇게만 하면 이전의 직장 생활보다 더 많이 돈도 벌고 성공할 수 있다고 한다. 그렇다면 못 할 이유가 무엇이 있겠는가? 너무나 간단한 일이 아닌가? 성공하기 위해 시작한 사업이기에 당연히 성공한 이들이 시키는 대로만 따라 하면 된다. 하지만 여기에는 구석구석 생각지 못한 지뢰들이 숨겨져 있다. 앞에서 말했던 여러 가지 원인 때문에 이 단순한 사람 만나는 일을 지속하기 쉽지 않다. 나는 오랜 보험영업 경험을 통해 많은 사람을 만나며 활동하는 것이 실적을 올리는 유일한 길임을 알고 있다.

그렇다면 하루에 몇 명의 고객을 만나면 가장 좋을까? 많이 만나면 좋다고 했으니 '가능한 많은 사람'이 정답이다. 체력이 허락만 한다면. 각자에게 답이 있다. 나도 처음에는 많이 만나야겠다는 열정에 하루에 7~8명을 만났다. 정말 많이 만나는 날은 10명을 만난 적도 있다. 당연히 체력이 못 버티고 만남의 질도 떨어졌다. 오히려 한 고객 한 고객을 생각하며 전략을 세우고 자료 준비도 철저히 하는 것이 더 중요함을 알게 되었다.

"하루에 3~4명의 고객을 제대로 상담한다면 성공을 맛볼 것이다."

역동적인 활동은 어떻게 할 수 있나?

이제 왜 역동적인 활동이 필요한지는 충분히 공감했을 것이다. 그렇다면 역동적이고 활발한 활동으로 많은 사람은 어떻게 만날 수 있을까? 가장 먼저 스케줄을 짜는 훈련부터 시작해야 한다. '정형화된 활동'을 설명하면서도 여러 차례 중요성을 강조했다. 시간을 충분히 가지고 다음 주 일정을 준비해야 한다. 고객을 만날 준비도 함께 말이다. 그리고 만나러 가는 것이다. 다른 어떤 생각도 하지 않고 오로지 이번 한 주간 자신과 한 약속을 지키면 된다. 하루에 4명이면 일주일에 20명과 미팅을 한다. 그중에는 정상적인 초회 면담, 대안 제시, 소개 요청, 기타 방문 등 모두 포함된다.

중요한 것은 약속하고 만나러 가는 것이다. 상담이 성공적으로 만족스러울 수도 있고 때론 무슨 소리를 하고 나왔는지 모를 정도로 망쳐버릴 수도 있다. 괜찮다. 그래도 약속 잡고 준비하고 만나러 가야 한다. 만나서 내가 하는 일이 어떤 일인지 솔직 담백하게 말해야 한다. 고객에게 무엇이 궁금한지 질문하고 오면 된다. 내가 집중할 것은 상담 결과의 성공 여부가 아니다. 한 주간 계획했던 미팅 약속을 모두 지켰느냐는 것이다. 그것이면 족하다. 결과가 실패해서 두려운 것이 아니다. 성공한 선배들의 조언을 믿지 않고 활발히 활동하지 않는 것이 두려운 것이다.

'행복 총량의 법칙'이라는 것이 있다. 인생을 살면서 누구에게나 같은 양의 행복이 찾아온다는 것이다. 따라서 이제까지 고통스러운 일만 많았다면 이렇게 생각하면 된다. '앞으로는 행복할 일만 남았다!' 이것이 고통 속에서도 희망을 품을 수 있는 이유다. 1915년 노벨 문학상 수상을 한 프랑스 소설가인 '로맹 롤랑'도 이런 말을 남겼다.

"언제까지 계속되는 불행이란 없다."

그렇다. 우리 일도 같은 원리의 적용을 받는다. '언제까지 계속되는 계약 실패란 없다.' 행복도 총량의 법칙이 있듯이 계약 체결에도 총량의 법칙이 있다. 그래서 계약 체결 실패를 두려워할 필요가 없다. 계속 실패했다면 이제 곧 체결이 될 것이기 때문이다.

스케줄 준비에 있어서 나에게는 한 가지 원칙이 있다. 월요일에서 목요일까지 집중적으로 상담을 진행한다. 금요일은 점심 식사까지 고객과 함께하고 다음 주 일정 준비에 들어간다. 내 다이어리에 다음 주 일정이 가득 채워지기 전에는 퇴근을 할 수가 없다. 금요일 저녁은 일찍 들어가 가족과 쉬고 싶은 마음이 간절하다. 하지만 다음 주 일정이 준비되지 않은 상태를 그냥 둘 수는 없다. 다음 한 주를 통제하지 못한다면 다음 한 달도 어렵다는 것을 잊어서는 안 된다. 우리는 다음 주 영업의 결과를 예측할 수는 없다. 하지만 고객과의 상담 약속은 내가 조절할 수 있다. 이것이면 성공에 한 걸음 다가서는 것이다.

꾸준한 활동이 중요한 이유

"지속적인 것이 혁명적이다."

보험업계에서 오랜 영업을 한 사람이라면 이 말을 한 번쯤 들어봤을 것이다. 꾸준히 무엇인가를 지속한다는 것은 많은 사람이 어려워하는 일이다. 보험영업 초기의 열정을 꾸준히 지속할 수만 있다면 성공은 당연한 결과다. 지속적인 노력을 통한 영업 활동은 진정한 전문가의 필수 조건이다. 2006년 MDRT 연차총회에서 돌아오던 날이었다. 미국행 비행기에서 내려 집에 돌아온 시간은 오후 5시인데 집에 도착해서 옷을 갈아입고 고객과의 저녁 상담을 향해 달려갔던 기억이 있다. 2017년 6월은 어머니의 장례식이 있던 달이다. 그달에도 3일 장을 마친 다음 날부터 활동을 시작해서 평달과 다름없이 움직였다.

영업은 흐름이 있고, 타이밍이 중요하다. 한 번 흐름이 끊기면 한동안 본래의 페이스를 찾느라 많은 에너지가 소모된다. 매년 한 해의 성과를 축하하는 컨벤션이 개최된다. 그동안 고생한 가족들을 위한 해외여행이 항상 상으로 주어졌다. 여행을 떠나기 전날 밤 늦은 시간까지 치열한 상담 일정을 소화하고 귀가했다. 주변의 동료들은 이런 나에게 두 가지 반응을 보인다. "뭐 그리 유별나게 일을 하느냐, 좀 누리면서 해라"라고 하거나 "정말 대단하다. 결코 빈 시간을 허락하지 않네!"라고 감탄한다. 그런데 다른 사람의 반응은 나에게 그리 중요하지 않다. 내 영업의 흐름이 끊어져 불필요한 시간 낭비를 하지 않겠다는 생각뿐이다.

꾸준히 한 가지 일을 오랫동안 지속하면 반드시 멋진 결과를 만날 수 있다. 40대 중반부터 시작한 축구 레슨을 거의 한 주도 빠짐없이 받았다. 올해 50세가 된 나의 체력과 기술은 20대 청년들과 뛰어도 크게 뒤지지 않는다. 비슷한 시기에 시작한 영어 공부도 마찬가지다. 이제는 외국인들을 만나서 하는 기본적인 대화에 큰 어려움이 없다. 얼마나 환상적인 일인가! 꾸준한 노력 뒤에는 그만큼의 놀라운 선물이 있다. 꾸준한 영업 활동이 우리에게 가져다주는 결과는 항상 상상했던 것보다 더 크다. 꾸준함이 성공의 근간이다.

자주 만나서 소통하라

대부분의 많은 사람은 친숙한 것을 좋아하고 낯선 것을 불편해한다. 미국의 심리학자 '제이 존크'는 한 가지 가설을 세웠다. 어떤 사람을 자주 보기만 해도 호감이 간다는 것인데 12명의 사진을 준비해 학생들에게 무작위로 여러 차례 사진을 보여줬다. 실험 결과 사진을 보여주는 횟수가 많을수록 호감이 높아졌다. 특이한 사실은 사진 내용과 관계없이 호감이 높아진 것이다. 이른바 '단순 노출 효과'다. 사람을 자주 보거나, 새로 만날 때도 볼수록 정이 가고 우호적인 관심이 생기게 된다. 특별한 선입견이 없다면 당연지사일 것이다.

우리에게 너무나 인상 깊게 자리 잡은 프랑스 파리의 에펠탑. 처음부터 프랑스인들에게 사랑받지는 못했다고 한다. 파리 도시 한 가운데 삐쭉 솟아 올라있는 철탑은 처음에는 그렇게 좋아 보이지 않았다. 그러나 지금은 전 세계가 주목한다. 세계적인 관광상품으로 사랑을 받고 프랑스의 상징이 되었다. 에펠탑이 시민들과 친해진 것은 간단하다. 파리에는

에펠탑

고층 건물이 거의 없어 어디에서나 300m가 넘는 에펠탑을 볼 수 있다. 시민들이 눈만 뜨면 커다란 탑을 보게 된다. 처음에는 별 관심이 없다가 차츰 호감이 생기게 된 것이다. 우리는 이를 '에펠탑 효과'라 부른다.(출처: 〈에펠탑 효과〉, 작성자 약산에이브)

어떤 대상이 반복적으로 노출되면 사람들은 그 대상에 대해 우호적인 반응을 느끼게 된다. 고객과의 관계에서도 마찬가지다. 고객의 신뢰를 얻는 가장 좋은 방법은 자주 만나는 것이다. 자주 찾아가 얼굴을 보이는 것이다. 자주 보게 되면 당연히 경계심을 풀고 마음을 열게 된다. 뉴스 앵커나 아나운서들이 정치권에 쉽게 들어가는 것도 비슷한 원리다. 매스컴을 통해 이른바 '눈도장'을 다른 사람들보다 훨씬 많이 찍은 것이다. 이는 처음 보면 어색한 광고가 여러 차례 듣고 보면 친숙해지는 원리와 같다. 반복적인 만남을 통한 친밀감 형성은 보험영업에서 무엇보다 중요하다. 이것이야말로 모든 비즈니스의 성공 비결 중의 하나다.

다시 말해서 꾸준히, 열심히 사람을 만나는 일이 성공의 지름길이다. 나의 역동적인 활동이 내가 하는 모든 것을 결정짓는다. 하지만 열심히 많이 만나도 결과가 곧 나오지 않으면 대부분 시간 낭비라고 생각하고 불평하며 시간을 아까워한다. 이점에 대한 내 생각은 다르다. 그런 영양가가 없는 듯한 미팅도 하나의 중요한 상담이다. 이 또한 내가 고객을 만나 진행하는 영업의 한 부분이다. 전체적으로 보면 허탕만 친 것처럼 보이는 이 미팅 또한 수많은 상담 중의 하나다.

하루에 3명 이상 만나면 일주일에 15명을 만난다. 한 달에 60명을 만나면 성공을 할 수 있다는 '대수의 법칙'을 믿어라. 그러면 오늘 아무 영양가 없어 보이는 이 미팅이 그 60건의 미팅 중 하나다. 한 달 동안 만나야 하는 60건 중 하나이다. 나는 이 상담을 묵묵히 진행하고 소화해내면 된다. 결과는 통계와 확률에 맡기고 난 그저 만나서 이야기하면 된다. 이렇게 생각하면 채워야 할 미팅을 채운 것이기에 실망할 것도 속상할 필요도 없다. 이 모든 상담이 모여서 한 달, 1년의 성공을 이루어 내는 것이다.

이 장에서 기억해야 할 내용

1. 주어진 시간 안에 많은 사람을 만나 계약의 확률을 높이면 성공할 수 있다.

2. 실적이 오르는 것은 계약의 크기보다는 왕성한 활동에서 온다.

3. 매일 꾸준히 네 명 이상의 사람을 만나서 우리가 하는 일을 이야기하라.

4. 시간을 충분히 가지고 다음 주 일정을 준비해야 한다.

5. 지속적인 노력을 통한 영업 활동은 진정한 전문가의 필수 조건이다.

6. 고객의 신뢰를 얻는 가장 좋은 방법은 자주 만나는 것이다.

'왜?', '어떻게?'로 숨겨진
고객의 니즈를 찾아라

이 세상에 있는 모든 영업은 누군가에게 무엇인가를 팔아야 한다. '팔아야 하는 사람과', '살 준비가 아직 안 된 사람'과의 치열한 줄다리기다. 특히 보험영업이 가장 치열한 현장이다. 살 준비가 아직 안 된 고객은 보험 상품 구매에 대한 별다른 생각이 없다. 누군가가 정말 필요하다는 것을 인식시켜 주어야 조금씩 관심을 가지게 된다. 그나마 다행인 것은 대부분의 사람들이 보험이라는 상품이 필요한 것은 알고 있다. 단지 지금 내게 필요한 것인지에 대해 확신이 서지 않을 뿐이다. 이런 고객에게 우리는 어떻게 보험을 판매할 수 있을까? 특별한 방법이 있기는 한 것일까?

질문을 해야 하는 이유 – 질문의 힘

처음 만난 고객이 보험에 대해 어떤 생각이 있는지 우리는 알 수 없다.

그렇다면 어떻게 해야 하나? 당연히 물어봐야 한다. 바로 '질문'을 하는 것이다. 언젠가 EBS의 한 다큐멘터리를 보며 상당히 놀란 적이 있다. 한국 대학생들이 수업 중 질문을 얼마나 하는지 알아보는 내용이었다. 방송 카메라는 한 대학의 강의실을 비추고 있었고 오전 수업 내내 학생들이 교수님께 질문을 얼마나 하는지 지켜보았다. 총 4시간 강의가 끝나는 그 순간까지 그 어떤 학생도 질문을 하지 않았다. 이것이 지성인들이 모여서 공부하는 대학 강의실이라고는 믿겨 지지 않았다.

방송국 측에서 한 학생을 섭외했다. 그 학생은 강의 시간 내내 궁금한 내용을 혼자서 질문했다. 강의실 안 학생들 대다수는 믿기 어려운 반응을 보였다. '저 친구는 왜 저렇게 튀지?', '왜 저렇게 나대지?' 하는 반응이었다. 정말 놀라지 않을 수 없었다. 서구 선진국 대학들의 사례도 함께 비교되어 방송되었는데 우리와는 많은 차이를 보였다. 우리는 참으로 질문하지 않는다. 학창 시절부터 하나의 문화처럼 되어버린 듯하다. 모르는 것을 부끄러워하지 않고 질문하는 일, 이것은 지극히 정상적이고 꼭 필요한 일이다. 결단코 튀어 보이거나 나대기 위해 하는 일들이 아니다. 영업에서도 마찬가지다. 모르면 물어야 하고, 이는 아주 당연한 일이 되어야 한다.

팀원들과 함께 고객을 만나러 가서 상담 내용을 지켜보면 또한 놀란다. 본인 고객의 니즈를 정확히 알지 못하면서 물어보지 않는다. 또 고객이 거절할 때도 거절하는 이유를 정확히 모르면서 한 번도 질문하지 않는다. 이런 팀원의 심리가 이해되지 않아 상담을 마친 후 팀원에게 종종 물어본다. 왜 고객에게 질문을 하지 않는지를. 팀원의 대답을 듣고 나서 그 이유를 알게 되었고 조금은 이해가 되었다.

"무엇을 어떻게 물어봐야 할지 잘 모르겠어요."

그렇다. 많은 컨설턴트들이 질문을 어떻게 해야 할지 잘 모르고 있다. 또 무슨 내용을 물어봐야 할지도 몰라 어려워하고 있다. 하지만 해답은 의외로 간단하다. 고객이 하는 말에 근거해 왜 그렇게 생각하는지 물으면 된다.

"사장님! 보험이 필요 없다고 하셨는데 왜 그렇게 생각하시는지 궁금합니다."

"보험이 많다고 하셨는데, 어떤 보험이 얼마나 많으신가요? 보험금의 크기가 큰 건가요? 아니면 보험의 건수가 많으신 건가요? 그것도 아니면 보험료를 많이 내시는 건지요? 궁금하네요!"

"보험이 너무 싫다고 하셨는데 혹시 보험으로 인해 깊은 상처라도 받으셨나요?"

"제가 아는 보험은 분명 도움이 되는 좋은 제도인데 싫어하신다니 이유가 궁금합니다."

이렇듯 솔직하고 담백하게 물어보면 된다. 적어도 물어보면 묻기 전보다 더 의미 있는 고객의 정보를 얻을 수 있다.

성공적인 보험영업을 위해서 반드시 극복되어야 하는 것이 있다. 바로 고객에게 질문하는 것을 두려워하는 것이다. 왜 질문이 두려운 것일까? 여러 가지 이유가 있을 것이다. 가장 큰 이유는 고객이 내가 원하는 답을 하지 않을 수 있다는 두려움 때문이다. 맞다. 고객은 우리가 원하는 내용의 대답을 하지 않을 수 있다. 괜찮다. 계속해서 꼬리에 꼬리를 무는 질문을 하면 된다. 고객 스스로가 거절해야 할 이유를 더는 찾지 못하는 단계까지 해야 한다. 어떤 컨설턴트는 질문하는 것을 부끄러워한다. 하지만 모르면 물어봐야 한다. 더 부끄러운 것은 모르면서 묻지 않는 것이다. 질문에는 힘이 있고 우리가 상상하는 것보다 훨씬 더 놀라운 힘을 가지고 있다. 우리가 훈련되지 못해서 그 힘을 사용하지 못할 뿐이다.

'왜?', '어떻게?'라는 질문의 힘

동서고금을 막론하고 '고객'이라는 존재는 어떤 상품을 구매할 때 공통점을 보인다. 누군가에 의해 제안을 받고서 결정하기를 원하지 않는다. 본인 스스로가 주도적으로 결정할 때 결정도 쉽고 제품에 대한 만족도도 높다. 참으로 이상하다. 사고 싶어서 알아보았는데 막상 제안을 받으면 멈칫거리고 좀 더 생각하길 원한다. 그런데 마키아벨리는 '결정을 안 하는 것이 더 죄'라고 했다. 잘못된 결정일까 두려워 걱정하는 것은 어리석은 고민이다. 어떤 결정이든 먼저 내리고 그걸 실행에 옮기는 과정에서 더 큰 교훈을 배운다.

이렇듯 고객은 언제든 방어적인 자세와 거절할 준비를 하고 있다. 어찌 보면 당연한 일일 것이다. 나 또한 매장에 들러 노트북 하나를 사려고 해도 비슷한 양상을 보인다. 이렇듯 마음 문을 열기 어려운 고객에게 우리는 어떻게 다가서야 하는가? 어떤 질문을 통해 고객이 우리의 진정성과 보험의 필요성을 느끼게 할 것인가? 쉬운 일은 아니지만 그렇다고 불가능한 일도 아니다. 고객의 거절에 적절한 질문을 통해 스스로 인정할 수 있게 도우면 된다. 몇 년 전 소개로 만났던 중소기업 사장님의 사례를 통해 질문의 힘을 확인해보자.

"엄 이사님이 처음 나를 찾아왔을 때 나는 똑같은 말을 했었죠. 나를 찾아온 수많은 컨설턴트들에게 했던 말을요. '나는 보험에 관심이 없다고, 사업을 하기에도 너무 정신이 없어서 다른 것에는 신경을 쓸 여력이 없다고'요. 다른 컨설턴트들은 나에게 매번 장황한 보험 설교를 했어요. 보험의 장점과 필요성 등으로 나에게 꼭 필요하니 가입을 하라고 하면서요.

그런데 이사님은 그냥 '왜?'냐고 물었었죠. 내가 왜 보험에 관심이 없는지 말이죠. 내가 그 이유를 설명하면 역시 '왜 그렇죠? 사장님?' 하면서 계속 내가 말하도록 했어요. 물론 나도 보험이 필요한지는 알아요. 단지 얼른 거절해서 돌려보내려고 관심 없는 척을 했던 거죠.

그런데 계속되는 '왜?'냐는 질문에 나도 모르게 대답을 했어요. 말을 하면 할수록 나도 내 주장이 잘못되었다는 것을 알게 됐지요. 참 신기했어요. 이사님이 나에게 판 것이 아니라 내가 나에게 팔았죠. 하하. 그리고 이사님은 내게 또 이렇게 물었죠. '어떻게 이렇게 멋진 사업체를 이루게 되었느냐?'고요.

'어떻게'라는 말을 듣는 순간 지난 일들이 주마등처럼 떠올랐어요. 나도 모르게 한참을 나의 인생 이야기를 했던 것 같아요. 내 이야기를 그렇게 진지하게 들어준 사람은 거의 없었으니까요."

'어떻게?'를 활용한 이 질문은 효과가 아주 크다. 너무 바쁜 사장님들의 시간을 얻어 내기에 충분한 매력을 가진 질문이다.

지금도 거절을 심하게 하는 고객을 만나면 난 설득하려 하지 않는다. 내 능력으로는 작심하고 방어하는 고객을 설득하기란 불가능에 가깝다. 그래서 세상에서 가장 강력한 단어인 '왜?'와 '어떻게?'를 자주 활용하는 편이다. 그리고 진정성 있게 고객의 말을 경청한다. '왜?'와 '어떻게?' 질문은 고객에게 보이지 않게 내 생각이 전달된다. 그리고 고객의 의견을 확인할 수 있다. 동시에 경청을 통해 고객을 높여 주는 효과까지 있다. 고객에게 스스로 생각하게 하는 방법은 '왜?', '어떻게?'로 질문하는 것이다. 이것이 최선이라 생각한다.

이렇듯 보험영업에서 질문의 중요성은 아무리 강조해도 지나치지 않는다. 질문으로 시작해서 질문으로 끝나는 상담을 할 수만 있다면 얼마나 멋진 일인가! 내 생각을 주입해서 설득하는 것이 아니다. 고객 스스로 자신의 문제를 인식하게 만드는 것이다. 질문을 통해서 멋진 상담을 하는 것은 어려운 일이지만 가치 있는 일이다. 고객에게 진정으로 도움을 주겠다는 마음으로 진정성을 담아 질문해야 한다. 반복적인 훈련으로 한 마디의 질문이라도 고객 가슴에 울림을 주어야 한다. 이것이 우리가 해야 할 일이고 보험 컨설턴트의 사명이다.

1. 보험영업에서도 모르면 질문해야 한다. 부끄러운 일이 아니다.

2. 고객이 하는 말에 근거해 '왜? 그렇게 생각하는지' 물으면 된다.

3. 질문에는 힘이 있다. 우리가 상상하는 것보다 훨씬 더 놀라운 힘을 가지고 있다.

4. 고객에게 스스로 생각하게 하는 방법은 '왜?', '어떻게?'로 질문하는 것이다.

5. 고객에게 진정으로 도움을 주겠다는 마음으로 진정성을 담아 질문해야 한다.

성공의 비결은 끊임없는 반복!
부단히 연습하고 준비하라!

한 분야에서 그 분야의 최고가 되고 성공하는 것은 쉬운 일이 아니다. 아무도 모르는 피나는 노력과 훈련이 있어야 가능하다. 그래서 성공한 많은 이들의 성공 후기는 우리에게 잔잔한 감동을 안겨준다. 특히 올림픽 금메달을 수상한 선수들의 이야기는 가슴을 울리는 무언가가 있다. 김연아 선수가 그토록 아름다운 공중회전을 위해 얼마나 날아올랐을까? 얼마나 많은 엉덩방아를 찧으며 고통을 참아냈을까? 충분히 미루어 짐작이 간다. 반복적인 고통스러운 훈련이 있었기에 세계인의 존경 또한 한 몸에 받을 수 있는 것이다.

보험영업에서의 성공 또한 같은 원리다. 고객과의 상담은 보이지 않는 치열한 승부의 장이다. 어설피 준비하고 나갔다가는 무참히 전사하는 곳이다. 때론 한마디의 말, 표정, 몸짓으로 고객의 가슴을 흔들어 놓아야 한다. 처음 보험영업을 시작한 신입 컨설턴트는 경험이 적다. 이것은 당연한 일이고 어쩔 수 없는 팩트다. 그렇다면 경험이 적은 이 핸디캡을 어떻게 극복해야 할까? 반복적인 훈련밖에는 없다. 우리가 컨트롤 가능한 부분을 조절해야 한다. 고객과의 만남을 설정하고, 예상해서 반복 훈련해야 한다. 반복 훈련을 통해 실제의 경험 부족을 뛰어넘어야 한다. 이것만이 프로를 넘어 고수로 가는 유일한 길이다.

놀라운 반복의 힘

중국 유학 시절, 내 인생에서 가장 열심히 공부했던 시간이었다. 중국에 도착한 후 1년이 지날 때쯤 중국인들과의 대화가 어렵지 않았고 나름 자신감과 자만심이 가득한 때였다. 우연한 기회에 중국 대학생들의 영어 강의 시간을 참관할 기회가 있었다. 한 중국인 친구가 영어로 발표를 하는데 내가 알던 중국인의 영어 발음이 아니었다. 얼굴을 못 봤다면 아마도 영어를 쓰는 원어민이라고 생각했을 것이다. 나도 중국어를 배우러 온 입장이라 그 친구의 언어 공부 비결이 너무나 궁금했다. 더군다나 그 친구는 한 번도 해외 현지에서 영어를 배운 적이 없었다.

어떻게 이런 실력이 가능한지 물었다. 내 질문에 답하기 전에 그 중국인 친구가 나에게 물었다. 중국어로 된 하나의 문장을 몇 번 정도 반복해서 읽고 외우느냐고. 나는 많아야 10번 정도라고 대답했다. 그 친구는 한 문장을 200번 정도 읽고 외운다고 한다. 순간 머리를 한 대 맞은 듯한 느낌이 들었다. 한 문장을 반복해서 200번. 그것이 그 친구가 원어민 수준이 된 비결이었다. 유학을 마치고 돌아올 때까지 나는 그 친구의 말을 잊을 수가 없었다. 그 중국인 친구의 조언 덕분에 나 또한 중국어 실력 향상에 큰 도움을 받았다.

롤플레이(Role Play)

앞에서도 말했듯이 고객을 만나러 가기 전 우리는 준비를 해야 한다. 그것도 고객의 다양한 상황들을 예상해서 철저히 준비해야 한다. 고객은 사업을 할 수도, 직장인일 수도, 가정주부일 수도 있다. 다양한 직업과 경험이 있을 수 있다. 그들의 상황에 맞춰 상담을 진행해야 한다. 이런 상황을 대비해서 하는 훈련이 롤플레이(Role Play)이다. 두 명이 서로의 역할을 정해서 실제 상담처럼 연기를 하는 것이다. 연기는 가능한 실제처럼 해야 한다. 거절도 하고 질문도 하며 컨설턴트 역할을 하는 사람은 고객의 반응에 맞춰 질문하고 대응해야 한다. 보험영업에 있어서 반복 훈련해야 하는 것의 대표적인 것이 바로 롤플레이다.

물론 현장에서 만나는 고객은 롤플레이의 상대와는 전혀 다르다. 같다면 더 이상할 것이다. 예기치 못했던 돌발 상황들이 발생하기도 한다. 또 예상보다 훨씬 더 부정적인 고객과 대면할 수도 있다. 그렇다면 롤플레이가 필요 없는 것일까? 그렇지 않다. 반복적인 훈련을 통해 어떤 고객과 대면해도 당당함과 여유가 생긴다. 다양한 경우를 예상해서 준비하고 훈련한다. 그래서 설령 예상치 않은 스타일의 고객을 만나도 당황하지 않게 된다. 이것이 반복 훈련의 효과고 반복 훈련의 힘이다.

밤늦은 시간 사무실로 돌아와 눈에 띄는 선배 컨설턴트를 찾는다.

"선배님, 잠시 제 롤플레이 상대 좀 해주시겠어요? 조금 전 만나고 온 고객과의 상담이 맘에 들지 않아서요. 무엇이 문제인지 점검 좀 하고 싶네요."

이렇게 고객과의 만남 후 다시 리뷰를 하는 롤플레이도 정말 중요하다.

따끈따끈한 고객과의 상담 느낌이 사라지기 전 기억과 몸속 세포에 담아 놓는 것이다. 이 또한 반복적인 연습과 훈련으로 완전히 내 것으로 만들어야 한다. 롤플레이의 반복 훈련만 지속할 수 있다면 어떤 상담도 두렵지 않다.

'반복'이라는 과정은 지루하고 고통스럽다. 누구도 어렵고 힘든 일을 '반복'하기 원하지 않는다. 하지만 '성공'으로 가는 길목에는 어렵고 힘든 일의 '반복'이라는 과정이 자리 잡고 있다. 반드시 거쳐 가야 한다. 안타깝게도 피해 가거나 돌아갈 수 없다. 세상의 어떤 '성공'도 '반복'이라는 과정 없이 이룰 수 없다. 많은 컨설턴트가 특별하고 쉬운 비법을 찾는다. 다른 일도 그렇겠지만 보험영업의 특별한 방법은 없다. 특별한 무엇은 없다는 것이다. 성공한 선배들이 걸어간 그 길을 묵묵히 따라가면 된다. '반복'이야말로 많은 이들이 그렇게 찾던 특별하고 쉬운 비법인 것이다. 이 비법을 믿고 따라가면 어느새 '성공'을 만날 수 있다. 내가 그랬던 것처럼 말이다.

머슬 메모리(Muscle Memory)의 중요성

누구나 한 번쯤 부상, 바쁜 스케줄 등으로 운동을 잠시 멈췄던 경험이 있을 것이다. 나처럼 운동을 좋아하는 사람은 운동을 쉬는 상황이 몹시 아쉽고 속상한 일이다. 운동을 쉬게 되면 지금까지 열심히 만든 근육이 다시 빠질까 걱정이 된다. 쉬는 기간 동안 근육의 손실이 발생하게 되기 때문이다. 하지만 운동을 오래 쉬어도 꾸준히 반복 훈련을 한 사람들은 다르다. 운동을 다시 시작했을 때 금세 과거의 근육량과 운동능력을 되찾게 된다. 근육들이 마치 과거의 상태를 기억하고 있는 것처럼. 이것을 '머슬 메모리'라고 부른다. 근육 속 세포 안에 기억된 것이다. 머슬 메모리는 여러 연구를 통해 입증되었다.

이처럼 반복을 통해 꾸준히 준비한 것들은 쉽게 사라지지 않는다. 보험 영업 또한 같은 원리다. 반복 훈련은 곧 습관으로 정착된다. 우리 일의 성공의 근간이 좋은 습관을 만드는 것이라고 이미 앞에서 언급했다. 다시 말해 반복 훈련을 통해 생긴 좋은 습관은 우리를 성공으로 이끈다. 특히 상처받는 일이 많은 보험영업에서 그 진가를 발휘한다. 고객으로부터 받는 상처로 인해 우리는 쉽게 슬럼프에 빠질 수 있다. 그때마다 머리가 아니라 우리 근육에 저장되어 있는 좋은 습관들이 우리를 움직인다. 슬럼프에 빠져 있을 때 반복 훈련으로 단련된 우리는 생각하지 않고 반사적으로 움직인다. 머리보다 훨씬 더 빠르게 몸이 움직여 슬럼프를 벗어난다.

어릴 적부터 태권도를 했던 나는 누구보다 반복 훈련의 의미를 잘 안다. 수없는 발차기와 치고 피하는 훈련을 반복했다. 그 까닭에 상대방의 발끝 움직임만 봐도 몸이 저절로 움직인다. 상대방의 발이 어떤 각도에서 어느 정도 속도로 오는지 머리로 판단하지 않는다. 그냥 이전에 근육이 기억하고 있는 대로 반응한다. 발차기 훈련을 하루에 500번 했을 때와 1,000번 했을 때, 시합을 나가보면 확연히 다름을 알 수 있다. 그만큼 반복의 횟수가 중요하다. 반복의 횟수가 많아질수록 힘과 스피드가 향상된다. 더 중요한 것은 반사적으로 반응하는 능력이 향상된다는 것이다.

신입 초기에 첫 상담부터 나를 당황하게 했던 고객이 있었다. 보험을 너무 잘 알고 있다는 듯이 나를 무시하고 자신의 이야기만을 늘어놓았다. 신입

내게 언어 공부의 영감을 준 친구와(1996).

시절이기에 지식도 부족했고, 무엇보다도 고객과의 상담 준비가 부족했다. 몇 마디 못하고 씩씩대며 사무실로 돌아왔다. 한숨만 나올 뿐이었다. 고객의 질문에 내가 왜 답을 못하고 당황했는지 스스로 창피해 쥐구멍을 찾고 싶었다. 고객과의 상담을 복기하며 사무실에 있던 선배를 괴롭혀 롤플레이를 될 때까지 반복했다. 1주일 후 다시 그 고객과 만났다. 나에게 어떤 일이 일어났을까? 고객은 자신감이 넘치는 내게 전과는 사뭇 다른 태도로 경청을 했다. 반복 훈련에서 나오는 힘의 경이로움에 놀라지 않을 수 없었다.

보험영업에 도전한 사람들은 누구나 성공을 꿈꾼다. 성공을 위해 많은 열정과 노력을 기울인다. 하지만 모든 사람이 성공할 수는 없다. 부단히 노력하고 준비해야 한다. 연습하고 준비한 사람이 그렇지 않은 사람을 이기는 것은 당연한 일이다. 준비하고 고객을 만나도 거절로 상처를 받는데, 아무 준비 없이 성공을 기대하는 것은 어리석은 일이다. 특히 영업을 시작한 지 얼마 안 되었다면 머슬 메모리를 길러야 한다. 어떤 상황에서도 고객의 반응에 반사적으로, 본능적으로 대처할 힘이 있어야 한다.

이 장에서 기억해야 할 내용 ———————

1. 반복 훈련을 통해 실전 경험 부족을 뛰어넘어야 한다.

2. 롤플레이를 통해 고객을 만나기 전 충분히 준비하고 상담에 임해야 한다.

3. 세상의 어떤 성공도 반복이라는 과정 없이 이룰 수 없다.

4. 반복 훈련을 통해 생긴 머슬 메모리는 우리를 성공으로 이끈다.

통계와 확률을 믿고 포기하지 않으면
반드시 성공한다

보험영업에서 '고객의 거절'이 없다면 속없는 찐빵과 같을 것이다. 물론 고객의 거절이 꼭 필요하고 반갑다는 말은 아니다. 몸서리치게 싫고 온몸의 기운이 빠지는 일임은 부인할 수 없는 사실이다. 하지만 고객이 한 번 거절했다고 해서 고객을 잃는 것은 아니다. 고객의 거절은 고객에 대해 더 많은 생각을 하라는 신호다. 또한 고객에 대해 새로운 각도에서 다시 고민해야 한다는 뜻이기도 하다. 많은 컨설턴트가 이런 어려움에 부딪히면 쉽게 포기해버린다. 거절에 대해, 어려움에 대해 깊이 고민하지 않는다. 보험영업에서 성공하는 가장 확실한 방법이 있다. 성공할 때까지, 거절이 승낙으로 바뀔 때까지 포기하지 않는 것이다.

'Final 3 feet(3피트만 더 파라!)'

보험업계에 처음 입문해서 교육을 받을 때부터 자주 듣던 말이 있다. 'Final 3 feet = 3피트만 더 파라!' 미국 서부 시대에 한 광산업자가 금광 발굴에 도전했다. 광맥을 찾은 후 더 많은 채굴을 위해 기계와 장비를 준비했다. 하지만 투자한 보람도 없이 금맥을 찾지 못하고 그들의 꿈은 물거품이 되어버렸다. 실망한 그들은 채굴 장비를 몽땅 고물상에 팔아버리고 금광 발굴을 포기하게 된다. 하지만 그 장비를 넘겨받은 고물상의 생각은 달랐다. 정말 그 광산이 가망이 없는지 알고 싶었다. 조사를 맡은 광산 기사의 계산 결과는 3피트만 더 파면 금광맥이 있다는 것이었다. 그는 이 광맥에서 엄청난 금을 캐내 수억 달러의 부자가 되었다고 한다.

모든 일이 그런 것 같다. 새벽이 오기 전이 가장 어둡다. 마지막 목표를 달성하기 전이 가장 힘들고 포기하고 싶어진다. 그 순간만 이를 악물고 견뎌내면 꿈같은 영광이 기다리고 있다. 항상 우리가 원하는 결과는 눈에 훤히 보이며 우리를 기다리지 않는다. 그래서 힘든 것이다. 손에 잡히고 눈에 보이면 당연히 포기하지 않고 계속 달려가리라. 이제 막 영업을 시작한 후배들이나 슬럼프로 힘들어하는 이들에게 꼭 알려주고 싶다. 슬럼프가 온다는 것은 계속 무언가를 도전하고 있다는 것이다. 지금 당장 눈에 보이지 않는다고 절대 포기하지 마라. 언제나 가치 있는 것은 쉽게 눈에 띄지 않는다. 3피트만 더 파면 금광맥을 찾게 될 것이다.

통계와 확률을 믿어라

"선배님! 어떻게 그렇게 슬럼프 없이 일하실 수 있나요? 거절을 받으면 지치기도 하고 생각대로 계약이 안 나오면 기운이 빠져 못하겠던데요. 선배님을 보면 슬럼프도 없는 것 같고 거절도 안 받는 것 같이 보여서 신기해요."

종종 후배들이 나에게 궁금해하며 묻는 내용이다. 나에게는 슬럼프가 없나? 고객이 나에게는 거절하지 않나? 천만의 말씀이다. 아마도 내게 그런 질문을 하는 후배들보다 내가 훨씬 많은 거절을 받을 것이다. 단지 거절을 거절처럼 생각하지 않을 뿐이다. '고객의 거절부터 보험영업은 시작이다. 거절이 시작되었으니 이제 몇 번 더 거절을 받으면 내 고객이 되겠구나'라고 생각한다.

이런 생각이 들면 거절은 힘겨움이 아니라 즐거움이 된다. 거절을 안 받는 것이 아니라 거절을 대하는 태도가 다른 것이다. 만약 10번의 거절을 받으면 반드시 최소 1건 이상의 계약이 체결된다고 가정해 보자. 그렇다면 거절은 두려움의 대상이 아니라 빨리 받고서 지나쳐야 하는 대상이 된다. 고객들이 보험 가입하는 이유는 너무나 다양하다. 물론 보험에 가입하지 않는 이유도 마찬가지다. 나의 첫인상이 마음에 들어서 가입하는 고객도 있을 수 있다. 반면 나의 첫인상 때문에 보험 가입을 거절하는 사람도 있는 것이다. 결국 보험영업은 대수의 법칙으로 움직인다. 그래서 최대한 많은 사람을 만나 거절을 많이 받아야 계약 체결의 확률을 높일 수 있는 것이다.

물론 슬럼프도 안 오는 것이 아니라 크게 느끼지 않고 지나갈 뿐이다. 처음 일을 시작했을 때는 슬럼프가 한 번 오면 꽤 오래도록 나를 괴롭혔다. 일이 어려울 때는 예상이 되고 긴장하며 극복한다. 하지만 일이 술술 잘 풀릴 때는 자만함으로 멍하니 당하는 경우가 많다. 누군가의 말처럼 슬럼프는 게으름의 또 다른 이름이다. 이를 극복하기 위해서는 통계와 확률을 믿고 많이 움직이는 방법뿐이다. 슬럼프도 통계적으로 보면 만날 사람이 없을 때 찾아온다. 사실 우리 일은 매우 단순하다. 몇 명의 고객을 만나면 그중 몇 명은 가입한다. 이런 통계와 확률을 믿고 부지런히 움직이면 슬럼프는 당연히 극복된다.

또한 오랜 영업의 경험 속에 깨닫게 되는 점이 있다. 통계와 확률을 믿고 부지런히 움직여라. 그러면 슬럼프를 극복하는 주기가 굉장히 줄어든다. 이전에는 슬럼프인지도 모르고 멍하니 있다가 몇 주 또는 한 달 이상을 힘들어했다. 그만큼 슬럼프로 인해 많은 시간을 손해 보게 된다. 지금은 슬럼프가 오려는 느낌을 매우 빨리 잡아낼 수 있다. 수많은 시행착오를 통해 교만함을 버리고 통계와 확률을 믿게 되었다. 이전에 안 보이던 것이 보이게 된다. 그러면 며칠 만에, 심지어 한나절 만에도 슬럼프를 예측하고 극복할 수 있다.

꾸준한 노력의 결과

애리조나 사막에 사는 호피족 인디언들은 '사막에서 농사를 짓는 부족'이었다. 농사가 주업이기에 '비'는 무엇보다 삶의 중요한 요소였다. 그래서 그들은 항상 기우제를 드리며 비가 내리기를 기원했다. 참으로 신기한 것은 그들이 기우제를 지내면 반드시 비가 내린다는 것이다. 그 이유는 비가 내릴 때까지 기우제를 지내기 때문이다. 너무나 간단한 성공의 원칙이다. 그런데 그들은 비가 안 온다고 해도 절망하지 않았다. 단지 정성이 부족하다고 생각하고 더 정성껏 기우제를 지냈다.

인디언들보다 더 발전하고 부유한 다른 나라와 민족들도 기우제를 드린다. 하지만 비가 오지 않아 농사가 안 되면 하늘을 원망한다. 비가 안 오는 원인을 누군가의 탓으로 돌리며 분열한다. 그런데 인디언들은 절대 절망하거나 좌절하지 않는다. 비가 반드시 온다는 희망을 품고 포기하지 않고 꾸준히 기우제를 지낸다. 인디언 기우제는 심리학자에 의해 연구되었고 경제학 용어로까지 사용되었다. 될 때까지 노력하는 꾸준함을 가리키는 말이다. 성공의 조건은 그 사람의 가진 것이나 재능보다 인내에 있다는 생각이 든다.(출처: 〈인디언 기우제〉, 작성자 Wook)

우리 보험업계에 진정으로 특별한 사람은 없다고 생각한다. 자신의 꿈을 위해 묵묵히 한 걸음씩 걸어가며 실천에 옮기는 평범한 사람들만이 있을 뿐이다. 보험업계에서 성공한 사람들을 유심히 관찰해보면 알 수 있다. 그들이 이루어낸 것은 어렵고 복잡한 것이 아니다. 우리 중 누구라도 따라 할 수 있다. 배운 후 실천만 할 수 있다면 이루어낼 수 있다. 관건은 얼마나 꾸준히 하나의 꿈을 위해 노력할 수 있느냐는 것이다. 우리에게 필요한 핵심은 꾸준히 포기하지 않는 실천이다. 이것만 가능하다면 보험영업뿐만 아니라 그 어떤 일도 성공할 것이다.

특별한 비법이 없는 보험영업

"선배님! 혹시 고객의 마음을 바꿀 수 있는 특별한 매직 화법이 있나요?"

"무슨 말을 해야 니즈가 없던 고객이 단번에 넘어올까요?"

"선배님은 뭔가 특별한 방법이 있죠? 알려주세요!"

이상은 내가 많이 받던 질문들이다. 사실 나도 알고 싶다. 그런 매직 화법이 있다면 말이다. 많은 컨설턴트들이 이런 특별한 비법이나 단번에 얻을 수 있는 요행을 바란다. 참으로 안타깝다. 우리가 판매하는 상품은 멀리 내다보고 준비하는 상품이다. 말 그대로 '롱텀(Long Term)' 상품이다. 그런데 판매하는 방법은 단번에 효과를 보고 뭔가 얻어내려고 한다. 첫 단추부터 잘못 끼워진 것이다.

보험영업은 특별한 비법이 있는 일이 아니다. 대수의 법칙을 믿고 꾸준히 고객을 만나는 일이며 만나서 보험이 그들에게 왜 필요한지 설명하는 일이다. 이미 그들의 마음속에 있는 보험의 니즈를 끌어내어 다시 환기를 시키는 일이고 바쁜 일상에 잊고 지내던 가족에 대한 마음을 다시 깨닫게 해주는 일이다. 노후를 준비해야 하는 당연한 일을 다시 알게 해주는 일이다. 꾸준히, 변함없이, 계속해서 찾아가 만나서 말해줘야 한다. 그렇지 않으면 고객은 미처 생각하지 못하며 살아가게 된다. 보험은 자발적으로 준비하는 상품이 아니다. 누군가의 도움이 필요하다. 그래서 우리가, 내가 그 일을 하는 것이다.

어릴 적 할머니는 콩나물을 직접 키우셨다. 어린 마음에 콩나물이 크는 모습이 신기해 매일 지켜보았다. 하지만 내 눈에는 콩나물이 자라지 않는 듯 느껴졌다. 날마다 할머니께서 물을 정성껏 주시는 데도 거의 변화가 없는 것처럼 보였다. 게다가 물을 주면 아래로 다 흘러내려 콩나물이 흡수하는 것은 없는 듯했다. 하지만 그렇지 않았다. 가랑비에 옷이 젖듯이, 흘려버린 듯한 물로 인해 어느새 콩나물이 훌쩍 커버렸다. 우리 일도 같은 원리다. 잔잔히 고객에게 전한 보험의 필요성이 어느새 고객의 가슴에 스며든다. 그 결과로 철옹성 같던 고객의 마음이 움직이게 된다. 중요한 점은 콩나물에 물을 주듯 계속해서 꾸준히 만나서 이야기하는 것이다.

임계점을 통과하라

중국 극동지방에는 모소 대나무라는 희귀 대나무가 있다. 모소 대나무는 씨앗이 뿌려진 후 4년 동안 거의 자라지 않는다. 모소 대나무를 모르는 사람들은 대다수가 성장이 멈췄다고 생각한다. 하지만 5년째 싹이 땅을 뚫고 나온 후부터는 하루에  30cm 정도씩 자라기 시작한다. 그 후 6주 만에 15m 이상 자라게 되고 순식간에 울창한 숲을 만든다. 성장을 멈춘 것처럼 보였던 시간 동안 땅속

모소 대나무

에서 깊고 단단하게 뿌리를 내린 것이다. 그 결과 성장을 위한 충분한 시간이 되었을 때 순간 폭발한다. 비로소 성장의 임계점을 통과한 것이다.(출처:〈모소 대나무처럼 기다림이 필요하다〉, 작성자 지우개)

우리 일을 하다가 중도에 포기하는 후배들을 보면 마음이 아프다. 그리고 꼭 해주고 싶은 말이 있다.

"성과가 없다고 좌절하거나 조급해하지 마라. 성장하지 않는 것이 아니다. 지금은 단단하게 뿌리를 내리고 있는 시기다. 모소 대나무처럼 몇 년이라는 시간을 꾸준히 투자하고 기다려라. 반드시 폭발할 때가 다가온다."

누구나 이렇게 뿌리를 내리는 시기가 필요하다. 당장 눈에 보이는 성과는 없지만, 단단히 내실을 다지는 시기 말이다. 곧 다가올 임계점을 기다리자. 우리가 노력한 결과는 임계점 이전에 차곡차곡 쌓인다. 그래서 임계점을 통과할 때까지 멈추면 안 된다. 계속 나아가야 한다. 임계점을 통과하는 순간 노력한 보상을 받을 것이다.

보험영업을 포기하는 이유 중 가장 많은 것이 '만날 사람이 없다'는 것이다. 고객의 거절로 인해 상처를 받고 마음이 힘들어지는 상태가 지속되면 사람을 피하게 된다. 사실 고객이 "안 돼요"라고 하는 말은 단지 그때 그 상황에서의 반응이다. 영원히 안 되는 것은 없다. 고객의 마음과 입장이 변화하기 위해서는 시간이 필요하다. 충분히 기다리며 변함없이 지속적인 노력을 기울이면 고객은 변하게 되어 있다. "절대 안 됩니다"가 "글쎄요. 한번 생각해봅시다"로 변한다. 더 나아가 "알겠습니다. 믿겠습니다"로 변할 수 있기에 우리 일은 어렵지 않은 것이다. 오직 꾸준한 인내를 통해서만 고객을 움직일 수 있고 변화시킬 수 있다. 포기하지 않는 것이 성공이다.

1. 'Final 3 feet = 3피트만 더 파라!' 포기하지 말고 마지막까지 최선을 다하라.

2. 통계와 확률을 믿어라. 거절이 시작되었으니 이제 몇 번 더 거절 받으면 내 고객이 된다.

3. 통계와 확률을 통해 슬럼프를 쉽게 이겨낼 수 있다.

4. 성공의 조건은 그 사람의 가진 것이나 재능보다 인내함에 있다.

5. 보험영업은 특별한 비법이 없다. 꾸준히 포기하지 않고 실천하면 성공할 수 있다.

내 가족이라면 이렇게 권할 것인가?

보험업은 금융업에 속한다. 다시 말해서 '돈'과 관련된 일이다. 돈과 관련된 일들은 언제나 거부하기 어려운 유혹들이 도사리고 있다. 어떤 업종들보다 '돈'과 관련된 사건 사고가 많은 것은 부인할 수 없는 사실이다. 보험상품을 설계할 때도 마찬가지다. 고객의 입장보다는 나에게 더 유리하도록 설계하는 것 또한 작지 않은 유혹이다. 고객이 아니라 내 가족이라면 어떻게 권할 것인가? 보험업을 평생의 업(業)으로 생각한다면 반드시 고민해야 한다. 나름의 답을 찾아야 한다. 무엇이 진정 고객을 위하고, 자신을 위하는 길인지 진정성 있게 돌아봐야 한다.

정도 영업의 중요성

무한경쟁의 영업 환경 속에서 살아남는 것, 그것이 곧 성공이라고 한다. 보험영업이 이 사실을 가장 잘 보여주는 일일 것이다. 경쟁이 치열한 만큼

영업의 스트레스도 상상을 넘어선다. 동시에 경쟁에서의 승리를 위해 도를 넘는 영업의 방법들이 등장하기도 한다. 계약을 통한 자신들의 성공이 모든 일의 최우선인 사람들도 있다. 그래서 각종 편법적인 방법들이 동원되고 심지어 불법까지도 자행하게 된다. 이런 환경 속에서 나만의 정도 영업을 지켜 나가는 일은 쉽지 않다. 하지만 이것은 선택이 아니다. 반드시, 당연히 지켜야 하는 원칙이다. 주변을 두리번거리지 않고 앞만 보며 나만의 길을 걸어가야 한다.

삼성생명에 입사하기 전 근무하던 회사는 그 분야에서는 대기업이었다. 다국적 반도체 스톡(STOCK) 업체로 국내에 수많은 제조업체를 고객사로 가지고 있었다. 중국에서 대학을 졸업했던 나는 입사 초기에 지인 시장이 거의 전무했다. 그나마 이전 직장에서 거래했던 업체의 사장님들과 구매 담당자들이 지인에 속했다. 그 당시 구로 유통 상가의 한 업체 사장님과의 일이 지금도 내게는 큰 교훈으로 남아있다.

"엄 과장! 보험영업 시작했다는 이야기 들었어. 좋은 걸로 하나 가져와봐. 얼마짜리 하면 돼?"

첫 방문에 사장님은 나를 생각해서 이렇게 말씀해 주셨다. '그래도 내가 전 직장에서 일을 못 한 건 아니었구나'라는 생각에 감사하기까지 했다.

신입의 순진함으로 열심히 자료를 준비해서 설레는 마음으로 달려갔다. 청약서를 꺼내놓고 사인을 하려는 사장님의 모습이 뭔가 이상했다. 뭔가 할 말이 있는 듯한 느낌이었다. 아니나 다를까 내가 전 직장에 있을 때 관리하던 제조업체들의 정보를 요구했다. 보험계약과 정보를 거래하자는 이야기였다. 당연히 나의 전 직장에 손해를 끼칠 수 있는 일이었다. 나도 사람인지라

순간 고민이 되지 않을 수 없었다. 하지만 시작부터 이렇게 첫 단추를 채우는 것이 잘못된 것임을 내 양심은 알고 있었다. 또한 내 이익을 위해서 전 직장에 미안한 일을 하는 것은 아니라는 생각이 들었다. 더군다나 이 사장님의 당연하다고 생각하는 태도가 불쾌했다. 내가 이런 제안을 해도 되는 사람으로 보였다는 것이 나를 더 힘들게 했다.

"사장님! 저를 위해서 이런 제안을 해주신 점 감사드립니다. 하지만 제가 이 계약을 하면 오래도록 후회할 듯합니다. 이제 시작인데 저의 보험 인생에 오점을 남기고 싶지 않습니다."

이렇게 정중히 거절하고 서류를 챙겨 사무실을 급하게 빠져나왔다. 멋지게 말을 하고 나오긴 했지만 돌아오는 길은 아쉬움과 안도감으로 혼란스러웠다. 지금도 가끔 그때를 생각하면 참으로 잘한 결정이었다는 생각에 흐뭇한 미소를 짓곤 한다.

정도 영업은 때론 답답하고 더디게 느껴진다. 편법을 당연시하고 정도의 방법을 선택하지 않는 사람들이 많음을 안다. 그쪽 길이 쉽고 빠름도 안다. 성공하고 돈을 많이 벌 수 있음도 알고 있다. 하지만 우리 일을 함에 있어 나만큼의 당당함은 없을 것이다. 보험영업뿐 아니라 모든 일이 그렇다. 원칙은 반드시 존중되어야 한다. 결국 마지막까지 진정한 성공을 이룬 자들도 원칙을 지킨 사람들이다. 《성경》에서 말하는 좁은 길로 가야 한다. 많은 이들이 넓고 편한 길을 선호한다. 넓고 편하고 쉬운 길은 예기치 못한 함정이 있다. 그 함정을 경계하지 못하면 한순간에 모든 것을 잃을 수 있다. 묵묵히 남들과 구별된 길을 가는 것은 어렵지만 당당함을 준다.

나 자신에게 정직하라

후배 : "선배님! 어제 만난 고객에게 어떤 상품을 제안해야 좋을지 고민입
니다. 종신보험을 제안해야 할지, 연금으로 제안해야 할지 잘 모
르겠어요."

나 : "고객이 원하는 컨셉(Concept)은 어떤 거지?"

후배 : "고객은 처음부터 노후 준비를 위한 연금을 얘기했어요."

나 : "그럼, 뭘 고민해. 연금으로 설계를 해주면 되지."

후배 : "종신보험의 커미션이 훨씬 더 많잖아요. 종신보험도 연금의 기능
이 있으니 괜찮을 것 같아서요. 미혼 여성이라 마음에 좀 걸리지
만, 고객은 잘 모르니까요."

나 : "그래, 고객은 모르지. 하지만 자네는 알지. 나도 알고. 적어도 알고
있는 우리가 그렇게 해서는 안 되지."

이 간단한 말에 숨겨진 의미를 알려주고 싶었다. 그 후배는 본인의 생각
을 바꾸고 고객에게 가장 적합한 상품으로 제안을 했다. 그렇다. 우리는 자
신에게 정직해야 한다. 고객도 모르고 다른 이들도 모를 수 있다. 하지만 우
리 자신은 안다. 이것이 잘못된 것이고 양심에 가책을 느끼게 한다는 것을
말이다. 어떤 이들은 현장에서는 이 정도쯤은 눈 감아줘야 한다고 한다. 현
장에서 어떻게 그렇게 매번 정직하게 할 수 있느냐고 반문한다. 나도 그 말
에 충분히 공감이 간다. 하지만 하나님은 우리에게 양심이라는 자체 정화 장
치를 주셨다. 그때그때 양심에 물어보면 쉽게 잘못된 판단을 분별할 수 있

다. 단지 물어보고 싶지 않을 뿐이다. 양심이 시키는 대로 따르면 우리는 고객 앞에서 당당해지는 기쁨을 맛볼 것이다.

가장 현명하고 뛰어난 컨설턴트는 어떤 사람일까? 아마도 자신이 판매하는 상품에 대해 솔직하게 진실만을 말하는 사람일 것이다. 이런 컨설턴트는 고객의 눈을 보면서 이야기한다. 이런 행동은 고객에게 깊은 인상을 남긴다. 첫 만남에 판매가 안 되어도 괜찮다. 고객에게 신뢰감을 전해주면 된다. 오랜 보험영업의 경험으로 알게 되었다. 말을 잘하는 사람이 계약을 성사시키는 것이 아니었다. 가장 솔직 담백하게 말하는 사람이 성사시킨다. 솔직 담백함은 어떤 고객을 만나도 가장 안전하고 확실한 판매 비법이다.

누구나 정직한 정도 영업의 필요성을 모르지는 않을 것이다. 하지만 여전히 보험영업의 현장은 우리가 생각하는 것보다 더 혼탁한 것이 사실이다. 특히 고액의 계약으로 갈수록 그 혼탁함의 정도는 심해진다. 업계에 떠도는 수많은 이야기를 여기서 굳이 나열하고 싶지는 않다. 고액의 계약은 우리가 지향해야 하는 좋은 목표임은 틀림이 없다. 하지만 정도를 어기면서 자존심을 버려가며 달성해서는 안 된다. 옳은 방법으로 달성해야 한다. 수단과 방법을 가리지 않는 승리는 의미도 없을뿐더러 당당함을 잃게 만든다. 편법은 우리 일의 보람과 가치를 지속해서 유지해주지 못한다. 정말 소탐대실일 수 있다.

내가 가입하고 싶은 상품을 팔자

고객에게 상품을 제안할 때 우리는 가장 기본적인 고민을 해야 한다. '나라면 이 상품에 기꺼이 가입할 것인가?' 만일 이 질문에 '예'라고 대답이 나온다면 당당하게 고객에게 제안하면 된다. 만약 '아니오'라는 생각이 든다면 다시 한 번 신중히 재검토해서 제안해야 한다. 사람은 누구나 똑같다. 나에게 좋은 것은 다른 이들에게도 좋다. 반면 내가 선뜻 가입하기 꺼려지는 상품은 고객도 마찬가지다. 이런 상품을 아무 거리낌 없이 고객에게 제안하는 것은 옳지 않다. 내 가족이라면 그렇게 쉽게 제안을 할 수 있을까? 한 번만 더 생각하면 답은 의외로 쉽게 나온다.

보험상품 중에 고객이 낸 보험료를 펀드에 투자해 운영하는 상품이 있다. 변액보험이 바로 그것이다. 변액보험은 안정적인 공시이율로 운영되는 상품이 아니다. 투자수익률로 운영되기 때문에 펀드 관리가 중요한 상품이다. 변액보험을 처음 가입하는 고객은 반드시 내게 묻는다. 펀드는 언제 어떻게 변경해야 하느냐고. 그럴 때마다 "저도 같은 변액보험이 있습니다. 제 펀드를 변경할 때 연락드리겠습니다. 저와 같은 시기에 비슷한 펀드로 추천해드릴 테니 염려하지 않으셔도 됩니다" 이 말 한마디면 고객들은 웃으며 안심을 한다.

전문가가 본인의 보험을 변경할 때 같이 변경하면 되니 신뢰가 가는 것이다. 1년에 한두 번 펀드 변경 시기가 되면 고객들에게 문자로 안내한다. 역시 고객들은 내게 묻는다. 어떤 것으로 변경해야 하느냐고 말이다.

"제가 함부로 어떤 펀드로 변경하시라고 말씀드리기는 조심스럽습니다. 하지만 참고로 저는 이런 펀드로 바꿨습니다."

이 말 한마디면 고객들은 내 말을 신뢰하고 나와 같은 펀드로 변경을 한다. 고객의 신뢰를 얻는 것은 그리 어렵지 않다. 고객의 자산을 내 것처럼 소중히 여기면 된다. 고객에게 내가 가입한 상품을 추천하고 제안했기에 가능한 일이라고 생각한다. 나와 고객은 함께 가며 서로 의지해야 한다.

이렇듯 고객에게 신뢰를 얻는 것은 생각만큼 어렵지 않다. 그런데 많은 컨설턴트들이 고객에게 신뢰받지 못해서 우리 일을 어렵게 하고 있다. 다른 많은 이유가 있을 것이다. 그중에서 고객에게 솔직하지 못한 이유도 많은 부분을 차지한다. '거짓말'이란 일부러 남을 속이는 것만을 의미하지 않는다. 모르는 것을 아는 척하는 것 또한 거짓말이다. 특히 우리 일에 있어서 고객에게 말하지 않는 것도 거짓말이다. 더 나은 상품과 방법을 알고 있음에도 말하지 않는 것도 넓은 의미의 거짓말이다. 만일 거짓 없는 정직함이 몸에 배어 있다면 고객은 우리를 신뢰할 수밖에 없을 것이다.

서두에서 보험업은 '돈'과 관련된 일이라고 했다. 그래서 유혹도 많고 편법도 난무하는 것이 사실이다. 그래서 이런 어려움을 이겨내는 것이 그만큼 가치가 있다고 생각한다. 모두가 다 편법이 옳다고 당연하게 말할 때 나만의 정도를 지켜야 한다. 누가 알아주고 몰라주는 것은 중요하지 않다. 때론 같은 사무실의 동료조차 이런 나를 별나다고 생각한다. 이해는 된다. 하지만 이해가 된다고 틀린 길을 따라갈 수는 없다. 나는 내가 가는 길이 옳은 길인 줄 알기 때문이다. 알고 깨달았기에 지금까지 실천하며 걸어온 것이다.

이 장에서 기억해야 할 내용 ————————————

1. 혼탁한 영업 환경 속에서 나만의 정도 영업은 반드시 지켜야 하는 원칙이다.

2. 정도 영업은 때론 답답하고 더디겠지만 이것이 정답이다.

3. 양심이 시키는 대로 나 자신에게 먼저 정직해야 한다.

4. 솔직 담백함은 어떤 고객을 만나도 가장 안전하고 확실한 판매 비법이다.

5. 내가 선뜻 가입할 수 있는 상품을 고객에게 제안하라.

6. 거짓 없는 정직함이 몸에 배어 있다면 고객은 우리를 신뢰할 수밖에 없을 것이다.

이론편

Part
3

당신을
성공으로
이끄는
방정식

성공은 끊임없는 변화와 도전을 통한
자신과의 싸움에서의 승리다

보험영업에 도전하는 모든 사람은 성공을 꿈꾼다. 사업을 시작하면서 실패를 먼저 생각하는 사람은 아무도 없을 것이다. 그렇다면 성공은 우리가 꿈꾼 대로 쉽게 이루어지는 것일까? 모든 성공은 그만한 대가를 지급해야 얻을 수 있다. 우리가 아는 많은 성공한 사람들은 성공할 수밖에 없는 분명한 이유가 있다. 특히 그 성공을 이루기 위해 남들이 모르는 피나는 노력과 고통을 감내했을 것이다. 이전의 모습이 아닌 늘 새롭게 변화하기 위해 도전하는 삶이 일상인 것이다. 그중 제일 먼저 뛰어넘어야 하는 것이 해보지 않은 일에 대한 두려움 극복이다.

두려움에 맞서 극복하라

2004년의 추석은 마냥 즐겁기만 하지 않았다. 안정적으로 다니던 외국계 회사에 사표를 낸 지 며칠 안 된 때였다. 영업 중에서 가장 어렵다는 보험 영업에 도전하기 위해서 말이다. 누구나 그렇듯이 한 번도 가보지 않은 길을 가는 것은 언제나 두려움이 따른다. 주변 지인들과 장모님까지 만류하니 두려움은 더 커져만 갔다. 하지만 언제까지 조직의 한 부속품처럼 존재감 없이 살 수는 없었다. 누군가의 지시를 받으며 내 생각이 아닌 조직의 논리에 따라 움직이는 것을 견디기 힘들었다. 두려웠지만 부딪혀야 했다. 언젠가 반드시 만날 두려움이라면 한 살이라도 젊을 때, 건강할 때 도전해서 이겨내고 싶었다.

첫 번째 두려움을 이겨내고 보험영업에 도전해 나름의 성공을 거두었다. 2005년 추석을 앞둔 어느 날, 중국 파견의 기회가 주어졌다. 내가 현장에서 했던 보험영업의 노하우를 전해주기 위해 북경 현지의 컨설턴트들에게 강의와 동행을 통해 훈련하는 일이었다. 내가 꿈꾸고 준비하던 일이었지만 이 또한 한 번도 가본 적 없는 길이었다. 역시 두려움이 나를 엄습해왔다. 떠나기 전날까지도 나의 결정이 잘못된 선택은 아닌지 두려웠다. 하지만 두려움이 밀려올 때마다 내게 이 모든 일을 허락하신 하나님을 신뢰했다. 두려운 상황을 주셨을 때는 이길 힘도 항상 함께 주셨음을 나는 알고 있었다.

또 하나의 두려웠던 상황은 2012년 여름이었다. 세일즈 매니저로 안정적인 성공의 길을 가던 도중 다시 컨설턴트로 전환을 해야 했다. 자녀들의 홈스쿨링에 더 큰 가치를 두었기에 불가피한 결정이었다. 주변과 업계 선배들의 걱정이 이만저만이 아니었다. 세일즈 매니저에서 다시 컨설턴트로 돌아가서 성공한 사례를 찾아보기 힘들다고 했다. 이미 4년 반 동안 영업을 쉬고 조직관리와 교육을 전담했었다. 그랬던 내가 다시 영업을 잘 할 수 있을지 두려움이 나를 괴롭혔다. 하지만 해야 하는 이유를 정확히 알고 있기에 두려움은 내가 가야 할 길을 막지 못했다. 두려움은 피할 대상이 아니라 극복하고 맞서야 한다. 단지 마음먹기에 달렸다.

내 경험에 비추어 보면 두려움은 모르는 것에서 시작된다. 한 번도 경험하지 못하고, 가보지 못해서 두려운 것이다. 먼저 간 사람의 안내라도 있으면 덜 두려울 텐데 말이다. 각자의 인생이 다르기에 언제나 새로운 길로 인해 두려움은 존재한다. 또 두려움은 변화, 성장, 도전 속에 살며시 숨어서 함께 찾아온다. 두려움 자체를 느끼고 싶지 않다면 성장하지 않고 변화와 도전하지 않으면 된다. 하지만 우리는 보험영업을 통해 성공하기를 희망한다. 성공은 지속적인 성장과 변화, 도전을 통해 이루어진다. 그래서 두려움을 피하는 것은 불가능하다.

끊임없는 변화의 필요성

보험영업을 통해 진정한 성공을 맛보려면 먼저 두려움을 이겨내야 한다. 두려움을 극복했다면 이제는 각자의 안락하고 편한 삶에서 벗어나야 한다. 또 다른 삶으로 변화하고 도전해야 하기 때문이다. 변화를 위한 도전은 힘겹고 고통스럽다. 새로운 환경에 적응하고 익숙해지는 것 또한 귀찮고 힘든 일이다. 하지만 끊임없이 변화하지 않으면 살아남지 못한다. 치열할 뿐만 아니라 편법이 능력으로 치부되는 영업 현장에서 우리가 살아남는 길은 무엇일까? 끊임없이 변화하고 새로운 일에 도전하는 것이다. 살아남기 위해, 진정한 성공을 이루기 위해서 말이다.

지속적인 변화와 도전을 이야기할 때 떠오르는 명언이 있다. 헨리 포드는 "배우기를 멈추는 사람은 스무 살이든 여든 살이든 늙은이다. 계속 배우는 사람은 언제나 젊다. 인생에서 가장 멋진 일은 마음을 계속 젊게 유지하는 것이다"라고 했다. 지극히 맞는 말이다. 우리가 하는 일을 포함해서 우리 인생은 지속적인 공부로 가득 채워져야 한다. 사람들은 호기심을 잃는 순간 늙는다. 세상을 다 아는 것처럼 착각하며 하루하루를 의미 없이 낭비할 때 늙는다. 참으로 안타까운 일이다.

보험영업을 하는 사람들도 예외일 수 없다. 영업을 시작한 지 2년만 넘어도 마치 모든 기술을 다 배운 듯 행동한다. 어떤 분야든 몇 년 만에 모든 것을 다 알 수는 없다. 이론과 현장의 실질적인 경험까지 다 이해하려면 10년, 아니 20년이 더 걸릴 것이다. 다시 말해 끊임없이 공부하고 노력해서 배워야 한다. 결코 배우기를 게을리해서는 안 된다. 고객들이 나에게 자주 말한다. 우리 일은 공부할 것이 너무 많아 보인다고. 그 말이 맞다. 보험업은 배우고 공부할 것이 다른 어떤 분야보다 많다. 그것이 매력이어서 이 업(業)을 선택한 이유도 있다.

새로운 방향으로 변화를 시도하는 시기는 언제가 적합할까? 때론 그때를 기다리다가 시작도 해보지 못하고 놓쳐버릴 수 있다. 변화해야겠다는 생각이 드는 그 순간, 바로 그때를 놓쳐서는 안 된다. 그 시점의 편안함과 안락함을 버리고 새로운 길로 뛰어들어야 한다. 물론 말처럼 쉽지 않다. 그동안 내가 도전한 새로운 길로의 변화도 쉽지 않았다. 그때를 알지 못해 많은 시간

몸부림치며 기도했다. 시간이 지나면 아무리 좋은 기회도 사라지고 의미가 없어질 수 있기 때문이다.

변화해야 하는 시기의 중요성을 이야기할 때 '삶은 개구리 증후군'을 인용한다. 뜨거운 물에 던져진 개구리는 화들짝 놀라 튀어나온다. 하지만 개구리를 물에 넣고 천천히 열을 가하며 기다린다. 그러면 변화를 느끼지 못한 개구리가 결국엔 죽고 만다는 것이다. 천천히 변하는 환경에 즉각 대응해야 할 필요성을 강조한 내용이다. 그렇지 않으면 커다란 문제에 직면할 수 있다는 것을 비유적으로 보여주는 실험이다. 과학적 근거를 떠나서 충분히 우리에게 주는 교훈이 있다. 작은 환경 변화에도 우리는 민감하게 대처해야 한다. 그것만이 치명적인 결과를 막을 수 있다.

이 실험이 우리에게 주는 또 하나의 메시지가 있다. 개구리를 죽인 것은 분명 뜨거운 물이다. 하지만 또 다른 원인이 있다. 상황의 변화를 감지 못하고 뛰어올라서 도망칠 기회를 놓친 개구리 자신인 것이다. 서서히 다가오지만 치명적인 상황의 변화에 민감하지 못했다. 모든 비즈니스 현장의 상황과 매우 유사하다. 우리는 각자가 처한 상황에 잘 적응해서 성공해야 한다. 하지만 그 상황 속에 모든 것을 맡기며 안주하는 것은 위험하다. 뛰어올라 탈출할 타이밍을 잡을 수 있도록 깨어 있어야 한다. 한 번의 타이밍이 생사를 가를 수도 있다.

깨어서 준비하라

모든 업종이 그렇듯 속해 있는 시장의 상황은 수시로 바뀔 수 있다. 상황이 어려워질 때 어렵다고 가만히 있으면 상황이 다시 좋아질 때 당황하게 된다. 미리 시장의 상황을 예측해서 준비하는 훈련이 필요하다. 보험업도 우리 인생과 마찬가지로 분명한 업다운(Up-Down)이 있다. 높은 정상에 올라갈 때가 있으면 보이지 않는 깊은 골짜기로 떨어질 때도 있다. 그래서 항상 깨어서 준비해야 한다. 어려움이 몰려온다고 마냥 주저앉아 숨으면 어떻게 될까? 마치 파도가 무섭다고 배를 항구에 꽁꽁 묶어두는 것과 같을 것이다. 항구에 꼭꼭 숨겨놓으면 배는 안전할 것이다. 하지만 항해를 위해 만들어진 배 본연의 목적을 달성하지는 못한다.

어떤 일이든 목표를 위해 달려가는 길은 순탄하지 않다. 이겨낼 만한, 감당할 만한 적절한 위험은 반드시 존재한다. 때론 도저히 감당하기 어려운 위험도 존재한다. 위험이 있기에 우리는 발전할 수 있다. 끊임없이 지금의 상황에 대해 질문하고 준비해야 한다. 더 나은 방향으로 개선하기 위해 노력해야 한다. 성공하는 사람들은 위기 상황에서 공통점을 보인다. "어떻게 하면 깨어서 준비하며 이 위기를 극복할 수 있을까?"라는 질문에 집중한다. 그리고 마침내 그 해답을 찾아 실행한다.

우리의 본성은 지금 있는 상황에 안주하고 싶고 불편함을 원치 않는다. 그래서 언제나 이전에 해왔던 것만 하고 싶어 한다. 그러면 평생 지금처럼 살게 될 것이다. 어제와 같은 오늘, 올해와 같은 내년을 그냥 사는 것이다. 늘 잠이 덜 깬 사람처럼 편안함을 추구하며 살아가는 것이다. 적어도 보험영업에 도전을 시작한 사람이라면 깨어 있어야 한다. 깨어서 불편함을 감수하고 거절도 당하고, 욕도 먹으며 앞으로 나아가야 한다. 이것이 성공으로 가는 길임을 분명히 믿어야 한다. 평생 지금처럼 사는 것을 원치 않는다면 새로운 일에 도전해야 하고 깨어서 준비해야 한다. 남들과 다른 삶을 원한다면 남들과 달리 깨어 있어야 한다.

보험영업에서 가장 두려운 것은 '자기 자신'이다. 고객의 거절도 두렵고 새로운 사람을 만나는 일도 두렵고 힘든 일이다. 하지만 이보다 더 두려운 것이 '나'이다. 자신을 이길 수만 있다면 나머지는 능히 감당할 수 있는 일들이다. 앞에서 언급했던 변화와 도전도 자신과의 싸움에서부터 시작을 한다. 가장 두려운 존재인 자기 자신을 극복하기 위해 무엇을 해야 할까? 먼저 자신이 선택한 보험영업에 대해 정확히 알아야 한다. 가장 어려운 직업이 아니라 가장 보람되고 가치 있는 직업임을 인정해야 한다. 내가 선택한 직업에 대한 자부심과 자긍심이 가장 어려운 상대인 '나'를 이기게 한다. 가치를 알았기에 '나'를 이길 힘이 생기게 되는 것이다.

이 장에서 기억해야 할 내용

1. 해보지 않은 일에 대한 두려움을 극복하라.

2. 두려움은 피할 대상이 아니다. 극복하고 맞서야 한다.

3. 살아남기 위해 끊임없이 변화하고 새로운 일에 도전해야 한다.

4. 우리 인생은 지속적인 공부로 가득 채워져야 한다.

5. 변화해야겠다는 생각이 드는 그 순간, 바로 그때를 놓쳐서는 안 된다.

6. 천천히 변하는 환경에 즉각 대응할 수 있는 준비도 필요하다.

흔들림 없는 원칙 지키기와
대가 없는 수고가 만날 때 성공이 보인다

　어떤 일이든 그 일에서 성공하기 위해서는 성공의 원칙들이 있다. 보험 영업 또한 다르지 않다. 각 단계에서 반드시 지켜야 할 원칙들을 지켜나감에 있어 힘이 되는 근본 원칙이 있다. 고객에게 어떠한 대가도 바라지 않고 수고하는 원칙이다. 우리 일이 사업이기에 이런 주문은 낯설고 의아하게 느껴질 수 있다. 하지만 늘 그렇게 하라는 이야기는 아니다. 가끔은 누군가에게 아무런 대가 없이 즐거운 수고를 해줄 수 있기를 바란다. 너무 각박하게 이해타산을 따지지 않고 베풀어야 한다. 그러면 언젠가 나에게 중요한 순간이 오면 그 수고들이 아름다운 열매로 돌아올 것이다. 그것이 우리 일에서 오래도록 성공할 수 있는 비밀 중 하나다.

원칙 지키기

성공적인 보험영업을 위해서는 다양한 많은 원칙이 요구된다. 그중에서 우선 프로세스별로 요구되는 핵심 원칙들을 확인해 보자.

첫째, 고객을 발굴하는 단계에서의 꼭 지켜야 하는 원칙. '소개를 통한 고객 확보'가 그것이다. 가망고객 발굴 방법은 생각보다 다양하다. 하지만 가장 계약체결로 이어질 확률이 높은 방법은 '소개 요청'을 통한 것이다.

둘째, 고객과의 상담 시 지켜야 할 원칙. 상담은 기본적으로 '질문과 경청'의 방법으로 진행되어야 한다. 고객에게 장황하게 내가 아는 지식을 설명하는 것은 가장 어리석은 상담 기법이다. 질문과 경청의 기본적인 마음은 '사람에 관한 관심'이다. 보험영업을 'People Business'라고 한다. 사람과 함께, 사람을 통해, 사람에 관한 일을 하는 것이다. 내가 만난 이 고객에 대해 관심이 없으면 무척이나 지겹고 하기 싫은 일이 된다. 관심이 없는 사람에게 질문하고 이야기를 경청하는 것은 고역(苦役)에 가까울 것이다.

셋째, 보험상품 설계 시에 지켜야 할 원칙. 이것은 말할 나위 없이 '고객을 위한 설계하기'다. 아주 당연한 이 말이 때론 지켜지기 어려울 때가 있다. 고객에게 도움이 되는 설계보다 컨설턴트에게 더 이로운 설계. 이런 설계가 습관이 되면 자신도 모르게 자신만을 위한 설계가 당연시된다. 그러면 컨설턴트는 자존감이 낮아져 고객 앞에서 자신감을 잃게 된다.

넷째, 판매과정에서 반드시 지켜야 하는 원칙. 보험영업의 핵심은 보험 상품을 판매하는 것이다. '팔기만 하면 된다' 이런 생각이 드는 순간 지켜야 할 원칙이 사라진다. 그저 팔았다는 결과에만 집중하게 된다. 팔기만 하면 안 된다. '파는 것도 잘 팔아야 한다. 절차와 원칙에 맞게' 말이다. 판매과정 에서 컨설턴트들은 본인의 생각을 내려놓아야 한다. 판매과정에 회사가 정 한 규칙과 원칙이 있다. 하면 안 되는 것과 꼭 해야만 하는 것들이 정해져 있 다. 알려야 할 것은 반드시 알려야 한다. 특히 고객의 건강에 관한 내용은 정 확히 알려야 한다.

다섯, 고객관리 과정에서 지켜야 할 원칙. 고객관리는 새로운 고객 발굴 과 직결되는 중요한 과정이다. 그래서 잊지 말아야 할 것이 있다. '지속적인 관리를 통한 장기적인 관계 유지'인데 '지속적인 것이 혁명적'이라고 했다. 이 원칙의 기본 마음 또한 '사람에 관한 관심'에서 출발한다. 보험영업의 각 과정에는 '고객을 생각하는 마음과 사람에 관한 관심'이 숨겨져 있다. 이 기 본적인 원칙이 지켜질 때 고객은 컨설턴트를 신뢰하게 된다. 고객은 본인 가 정의 재정과 보장을 모두 맡길 수 있는 사람을 늘 찾고 있다. 우리가 흔히 직 면하는 '고객의 거절'은 하나의 신호일 뿐이다. 아직 컨설턴트에 대한 신뢰 가 무르익지 않았다는 신호다.

원칙이라는 것은 어려움이 없을 때는 누구나 지킬 수 있다. 그렇다면 진정으로 원칙을 지키는 것은 어떤 것일까? 힘겨운 상황에 직면할 때, 손 해 볼 것이 확실할 때도 그것을 지키려고 하는 의지, 이것이 진짜 원칙을 지키는 것이다. 주변의 눈치를 보며 상황에 따라 '이번만 눈을 감자'는 것은 잘못된 것이다. 물론 말로는 참 쉽다. 현장에서 일어나는 수많은 복잡 미묘한 일들을 보면 머리부터 아프기 시작한다. 원칙을 지켜나가기 참으로 어려운 환경이다. 그래서 원칙을 지키며 산다는 것은 그만큼 가치가 있고 멋있는 일이다. 정직하게 실패하고 멋지게 인정하며 원칙을 지켜나가는 것이 진짜 성공이다.

대가 없는 수고

팀원 : "매니저님! 갈 곳이 정말 없는 것 같아요. 전화할 곳도 마땅치 않고요."

나 : "아직 일 시작한 지가 오래지 않아 지인들도 있고 갈 만한 곳이 많을 것 같은데!"

팀원 : "지인들이 있긴 한데 거긴 가봐야 별것이 없어요. 괜히 힘만 들어요."

나 : "그래도 사무실에서 고민만 하는 것보다 고객을 만나는 것이 답이지."

팀원 : "지인들은 만나도 보험에는 관심이 없고, 다른 이야기만 해서 정말 영양가가 없어요."

나 : "어떻게 첫술에 배가 부를 수 있겠어. 당장 결과가 안 나오더라도 계속 만나려고 노력해야지. '대가 없는 수고'는 우리 일에서 가장 기본적인 원리이자 성공 비법이야."

팀원들이 현장에서 마주하는 고민의 종류는 다양하다. 특히 만나도 영업적으로 별다른 진전이 없는 고객들이 있다. 시간만 낭비하는 듯 느껴져 고민이 된다. 물론 만나는 고객마다 계약으로 이어질 확률이 높으면 얼마나 좋을까? 하지만 정말 그런 고객만 있다면 우리는 벌써 빌딩을 몇 채는 올렸을 것이다. 대부분 고객은 한두 번에 체결로 이어질 수 없다. 가끔은 정말 하늘이 주신 선물처럼 나타나기도 하지만 상당수의 경우는 여러 번의 방문을 통해 고객과의 신뢰 관계를 쌓아야 한다. 시간이 필요하다. 당장 대가는 없지만 끊임없는 만남이 고객의 마음을 열게 만든다. 결코 대가가 없는 것이 아니라 아직 눈에 보이지 않을 뿐이다.

짧은 나의 인생이지만 살아가며 얻은 교훈 중 소중한 것이 하나 있다. 눈에 보이지 않는 것이 보이는 것보다 훨씬 가치 있는 것이 많다는 것이다. 보이지 않는 공기의 소중함과 가치를 부인할 사람은 없을 것이다. 우리의 몸만 봐도 알 수 있다. 보이지 않는 우리 몸 안에서 묵묵히 수고하는 장기(臟器)들이 그렇다. 이 장기들이 문제가 생기면 생존 자체가 어려워진다. 심장, 간, 위, 폐 등 어느 것 하나 중요하지 않은 것이 없다. 정말 중요한데 문제가 생기지 않으면 거의 신경을 쓰지 않는다. 술이나 각종 인스턴트 음식으로 인해 장기들도 스트레스가 이만저만이 아닐 것이다. 하지만 너무 중요함에도 가치를 인정받지 못한다.

그런데 반면 눈에 보이는 외모는 어떨까? 특히 얼굴, 눈, 코, 입 등은 온종일 씻고 닦으며 정성을 들인다. 살고 죽는 문제와는 크게 무관해 보이는 부분에 쏟는 정성이 대단하다. 심지어 예뻐 보이려고 엄청난 노력과 돈도 들인다. 무엇이 더 중요한 것일까? 대가 없이 하는 많은 수고도 마찬가지 원리다.

컨설턴트가 비싼 외제 자동차를 사고 좋은 옷으로 외모를 꾸미는 것도 필요하다. 하지만 더 중요한 것이 무엇일까? 성공적인 보험영업을 위해 더 많은 에너지를 집중해야 하는 것이 무엇일까? 눈에 보이지 않는 더 가치 있는 것에 열정과 노력을 기울이라고 말해주고 싶다.

큰 계약의 허와 실

2014년 6월 입사하고 처음으로 월 보험료 천만 원이 훨씬 넘는 큰 계약을 체결했다. 나의 계약은 아니었고 내가 직접 뽑았던 팀원의 계약이었다. 그 팀원의 경력으로는 진행하기가 벅차 도움을 요청해왔다. 초회 면담에서 계약체결까지 모두 내가 진행하며 멋진 결과를 만들었다. 이 팀원은 내가 매니저 시절 마지막 팀원이었다. 아직 일을 온전히 배우기 전에 내가 매니저를 그만둬 늘 마음에 빚이 있던 팀원이었다. 팀원을 도와준 것이기에 내게는 정말 대가 없는 수고였다. 하지만 마음의 빚도 덜 수 있어서 홀가분해졌고 내게도 좋은 경험이었다.

모두에게 좋은 계약이었기에 참으로 감사했지만 내 마음은 편하지만은 않았다. 그 계약을 경험한 이후로 내 고객들과의 상담이 쉽지 않음을 느꼈다. 5만 원, 10만 원 정도의 계약을 위해 멀리 평택이나 안산까지 가는 발걸음이 무거워졌다. 이것이 간사한 인간의 마음임을 인정하지 않을 수 없었다. 한동안 이런 마음을 다잡는 일이 만만치 않았다. 보험영업에 도전하는 컨설턴트들은 누구나 큰 계약을 꿈꾼다. 그것이 우리가 가야 할 방향임은 분명하다. 하지만 큰 계약은 무엇 때문에, 누구를 위해 하는 것인가? 그 큰 계약이 나의 보험영업의 원칙을 무너뜨릴 만큼 중요하지는 않다. 이런 혼란한 마음 속 갈등을 내 고객들이 안다면 어떻게 생각할까?

그 일 이후 나는 내가 보험영업을 하는 이유부터 다시 점검하기 시작했다. 평범한 소액 계약의 소중함을 다시 한 번 깨닫게 되었다. 우리 보험영업의 안정적인 성공은 계약의 크기가 아니다. 계약의 수에 달려 있다. 한 건의 계약은 나를 믿고 가정의 중요한 보장과 노후를 맡겨준 고객들의 신뢰다. 날마다 누군가를 만날 수 있음에 감사하며 뛰어야 한다. 주변의 후배들이 내게 자주 묻는다. 어떻게 그런 작은 계약 때문에 먼 곳까지 가느냐고 말이다.

"나에게 보험료는 작을지 몰라도 고객에게 보장은 크잖아. 나에게는 천만 원 계약이나 십만 원 계약이나 그냥 한 건의 계약일 뿐이야."

보험영업은 많은 영업 중 가장 어려운 영업이다. 자타가 모두 인정한다. 하지만 나는 인정할 수 없다. 그렇게 어려운 영업이 아니라고 생각한다. 성공을 위해 알아야 할 기본적인 원칙들만 알고 지킬 수 있다면 어렵지 않다. 또한 '사람에 관한 깊은 관심'을 가지고 대가 없는 수고를 할 수 있으면 된다. 계약의 크기에 연연해하지 않으며 매 순간 감사한다면 우리 일은 어렵지 않다. 너무 이상적으로 들릴 수 있을지 모르겠다. 하지만 난 17년이 넘도록 이 원칙을 지키려고 노력했다. 그 결과 지금까지 행복하게 이 일을 하고 있으며 앞으로도 해 나갈 것이다.

이 장에서 기억해야 할 내용

1. 성공적인 보험영업을 위한 프로세스별 원칙

　1) 고객 발굴 시 – 소개를 통한 고객 확보

　2) 상담 시 - 질문과 경청으로 진행

　3) 설계 시 - 고객을 위한 설계하기

　4) 판매 시 - 절차와 원칙에 맞게 잘 판매하기

　5) 관리 시 - 장기적인 관계 유지 우선, 지속적인 터치

2. 진정한 원칙 지키기 – 힘겨운 상황에 직면할 때, 손해 볼 것이 확실할 때도 지켜야 한다.

3. 지속적인 대가 없는 수고가 고객의 마음 문을 연다.

4. 보험영업의 안정적인 성공은 계약의 크기가 아니다. 계약의 수에 달려 있다.

성공하는 컨설턴트는
진정성 있는 삶과 존경받는
인격으로 승부를 건다

우리는 흔히 어떤 사람을 평가할 때 이렇게 표현한다. '겉과 속이 같다, 다르다'라고. 보험영업을 하는 컨설턴트들도 고객과 동료와 가족들로부터 이런 평가를 받을 것이다. 만약 고객과 동료와 가족이 알고 있는 모습이 다르다면 어떨까? 이런 사람에게 우리는 신뢰를 할 수 있을까? 고객들에게는 괜찮은 사람으로 보이지만 동료에게는 평판이 좋지 않다면, 또 가족에게는 너무 무관심한 아빠, 엄마라면, 삶에 있어서 진정성이 빠져 있는 컨설턴트는 누구에게도 환영받지 못한다. 고객은 본인 가정의 재정과 리스크 관리를 맡길 컨설턴트에 대해 기대가 크다. 진정성 있는 삶과 사람들로부터 존경받는 인격의 소유자이길 원한다.

컨설턴트의 삶의 자세

"비슷한 것은 가짜다"라는 말이 있다. 진짜는 뭔가가 다르다. 가짜가 아무리 진짜인 척해도 뭐가 달라도 다르다. 진짜 신앙은 몇 퍼센트의 믿음일까? 100%의 믿음이 진짜 신앙일 뿐 99%의 믿음도 불신앙이다. 다시 말해 진짜와 비슷하다는 것은 진짜가 아니라는 말이다. 보험영업을 하는 컨설턴트도 같은 원리다. 멋있는 척, 젠틀한 척, 많이 가진 척 포장해도 포장만으로는 가짜인 걸 감출 수 없다. 진짜이어야 한다. 가짜를 진짜인 듯 포장해도 잠시는 속일 수 있을지 모르지만 오래 갈 수 없다. 고객은 바보가 아니다. 가족과 동료에게 존경받지 못하는 컨설턴트를 언제까지나 신뢰하지는 않는다.

아직 보험영업이 어떤 일인지 모르는 컨설턴트들이 많다. 큰 계약을 많이 해 돈만 많이 벌면 그것이 전부인 것으로 생각하면 큰 오산이다. 얼마 전 둘째 아들과 함께 본 드라마의 소재가 흥미로웠다. 젊은이들이 좋아하는 잘 나가는 'IT'업계 이야기였다. 오랫동안 힘들게 고생하다가 한 번의 기회로 대박을 터뜨려 성공하는 스토리. 요즘 젊은이들이 성공하고픈 갈망을 대리 만족시켜주는 듯 보였다. 우리 일과는 상당히 괴리가 있어 보인다. 물론 우리 일도 어느 날 운 좋게 부자 고객을 만나 엄청난 계약을 할 수 있다. 그래서 하루아침에 큰돈을 벌 수 있다. 하지만 그런 행운이 언제나 우리에게 찾아오지는 않는다.

더군다나 만일 그런 큰 행운이 찾아온다 해도 늘 깨어서 경계해야 한다. 그 행운이 오랫동안 노력한 결과의 대가라면 모를까 그렇지 않다면 위험천만이다. 쉽게 얻은 것은 쉽게 잃게 되는 것이 세상을 살아가는 원리이기 때문이다. 우리 일은 특히 항상 겸손한 마음으로 한 걸음씩 나아가야 한다. 어제의 큰 계약이 오늘의 성공을 담보하지 않는다. 실적이나 소득을 자랑하는 것은 그 사람이 가짜라는 증거일 수도 있다. 진짜 컨설턴트는 진정성과 성실함으로 삶을 지속한다. 이점 때문에 주변의 동료와 고객으로부터 존경을 받게 된다.

"It's the economy, stupid(바보야, 문제는 경제야)!"

1992년 미국 대통령 선거에서 민주당의 빌 클린턴 후보 진영에서 내걸었던 선거 운동 문구다. 이 문구를 처음 봤을 때 순간 깨닫게 되었다. 그래! 우리 일도 그렇지. 핵심을 잘못 짚어서 남의 다리를 긁고 있는 많은 컨설턴트에게 알려주고 싶었다.

"바보야! 문제는 겉포장이 아니라 진정성 있는 삶이야!"

우리 일은 앞에서도 언급했듯이 대상이 사람이다. 사람은 영적인 존재이기에 내가 만나는 사람에 대해 쉽게 느낄 수 있다. 보이는 것으로, 말로 그럴듯하게 포장을 하는 것인지, 아니면 정말 나에게 관심을 가지고 나의 삶에 도움을 주고자 하는 사람인지를 말이다.

아들에게 존경받는 삶

사람들에게 나의 진심이 오해받는 직업인 '보험영업'이지만 그럴 때마다 나를 지탱해준 힘은 '가족'이다. 홈스쿨링으로 키웠기에 부모와 더 친밀감이 있어 사춘기를 겪지 않을 줄 알았다. 그런데 웬걸, 큰아들은 다른 아이들 못

지않은 심한 중2병을
앓고 지나갔다. 가끔
엄마와 심하게 부딪
혀 집을 뛰쳐나오면
아빠 회사 밑에 와 기
다리곤 했다. 그나마
다행이었다. 아이에
게 의지가 되는 아빠

로고스 호프에서의 주방봉사

라도 될 수 있어서 말이다. 1년 남짓했던 큰아들의 사춘기 시간을 함께할 수
있어서 감사했다. 밤늦은 시간까지 아들의 이야기를 들으며 귀 기울였던 시
간이 결단코 헛되지 않았다.

2년 전 미국 고등학교를 졸업하고 돌아온 큰아들은 대학 진학을 잠시 미
루었고 작년 1월 21살의 나이로 선교사로 파송되었다. '로고스 호프(전 세계
60여 개국에서 모인 400여 명의 젊은이들이 중동과 아시아, 아프리카, 유럽의 수많은 항
구를 돌아다니며 복음을 전하고 현지인들을 위해 봉사하는 선교선(船)이다. 50만 권의 책
을 보유한 세계 최대의 선상 서점을 보유하고 있으며, 전 미국 대통령 '지미 카터'는 떠다
니는 UN이라고 불렀다)'라는 배를 타고 현재는 '바하마 제도'의 섬나라에서 선
교 사역 중이다. 선교 현장에서 보내오는 메일을 받을 때마다 내가 일을 하
는 의미를 다시금 생각하게 된다. '코로나19'로 사업이 어려워져도, 때론 고
객 때문에 힘들어도 능히 떨쳐낼 수 있다. 성숙하게 변화된 아들의 편지 속
에 '존경하는 아빠'라는 한마디가 모든 것을 잊게 한다. 다음은 아들이 보내
온 메일의 한 대목이다.

"항상 아빠를 볼 때마다 저는 존경스럽습니다. 저보다 더 젊게 또 즐겁게 삶을 살아가시는 모습이요. 하나님이 주신 능력과 도구들을 사용해서 그분께 영광을 드리는 모습이 멋있어요. 제게 많은 영감을 주시고 있어요. 멋진 아빠를 주셔서 하나님께 참 감사합니다! 사랑해요."(2019. 2. 19)

"사랑하는 아빠께…… 저희 둘 다 없어서 두 분만의 좋은 시간을 보내고 계시겠군요.^^ 원래 금슬 좋은 부모님만 봐서 그런지 왠지 마음이 따뜻하네요. 하루하루 소중한 시간을 보내고 계실 것 같아서요. ㅎㅎ 저도 언젠가 좋은 아내를 만나서 아빠처럼 좋은 가장이 되고 싶다는 생각을 요즘 많이 해요. 존경하는 아빠가 되어주셔서 감사합니다."(2020. 2. 25)

"골프면 골프, 영어면 영어, 항상 꾸준히 하시는 아빠를 보면서 저는 참 많은 것을 배운답니다! 아빠, 선교를 향한 아빠의 마음 또한 저는 항상 기억하고 기도하고 있어요. 요즘은 선교에 대한 열정이 어떠신가요?"(2020. 4. 2)

이런 아들의 메일을 받으면 뿌듯하고 좋기도 하지만 왠지 아들에게 미안하다. 나는 아들이 이렇게 존경할 만한 사람이 아닌데 하는 두려움이 있다. 부족한 아빠의 모습을 아직 모두 보지 못해서 일 것이다. 그래도 이렇게 나를 믿어주는 아들과 가족의 신뢰가 내게는 힘이 된다. 보험영업의 현장에서 대면하는 많은 어려움, 유혹, 세상과의 타협을 이겨낼 수 있는 힘 말이다. 감히 내가 인격이 좋아서, 자녀에게 존경을 받아서 이런 이야기를 적은 것이 아니다. 고객에게 인정받고 가족에게 존경받는 것의 중요성을 강조하고 싶어서다. 우리 일을 오랫동안 행복하게 할 수 있는 유일한 길이다. 가짜가 아닌, 잠시가 아닌, 진짜로 오랫동안 성공할 수 있는 길이기 때문이다.

로고스 호프 선교선 앞에서(2020년 9월)

'영업'이란 누군가에게 내 상품을 구매하도록 '설득'하는 일련의 과정이다. 고대 그리스 철학자인 아리스토텔레스는 설득의 3요소를 주장했다.

첫 번째 '로고스(Logos)'는 논리에 기반한 이성적인 설득을 의미한다. 제품의 겉모습이 예쁘거나 기능이 뛰어나서 사야 한다고 주장하는 것이 로고스에 해당한다.

두 번째 '파토스(Pathos)'는 심리에 기반한 감성적인 설득이다. 소비자의 감성이나 감정에 영향을 미치는 마케팅 활동을 '감성 마케팅'이라 부른다. 이것이 파토스를 이용한 설득 방법이다. 아리스토텔레스는 로고스가 파토스를 이길 수 없다고 생각했다. 인간은 입증된 사실보다 믿고 싶어 하는 사실에 더 이끌리기 때문이다.(출처: 〈슬로우 뉴스〉, '마케팅의 역사: 선전 선동의 대가들')

세 번째 '에토스(Ethos)'는 설득하는 사람의 고유한 성품, 매력도, 진실성을 의미한다. 다시 말해 말하는 사람의 고유한 '인격'을 의미한다. 굉장히 매력적이고 훌륭한 인격의 인물이 주장하면 많은 이들이 쉽게 믿고 설득된다. 흔한 예로 '이 사람이 광고하는 거라면 믿을 수 있을 거야. 이 사람은 신뢰할 수 있어'라는 이유로 제품을 선택한다. 이런 이유로 로고스와 파토스는 에토스를 이길 수 없다고 한다. 우리 일도 일맥상통한다. 컨설턴트가 진실성과 훌륭한 인격을 갖춘다면 고객은 가장 먼저 신뢰를 보낼 것이다. 컨설턴트의 좋은 성품과 인격이 우리 일에 미치는 영향을 부인할 수 없다. 가족과 동료들로부터 존경받는 인격이야말로 가장 큰 경쟁력이다.

이렇듯 정말 경쟁력 있는 것이 무엇인지 정확히 알 필요가 있다. 많은 이들이 진짜를 보지 못하고 다른 것에 에너지를 쏟는다. 좋은 학벌, 좋은 인맥, 좋은 차 등. 물론 이런 것이 있어서 나쁘다는 것은 결단코 아니다. 그것에만 집중해서 정작 핵심을 놓치는 것을 경계하는 것이다. 컨설턴트 본인의 진정성 있는 삶과 존경받는 인격이 승부의 핵심이다. 결과적으로 보험영업도 사람과의 관계다. 사람을 만나서 내가 하는 일에 대해 덤덤하게 이야기하는 아주 단순한 일이다. 단순한 일이기에 가장 중요한 것이 내 삶에서 나오는 향기다. 이 향기에 고객들은 끌리는 것이고, 신뢰해서 결정하는 것이다.

이 장에서 기억해야 할 내용 ────────

1. 가족과 동료에게 존경받지 못하는 컨설턴트는 고객에게 신뢰받지 못한다.

2. 진짜 컨설턴트는 진정성과 성실함으로 삶을 지속한다.

3. 컨설턴트가 진실성과 훌륭한 인격을 갖춘다면 고객은 가장 먼저 신뢰를 보낼 것이다.

4. 내 삶에서 나오는 향기에 의해 고객들은 끌리고 신뢰해 결정한다.

성공보다 중요한 것은
가정의 행복, 일과 가정의 균형을 잡는 것이다

보험영업을 하는 많은 이들은 성공을 원한다. 다른 영업직군에 있는 이들도 같은 마음일 것이다. 하나의 직업을 통해 누구나 그 분야에서 성공을 꿈꾸는 것은 인지상정이다. 그렇다면 모든 직업의 최종 목적은 성공일까? 성공의 의미는 어떤 것일까? 개개인의 가치관에 따라 다를 것이다. 경제적인 성공, 명예, 권력 등 모두 다양할 것이다. 보험영업에서의 진정한 성공의 개념은 다른 분야와 조금 다르다. 보험은 가족을 사랑하는 마음에서 시작한다. 그러기에 판매를 하는 우리도 가족에 대한 사랑이 성공보다 먼저다. 가족에 대한 사랑은 가정의 행복으로 이어진다. 그래서 일과 가정은 균형을 잘 유지해야 한다.

일과 가정의 균형 잡기

2004년 보험영업을 시작하고 치열하게 달렸다. '7 to 11'이라는 선배들의 성공 습관을 몸에 익히느라 온전히 일에 집중했다. 그런데 1년을 넘게 달리다 건강 문제로 잠시 쉬며 뒤를 돌아보았다. 아직 어린 두 아들을 혼자서 감당하는 아내가 너무 힘들어 보였다. 모든 남편이 자주 하는 말을 나도 입버릇처럼 하고 있었다.

"내가 누굴 위해서 일하는 거야. 다 당신과 애들 때문이지."

이 말은 어느 정도는 사실이었다. 하지만 어느 정도는 거짓이었다. 나는 가족을 위한다는 보기 좋은 명분 아래 나의 성공과 세상적인 인정을 좇고 있었다.

아내와 가끔 다툴 때면 이런 나의 수고를 이해하지 못하는 아내가 못마땅했다. 지금 생각해 보면 정말로 주객(主客)이 전도된 상황이었다. 순간 로렌 커닝햄 목사님의 《하나님, 정말 당신이십니까?》라는 책의 한 예화가 떠올랐다. 목사님은 선교를 위한 커다란 배 만드는 작업에 모든 열정을 들였다. 주님 나라를 위한 선교 때문에 최선을 다한 것이다. 어느 날 기도 속에 커다랗고 화려한 배 밑에서 초라하게 울고 있는 한 남자를 발견한다. 자세히 보니 그분이 바로 예수님이었다. 예수님을 위해 배를 만들었지만 정작 그분은 목사님 마음에서 소외되어 있었다. 내가 바로 그런 상황이었다. 무엇이 중요한 것인지 잊고 살아온 시간이었다.

오랜 시간 일과 가정의 균형을 위해 기도하며 고민했다. 특히 홈스쿨링으로 자녀들을 양육하는 우리 가정의 상황에서는 더욱 절실했다. 2012년 전 직장에서 모시던 사장님의 유고 소식이 나의 결정의 큰 계기가 되었다. 49세의 나이에 4명의 아들을 남겨두고 떠난 가장. 결코 남의 이야기만이 아니었다. 우선 4년 6개월 동안 하던 세일즈 매니저의 일을 내려놓았다. 그리고 홈스쿨링 아빠로서 하나씩 결단하고 실천하기 시작했다. 먼저 '토요일 출근 안 하기'를 실행했다. 이미 사회적으로는 5일제 근무를 실행한 지 꽤 되었지만 나는 결정하지 못하고 있었다. 그래서 우선 가능한 것부터 하나씩 실천하기로 했다.

'쉬는 날 일 하지 않기', '토, 일요일은 아이들과 온전히 함께하기', '친구들은 평일에 만나기', '분기에 한 번 이상 가족 여행 가기', '매일 아침 아내에게 핸드드립 커피 내려주기' 등인데 물론 쉽지 않은 일이었다. 너무나 오랜 시간 동안 사업에 집중했었고, 앞만 보고 달리는 습관이 되어 있었다. 한동안 적응 시기를 거친 후 어느 정도 자리가 잡혀갔다. 그 무렵 큰아들의 사춘기가 시작되어 참 다행이었다. 만약 내가 여전히 일에만 빠져 있을 때 큰아들이 힘들었다면 어땠을까? 우리 가족 모두 많이 힘들었을 것이다. 큰아들에게는 아빠의 무관심으로 인한 상처가 남았을 것이고.

이 밖에도 가족들과 함께 시간을 보내기 위한 여러 가지 일들을 시도했다. 노력의 결과는 서서히 나타나기 시작했다. 사춘기 아들들과 대화의 시간이 늘어나고 아내도 마음의 평안을 찾은 듯했다. 나의 모든 시간을 일에만 집중하면 더 성공할 줄 알았다. 하지만 하나님께서 만들어놓으신 세상의 진짜 성공 원리는 그렇지 않았다. 가정이 안정되고 행복을 찾으니 내 삶에서 느껴지는 행복의 향기가 전해졌다. 고객들과의 상담도 더 편안해졌고 성공만 바라보고 달리던 내 삶도 안정 궤도에 접어들었다.

고객 가정을 위한 컨설팅이 중요한 만큼 나의 가정의 평안도 중요하다. 일과 가정의 균형 잡힌 에너지 배분이 필요하다. 우선적인 가치의 중심이 가정에 있을 때 일에서도 힘을 얻게 된다. 내 힘의 원천은 나를 지지해주는 가족이기 때문이다. 아내와 아이들에게 함께하지 못해 늘 미안한 마음이 있다면 어떨까? 내 일 또한 맘 편히 전념하기 힘들 것이다. 그러한 면에서 초기에 내가 집중할 수 있도록 도와준 가족에게 고마울 뿐이다. 요즘도 가끔 성인이 된 아들과 옛날이야기를 한다. 그때 미안했다고 몇 번 사과했다. 아들은 어려서 기억도 나지 않는다며 아빠가 함께 놀아준 좋은 기억만 있다고 한다. 미안하면서 고마울 뿐이다.

이 장에서 기억해야 할 내용 ────────

1. 일과 가정은 균형을 잘 유지해야 한다.

2. 성공보다 중요한 것은 가정의 행복이다.

고객과 술 한잔 마시지 않고도
영업에 성공한 비결

영업이라는 직종을 선택하면서 가장 걱정되었던 것이 '술'이다. 우리나라의 직장문화에서, 특히 영업직군이 술을 못한다는 것은 아주 큰 문제로 인식되었다. 조금 과장해서 비유하자면 골프 선수에게 가장 핵심적인 도구인 골프채가 없는 것과 같다. 체질적으로 술이 맞지 않은 나로서는 직장생활의 가장 큰 애로사항이었다. 나처럼 술을 못 마시는 사람은 정말 영업일을 못 하는 것일까? 하지만 꼭 그렇지만은 않았다. 술을 못 마시는 것과 영업을 잘하는 것과는 별개의 문제였다. 오래된 관습과 편견을 깨고 내가 가진 강점들로 도전하겠다고 마음먹었다. 영업의 본질로 승부를 걸었더니 '술'은 문제가 아니었다.

술 마시지 않고 영업하기

내 기억으로는 2010년 상반기였다. 사업부의 세일즈 매니저들의 회식 자리였다. 사업부장인 상무님과 전략 채널 본부의 수장인 전무님이 주관하는 자리였다. 100여 명의 매니저들이 모여 좀 더 잘해보자고 모인 화기애애한 분위기의 자리였다. 한 사람씩 돌아가며 전무님이 따라주는 일명 '폭탄주'를 마시는 순서였다. 내 차례가 왔을 때 "제가 술을 마시지 못합니다" 이 한마디에 회식 자리는 순간 고요함을 넘어 적막감마저 돌았다. 왜 그렇게들 못 마신다는 사람에게 술을 권하는 것인지 모르겠다. 삼성생명에 입사하기 전 근무했던 세 곳의 직장에서도 나는 술을 마시지 않았다. 체질적으로도 맞지 않아서 군대에 있을 때도 술 때문에 고생을 좀 했었다.

그날은 배려심 많으신 전무님의 이해로 잘 넘어갈 수 있었다. 불가피한 술자리에 참석하게 되면 언제나 나의 상황을 솔직히 말씀드린다. 체질적으로 술이 안 받고 신앙생활을 하면서부터 더 술을 마시기 힘들게 되었다고 말이다. 후배들이 자주 나에게 묻는다. 어떻게 술을 마시지 않고 영업을 할 수 있었느냐고. 이전 회사에서 영업한 기간을 합하면 무려 23년 동안이나 되는데 고객들에게는 술로 접대를 하는 일이 없었느냐고 묻는다. 결론부터 말하면 고객 중에서는 한 번도 나에게 술을 마시자고 이야기한 고객이 없었다.

내 고객 중에도 술을 좋아하시는 대표님들이 적지 않다. 전날 술 때문에 출근이 늦어진다는 분들을 보면 술을 좋아하시는 것이 분명하다. 그런데 내게는 큰 계약 후에도 술 한잔하자는 말씀을 하시지 않았다. 언젠가 나도 그런 점이 궁금해서 친한 대표님께 여쭌 적이 있다.

"대표님! 술을 좋아하시는 걸로 알고 있는데 왜 제게는 술 한 잔 하자는 말씀을 안 하세요?"

"이사님은 저와 제 가정을 위해 상담 잘해주시면 되죠. 술 마실 친구들은 따로 있습니다."

"엄 이사님 이마에 '금주(禁酒)'라고 적혀 있어요. 하하."

이런 대답이 돌아왔다.

한번은 후배 컨설턴트가 고민이 있다고 찾아왔다.

"선배님, 고객에게 술 접대를 어디까지 해야 하는 걸까요? 처음 계약하고 한번 술자리를 통해 접대했는데 자꾸 불러내서요."

이야기를 들어보니 고민이 될 만했다. 고객은 본인이 큰 계약을 해줬으니 이 정도 술은 살 수 있다고 생각하는 듯했다. 대부분 이런 고객들의 생각은 보험 계약에 대한 잘못된 인식에서 비롯된다. 보험은 자신과 가족을 위해 가입을 하는 것이다. 그런데 마치 담당 컨설턴트를 위해 보험을 들어줬다는 생각이 지배적이다.

컨설턴트도 이런 고객의 생각에 어느 정도 동조를 한다. 그러면 이런 고객에게 끌려 다닐 수밖에 없다. 고객에게 도움이 되는 제대로 된 컨설팅이 함께 진행되었다면 이야기가 다를 것이다. 옛말에 누울 자리를 보고 다리를 뻗는다고 했다. 고객도 마찬가지 심리다. 처음부터 통하지 않을 사람에게는 이야기도 꺼내지 않는다. 고객은 자신이 '갑'이라고 생각한다. 이럴 때일수록 컨설턴트가 자신의 정체성을 인식하고 당당하게 대응해야 한다. 한번 허용하면 한없이 끌려 다니다 지쳐서 일을 그만두고 싶은 단계까지 이른다. 안타까운 현실이지만 지금도 이런 경우는 적지 않다.

많은 영업인이 접대에 대해 고민을 한다. 특히 술 접대를 하지 않고 어떻게 영업을 할 수 있는지 궁금해한다. 원래 접대는 무엇 때문에 하는 것일까? 접대는 고객과의 친밀감을 높여서 고객과 더 깊은 인간관계를 갖기 위함이다. 그렇다면 술이 아닌 다른 방법으로 친밀감을 높이면 어떨까? 꼭 술이어야 할까? 술을 못 마시는 나는 이런 생각에 이르게 되었다. 그래서 고객이 소개해주거나 좋은 계약을 하면 감사의 뜻을 다른 방법으로 전했다. 고객분의 가족들을 위한 선물을 준비해 댁으로 보내드렸다. 주로 좋은 과일이 가장 많았다. 결론적으로 술을 마시지 않고도 얼마든지 고객에게 인정받으며 보험영업을 할 수 있다.

나 또한 고객에게 감사의 마음을 전하는 것이 당연히 필요하다고 생각한다. 물론 고객에게 부담되지 않는 정도의 선에서 하는 것이 좋다. 하지만 계약을 하기 전 계약을 위한 선물이나 접대는 권장하고 싶지 않다. 꼼꼼하고 전문성 있는 컨설팅으로 고객에게 진정 도움을 주는 것이 우선이다. 그 결과로 고객이 결정을 내리면 믿고 맡겨주신 점에 대해 감사의 표시는 할 수 있다. 어떤 이들은 계약 전에 큰 선물이나 술 접대로 고객에게 부담을 주기도 한다. 잠시는 좋아 보일 수 있지만 길게 보면 서로에게 도움이 되지 않고 관계만 어렵게 만든다. 다시 한 번 강조한다. 보험영업은 본질로 승부를 내는 것이다. 술이나 접대가 중요한 것은 결코 아니다.

이 장에서 기억해야 할 내용 ———————

1. 고객이 무리한 요구를 할 때, 컨설턴트의 정체성을 잊지 말고 당당하게 대응하라.

2. 접대에 대해 그 의미를 정확히 알고 잘 활용해야 한다.

3. 술을 마시지 않고도 얼마든지 고객에게 인정받으며 보험영업을 할 수 있다.

4. 꼼꼼하고 전문성 있는 컨설팅으로 고객에게 만족할 만한 도움을 주는 것이 우선이다.

성공하는 컨설턴트와 실패하는 컨설턴트는
분명한 차이점이 있다

　세상에는 많은 종류의 직업이 있다. 직업들마다 성공하는 사람과 실패하는 사람이 있기 마련이다. 보험영업도 성공하는 컨설턴트와 실패하는 컨설턴트가 존재한다. 똑같이 입사해서 같은 교육을 받고 같은 상품을 판다. 시간도 비슷하게 투자한다. 그런데 시간이 흐름에 따라 차이가 나기 시작한다. 누구는 성공해서 고객과 동료들로부터 인정을 받는다. 하지만 누구는 실패하고 좌절해서 집으로 돌아간다. 도대체 이유가 뭘까? 여기에는 분명한 이유가 존재할 것이다. 성공하는 이는 성공할 수밖에 없는 이유가 있고, 실패하는 이도 이유가 있다. 각자의 이유를 명확히 알고 취사선택하는 것은 매우 중요한 일이다.

성공하는 컨설턴트의 공통점

첫째, 가장 대표적인 공통점은 본인의 일을 진심으로 사랑한다는 것이다. 또한 본인의 일에 대해 확신에 가득 차 있다. 보험영업은 다른 많은 일과 분명한 차이가 있다. 보험 상품은 자발적으로 구매하기 어려운 상품이다. 스스로 필요해서 구매하는 것이 아니라 누군가가 곁에서 그 필요성을 인식시켜 줘야 비로소 구매한다. 그래서 다른 일에 비해 판매가 어렵다. 어렵기에 이 일을 사랑하지 않으면, 일에 대한 확신이 없으면 할 수 없는 일이다. 스스로 사명감과 확신에 차서 일하지 않으면 고객들의 거절에 쉽게 상처를 받게 된다. 상처가 조금씩 쌓이면 자존감이 낮아져 견디기 어려운 단계에 접어들게 된다.

보험 상품은 눈에 보이지 않는 상품이다. 우리가 일반적으로 구매하는 상품들과는 확연히 다른 특징이 있다. 일어나지 않은 위험을 보장하고 미래의 꿈을 지키는 독특한 상품이다. 이렇게 눈에 보이지 않는 상품을 판매하려면 컨설턴트에 대한 신뢰가 절대적이다. 고객들은 본인의 일을 사랑하고, 본인의 일에 확신이 있는 컨설턴트를 신뢰한다. 자신이 하는 일에 대한 확신과 애정이 없는 컨설턴트는 자격이 없다. 고객 가정의 모든 재정을 맡아서 관리하고 자문을 할 자격이 없는 것이다.

둘째, 성공하는 컨설턴트는 자신이 하는 일에 대한 정체성을 명확히 알고 있어야 한다. 모든 일이 같은 원리의 적용을 받을 것이다. 내가 하는 직업의 정체성을 모르는 사람은 그 분야에서 성공할 수 없다. 아니, 잠시는 성공할 수 있을지 모르지만 장기적인 꾸준한 성공은 어렵다. 보험영업이 힘들고 어렵다고 다른 일과 병행을 하는 경우를 종종 보곤 한다. 물론 각자의 이유가 있을 것이다. 하지만 정말 이 일을 통해 성공하고 싶다면 '올인'해야 한다. 그러지 않고 흔히 말하는 '양다리'를 걸치게 되면 정체성의 혼란이 온다. 우리 일을 통해 얻을 수 있는 참된 보람과 성공의 맛을 알 수 없게 된다.

셋째, 본인의 생각을 버리고 성공한 선배들의 말을 온전히 수용하고 따라야 한다.

> 후배 : "선배님! 우리 일에서 성공하려면 어떻게 해야 하나요? 교육도 열심히 받고 시키는 대로 고객들도 많이 만나는데 잘 안 되네요. 이전 직장에서는 영업을 잘해서 꽤 인정을 받고 고액 연봉을 받았는데 말이죠."
>
> 나 : "그렇지. 바로 그 영업을 해봤던 경험, 특히 잘했던 그 경험이 문제인 거지. 우리 일에서 성공하는 길은 그리 어렵지 않아! 자네 생각을 잠시 내려놓고 성공한 이들이 실행했던 길을 따라가면 돼! 그런데 자네는 시키는 대로 따라 하는 것이 아니라 본인의 방법대로 하잖아. 우리 일의 기본기를 먼저 튼튼하게 다져야지. 그리고서 본인의 개인기는 그때 발휘해도 늦지 않아!"

우리 일을 시작해서 얼마 버티지 못하고 그만두는 사람들이 많다. 그중에는 이전 직장에서 영업을 잘했던 친구들이 적지 않다. 이전에 인정을 받고 영업이라면 자신이 있었기에 충격이 더 큰 듯하다. 자기의 생각을 내려놓는다는 것은 정말 어려운 일이다. 몸에 배어 있는 습관을 바꾸는 것만큼 힘들다. '내가 예전에 잘 나갔었고 그래서 영업은 내가 좀 알아' 이런 생각으로 보험영업을 쉽게 보고 뛰어든 사람들이 모두 일찍 집으로 돌아갔다. 나 또한 그럴 뻔했었다. 그래서 성공하는 사람들은 이런 수용성 있는 자세가 대단히 중요하다. 이것만 되면 성공이 보인다고 해도 과언이 아니다.

넷째, 다른 사람들이 하기 싫어하는 일을 감사하게 실행하는 습관이 있다. 우리 일에서 성공을 위해 꼭 필요한 습관들에는 '7 to 11', '매일 사무실로 복귀 후 롤플레이하기', '하루 20통 이상 고객에게 전화하기', '배우기를 멈추지 않기' 등이 있다. 성공을 위해 꼭 필요한 습관들을 몸에 익히고 실행한다면 성공은 먼 나라 이야기가 아니다. 이런 성공의 습관들은 보험영업으로 뛰어든 사람들이라면 누구나 안다. 단지 힘이 들어 지속할 수 없을 뿐이다. 그러니 힘겨움을 참고 지속한다면 성공의 맛을 볼 수 있다. '남들이 힘들어하는 것을 반복해서 해야 한다. 그래야 프로를 넘어 고수의 길로 갈 수 있다. 쉬운 일은 아무나 한다.'

실패하는 컨설턴트의 공통점

어떤 일을 할 때 실패를 하고 싶은 사람은 없을 것이다. 누구나 성공을 원하고 꿈꾼다. 하지만 항상 실패의 원인으로 주변을 원망하는 사람들은 나오기 마련이다. 위에서 언급한 성공한 이들의 공통점을 실행하지 않는 이들이 실패의 길을 갈 것이다. 성공을 꿈꾸는 우리는 적어도 실패하는 이들의 공통적인 원인을 파악하고 경계해야 한다.

첫째, 가장 먼저 본인이 하는 일에 대해 확신이 없는 사람이다. 그래서 사람들이 직업을 물어보면 '삼성생명 컨설턴트'라고 자신 있게 말하지 못한다. 보험회사에 다니는 것을 부끄러워한다. "삼서~엉~에 다녀~"라며 얼버무린다. 본인의 정체성을 모르는 것도 모자라 숨기기까지 하려고 한다. 얼마나 안타까운 일인가!

물론 주변의 인식과 시선이 그토록 무서운 것이다. 이 사회 저변에 뿌리내린 보험에 대한 부정적인 이미지는 한 개인이 감당하기에 힘겨울 수 있다. 특히 이제 막 시작한 신입 컨설턴트에게는 공포감마저 느껴질 것이다. 그래서 먼저 일을 하고 자리를 잡은 선배들의 역할이 중요하다. 처음 보험영업을 시작했을 때 성공하는 선배들의 모습이 큰 힘이 되었다. 우리 일에 대해 사명감을 가지고 당당하게 고객을 응대하는 모습이, 또 본인들이 하는 일이 전문적인 일임을 알고 열심히 공부하는 모습이 멋있게 느껴졌다.

둘째, 실패하는 컨설턴트에게 공통적으로 '학습된 무기력증'이 나타난다. 미국의 심리학자인 마틴 셀리그먼 박사의 '학습된 무기력증'은 참고할 만한 가치가 있다. 반복된 실패의 경험으로 인해 할 수 있는 상황이 되도 포기하게 된다는 이론이다. 여러 번 반복해서 실패하고 나면 노력이 쓸데없다고 생각하게 되어서 시도조차도 하지 않게 된다. 이런 무기력한 증세가 실패하는 이들에게 쉽게 나타난다. 사실 이것은 진실이 아니다. 우리는 우리가 아는 것보다 더 뛰어난 능력을 소유하고 있다. 상황에 겁먹고 할 수 있는 일조차 하지 않는 것은 어리석은 일이다.

이런 무기력한 상황이 와도 두려워하지 않고 당당하게 맞서야 한다. 이 어려워 보이는 상황이 전부가 아니라는 사실을 알아야 한다. 《구약 성경》의 솔로몬 왕의 말은 이런 우리에게 큰 울림을 준다. '이 또한 지나가리라.' 아무리 어렵고 힘든 일도 곧 지나간다. 포기를 모르고 노력을 멈추지 않으면 이룰 수 있다. 성공은 우리 생각보다 훨씬 더 우리 곁에 가까이 있다.

셋째, 실패하는 이들의 공통적인 특징은 주어진 상황에 쉽게 만족을 한다는 것이다. 성공을 위해 끊임없이 고통을 감내하고 노력하는 일은 힘들다. 주어진 상황과 지금의 상태를 유지하는 것이 훨씬 더 쉽게 느껴진다. 그저 많은 변화를 원하지 않는 사람 속에 일부가 되어 전혀 눈에 띄지 않는다. 참으로 편한 삶을 살 수 있다. 성공에 수반되는 책임감도 없고, 성공을 위한 어떠한 비용도 치르지 않는다. 그저 의미 없는 편안함만 존재할 뿐이다. 그래서 변화를 원치 않는 평범함은 어떠한 성취감과 열정도 느끼지 못한다. 목표를 성취한 후 느낄 수 있는 환희와 기쁨마저도 없다. 고객과 동료, 가족으로부터 존경도 받지 못한다. 과연 이런 삶이 가치가 느껴질 수 있을까? 편하고 쉬운 길은 누구나 걷고 있기에 기회가 없다. 남이 다니지 않는 길, 아무도 가보지 않은 길로 가는 도전이 필요하다. 한 번뿐인 인생을 단순히 평범함만을 쫓으며 살 수는 없다.

성공과 실패의 차이

세계적인 성공학 연구자인 나폴레온 힐의 말은 우리 일에도 정확히 적용된다.

"성공은 성공 지향적인 사람에게 오고, 실패는 실패할 거라고 체념하는 사람에게 온다."

성공과 실패의 차이는 본인의 생각에서 비롯된다. 오랫동안 현장에서 신입 교육을 해보면 재미있는 현상을 발견하게 된다. 신입 컨설턴트가 누구에게 가서 우리 일에 대해 질문하는지 보는 일은 매우 흥미롭다. 일을 잘하고 성공에 대한 열정이 높은 신입은 성공한 선배를 찾아가 묻는다. '우리 일은 어떤 일이고 어떻게 하면 잘 할 수 있는지?' 반면에 일이 힘들고 어려운 신입은 신기하게도 힘들어하는 선배를 찾는다. 언제 그만둬도 이상하지 않을 선배를 찾아가 묻는다.

본인도 힘들어서 오늘, 내일 하는 선배가 어떤 조언을 해줄 수 있을까? 그런 모습을 지켜보면서 깨닫게 되었다. 성공과 실패는 본인이 스스로 선택하는 것이라는 것을. 진정 성공하고 싶다면 당연히 성공한 사람을 찾아가 물어야 한다. 적어도 그 선택은 내가 스스로 할 수 있다. 나폴레온 힐의 말은 우리에게 큰 도전을 준다. 우리는 보는 눈이 있어야 한다. 질문 하나를 해도 정말 긍정적인 대답을 해줄 사람에게 물어야 한다. 다시 한 번 강조하고 싶다. 성공과 실패는 그 누구의 덕도 탓도 아니다. 내 마음속에서 내가 스스로 결정한 결과다. 나의 선택이고 나의 책임이다.

전구를 발명한 에디슨은 수백 번의 실패를 거듭했다. 하지만 그는 실망하거나 포기하지 않았다.

"나는 단 한 번도 실패한 적이 없습니다. 이렇게 하면 안 된다는 방법을 600가지나 발견했습니다. 그 일에 성공했을 뿐입니다."

성공과 실패의 차이는 여기서 갈리는 것이다. 어떤 상황에서도 포기하지 않는 절대 긍정의 마인드. 이 마인드가 우리를 성공으로 인도할 것이다. 비록 실패할 수밖에 없는 상황 속에 있더라도. 상황과 환경, 여건은 우리가 성공으로 가는 길에 설치된 장애물에 불과하다. 반드시 넘어 버릴 거라는 강한 각오와 의지만 있다면 아무런 문제가 되지 않는다.

1. 성공하는 컨설턴트의 공통점

　1) 본인의 일을 진심으로 사랑하고 확신에 차 있다.

　2) 자신이 하는 일에 대한 정체성을 명확히 알고 있다.

　3) 본인의 생각을 버리고 성공한 선배들의 말을 온전히 수용하고 따라
　　야 한다.

　4) 다른 사람들이 하기 싫어하는 일을 감사하게 실행하는 습관이 있다.

2. 실패하는 컨설턴트의 공통점

　1) 본인이 하는 일에 대해 확신이 없는 사람이다.

　2) '학습된 무기력증'이 나타난다.

　3) 주어진 상황에 쉽게 만족하며 변화를 원치 않는다.

3. 성공과 실패의 차이는 본인의 생각에서 비롯된다.

4. 성공과 실패는 내 마음속에서 내가 스스로 결정한 결과다.

고객과의 관계에서 태도는 당당해야 하고
관계 정립은 명확해야 한다

보험영업을 함에 있어 수많은 난관에 부딪힐 수 있다. 그중 가장 힘든 일 중 하나가 바로 고객과의 관계에 관한 것이다. 고객과 컨설턴트는 어떤 관계일까? 단순히 판매자와 구매자의 관계일까? 어느 정도의 친밀감과 신뢰가 형성되어야 하는지 가늠이 가지 않는다. 고객의 요구를 어디까지 들어줘야 할까? 컨설턴트는 언제나 '을'의 입장에서 고객을 대해야 하는가? 많은 컨설턴트가 입사 초기에 이 문제로 고민하다가 일을 접기도 한다. 그만큼 어렵고 그 누구도 알려주지 않는 부분이다. 오랫동안 보험영업을 했던 선배들조차 명확히 정리되어 있지 않은 부분이다. 그래서 함께 고민해볼 가치가 충분하다.

고객과의 관계 정립의 중요성

언젠가 한 TV 프로그램에서 성공한 인물의 살아온 인생 스토리를 본 적이 있다. 내게는 그 인물의 성장 스토리보다 그의 어머니에 관한 이야기가 더 눈길을 끌었다. 그 어머니의 직업이 보험 컨설턴트였기 때문이다. 자식의 뒷바라지를 위해 고객 집안의 온갖 궂은일을 도맡아 했다고 한다. 물론 자식의 성공 스토리 속 감명 깊은 어머니의 모습이었다. 하지만 같은 일을 하는 나로서는 그 어머니의 모습이 매우 안타까웠다. 아주 오래 전 우리 선배님들은 시대적인 상황 속에서 그럴 수밖에 없었다고 들었다. 이제는 시대가 많이 변했다. 직업에 대한 가치관과 직업관도 변해야 한다.

보험 컨설턴트는 고객이 마음대로 부릴 수 있는 존재가 아니다. 모든 영업직군이 비슷한 상황임을 안다. 계약을 성사시키기 위해 온갖 자존심이 상하는 일도 마다하지 않는다. 일일이 열거하기도 부끄러운 일들이 현장에 일어나고 있음을 안다. 비단 영업직군의 문제만은 아닐 것이다. 비즈니스의 세계는 경쟁에서 이기고, 살아남기 위해 그만큼 치열하다. 하지만 그런 상황 속에서도 언제나 선을 지켜야 한다. 특히 고객과는 적절한 관계 유지가 선을 지켜야 하는 대표적인 일이다. 모든 일이 그렇듯 한 번의 허용이 되돌리기 어려운 결과를 가져온다. 고객과의 관계 정립이 한 번 잘못되면 그 뒤부터는 너무 쉽게 무너지게 된다.

컨설턴트의 위치는 언제나 '을'이어서는 안 된다. 비즈니스 세계에서 판매자는 '을'이고 구매자는 '갑'인 시대는 지나갔다고 생각한다. 이 또한 수요와 공급의 법칙에 따라 달라질 수 있다. 많은 컨설턴트는 고객이 본인들을 선택한다고 생각한다. 그래서 언제나 수동적으로 자신들을 선택해주길 기다리며 '을'의 삶을 산다. 하지만 내 생각은 다르다. 세상에 고객은 많다. 수많은 고객 중에 나와 함께 갈 고객은 내가 선택한다. 나처럼 보험업에 대한 경험과 전문성을 가진 컨설턴트는 많지 않다. 그렇다면 나를 만난 고객은 적어도 가정의 보험과 재무 관리에 있어서는 복이 많은 것이다.

우리 일을 잠시 해서 돈을 벌고 다른 사업을 하려는 이들이 많다. 그런 사람들에게 이런 이야기는 큰 의미가 없을 것이다. 하지만 이 업(業)을 평생의 천직(天職)으로 생각하고 뛰어든 사람이라면 명심해야 한다. 본인의 직업에 대한 명확한 가치 정립이 중요하다. 특히 고객과의 관계 정립이 명확하지 않으면 언제나 혼란함 속에 있게 된다. 우리 일의 성공이 거기에서부터 시작된다고 해도 과언이 아니다. 관계 정립이 명확하고 서로가 정확히 인식하고 있어야 불필요한 오해가 없다. 그래야 서로에게 요구할 것을 당당하게 요구하고 줄 것을 줄 수 있다.

고객과의 관계 정립 시 우리의 태도

그렇다면 고객과의 관계는 어디까지 형성을 해야 할까? 언젠가 한 여자 후배가 내게 자신의 상황에 대해 울먹이며 토로한 적이 있다. 얼마 전 고객인 한 사장님이 저녁 늦은 시간에 잠시 나오라고 연락이 왔다고 한다. 후배는 무슨 급한 일이기에 늦은 시간에 연락이 왔나 해서 급히 나갔다. 친구들과 술자리에 후배를 부른 것이었다. 후배는 고객의 얼굴을 봐서 잠시 앉아 있다가 일찍 자리에서 일어났다고 한다. 이런 전화가 그 이후로도 가끔 와서 어찌해야 할지 몰라 고민이라고 했다. 참으로 어이없는 일이 아닐 수 없다. 물론 이런 고객은 극히 일부일 것이다. 중요한 것은 형태는 다르겠지만 영업하는 현장에는 비슷한 유형의 일들이 비일비재하다.

이런 상황에 직면한 후배에게 내가 무슨 조언을 해줄 수 있을까? 후배의 이야기를 듣고 속이 상하고 화가 났다. 아직도 이렇게 보험 컨설턴트를 대하는 고객의 태도에 화가 났다. 고객과의 사이에서 관계 정립의 중요성을 설명해줬다.

"지혜 씨(가명)! 고객과의 관계에서 본인의 명확한 기준을 가져야 해! 지혜 씨가 자존감이 떨어지는 결정을 하는 것은 바람직하지 않아. 상식에서 벗어나는 그런 전화는 하지 말라고 의사를 명확히 밝혀. 만약 명확히 의사를 밝혔는 데도 못 알아듣는 고객이라면 그때는 결단해야 하고. 컨설턴트는 그런 대우를 받을 직업이 아니야. 우리 일을 오래 하고 싶다면 모호한 태도는 안 돼. 명확해야 하고 당당해야 해!"

말처럼 쉬운 일이 아님을 안다. 하지만 그러함에도 불구하고 나만의 명확한 기준을 가지고 결단하고 실행해야 한다. 언제까지나 고객과의 관계에서 끌려갈 수 없다. 처음이 어렵다. 매도 먼저 맞는 것이 낫다고 했다. 처음에 관계 정립을 한 번 하기가 어려워서 그렇지, 이 어려운 과정을 통과하면 오래도록 함께 갈 수 있는 고객을 만들 수 있다. 처음부터 잘못된 관계가 정립되면 함께 가는 내내 어렵게 된다. 아닌 것은 아니라고 할 수 있는 용기가 필요하다. 그래야 좋은 고객과 아름다운 관계를 오래 유지할 수 있다.

왜 고객과의 관계에서 우리의 태도는 당당하기 어려운 걸까? 컨설턴트는 당당해야 한다고 외치지만 현실에서 그런 당당함을 보이는 경우는 많지 않다. 우리의 일은 고객에게 무엇인가를 부탁하거나 심하게 말해 구걸을 하는 일이 아니다. 고객이 미처 생각하지 못했던 것을 깨닫게 해주고 준비시키는 일이다. 제대로 된 컨설팅을 받은 고객은 그래서 우리에게 고마워한다. 고객 앞에서의 당당함은 어디에서 나오는 것일까? 고객이 나를 선택한 것이 가장 훌륭한 선택이라는 확신과 전문성 있는 실력에서 나온다.

15년째 가족과 같은 관계를 유지하고 있는 유리 씨는 내게 VVIP 고객이다. 자주 만나지 못해도 늘 서로를 위해 기도해 주는 관계다. 유리 씨가 내게 했던 말은 우리 일을 함에 있어 오래도록 내게 큰 힘이 된다.

"선생님 덕분에 제 인생은 너무나 든든합니다. 현재도, 은퇴 후에도. 선생님과의 인연은 하나님이 주신 만남의 축복입니다. 감사해요."

이런 고객의 진심 어린 감사 표현을 늘 들어야 하는 일이 우리 일이다. 그만큼 보람되고 가치 있는 일이기 때문에. 다시 말해 우리 일은 고객을 돕는 일이고 서로에게 감사하는 일이다. 고객의 가정과 개인의 행복한 삶을 위해 준비하게 해주는 일이다.

보험영업을 하면서 부딪히는 많은 일 중에 가장 어려운 일이 고객과의 관계의 문제다. 어디에서 가르쳐주는 사람도 없고 누구에게 물어보기도 쉽지 않다. 그냥 하나하나 부딪히고 깨지면서 배울 수밖에 없다. 내가 겪었던 어려움을 후배 컨설턴트들은 굳이 시행착오를 겪지 않기를 바랄 뿐이다. 특히 가장 난해하고 모호한 고객과의 관계 정립 부분을 알려주고 싶었다. 내가 가장 고민하고 많은 시간을 들여서 깨닫게 된 부분이기에 애착이 많다. 그동안 많은 후배가 찾아와 물었던 내용이고 상황마다 고려할 부분이 많다. 하지만 그렇다고 기준이 없는 것은 아니다.

크리스천들이 어떠한 어려움에 직면할 때 그때마다 문제를 해결하는 기준이 있다. 그것은 바로 하나님의 말씀인 《성경》이다. 《성경》 말씀에 근거해서 문제를 바라보고 해답을 찾아 나간다. 마찬가지로 우리 보험 컨설턴트도 《성경》과 같은 나름의 기준이 있어야 한다. 어려운 문제라고 피하고 숨을 수만은 없다. 그것이 고객과의 애매한 관계의 문제일지라도. 그럴 때 '자존감이 떨어지지 않는 결정'이 기준이 될 것이다. 고객에게 끌려가면 우리의 자존감은 바닥으로 떨어져 헤어나오기 힘들어진다. 확실한 기준을 가지고 결단하고 실행해나가야 한다. 그래야 오래도록 우리 일을 할 수 있고 고객과 좋은 인연을 이어갈 수 있다.

이 장에서 기억해야 할 내용

1. 고객과의 관계 정립에 있어 직업에 대한 가치관과 직업관도 변해야 한다.

2. 수많은 고객 중에 나와 함께 갈 고객은 내가 선택한다.

3. 나만의 명확한 기준을 가지고 결단하고 실행해야 한다.

4. 고객이 나를 선택한 것은 가장 훌륭한 선택이라는 확신과 전문성 있는 실력에서 당당함이 나온다.

5. 우리 일은 고객의 가정과 개인의 행복한 삶을 위해 준비하게 해주는 일이다.

번아웃 되지 않으려면
자신만의 휴식법을 가져야 한다

보험영업에 도전하는 컨설턴트는 누구나 사업적인 목표와 꿈이 있다. 이 분야는 철저히 개인 사업이기에 주어진 일만 하는 직장인과는 차이가 있다. 특히 자신이 계획하고 실행하며 모든 것을 책임져야 한다. 그래서 업무적인 스트레스가 심하고 스트레스 강도도 다르다. 성공의 기회가 있는 만큼 리스크를 감당해야 하기에 부담이 적지 않다. 주어진 시간만 일하고 퇴근하는 일이 아니라 뛰는 만큼 보상이 주어지는 일이기에 달리는 것을 쉽게 멈추지 못한다. 그래서 자신만의 휴식법이 없다면 번아웃(Burn Out) 돼서 쓰러질 수 있다. 오래도록 이 일을 통해 성공하고 싶다면 휴식법에 대해 준비해야 한다.

왜 번아웃 될까?

우리 일은 다른 영업과는 분명히 다른 차이가 있다. 눈에 보이지 않는 상품을 판매하기에, 사람들이 가치를 모르는 상품을 팔기에. 이 두 가지 이유 만으로도 다른 영업들이 감히 넘볼 수 없는 어려움이 있다. 그만큼 업무적인 강도와 스트레스가 타의 추종을 불허한다. 우리 일을 하면서 쉽게 번아웃 되는 이유는 여러 가지가 있다.

첫째, 이토록 강도가 센 일을 오로지 앞만 보고 성공을 위해 달리기 때문 이다. 보험영업에 뛰어든 사람들은 처음부터 많이 긴장한다. 어려운 일이라 고 수없이 들었고 실제로 시작해보니 정말 어렵다. 그래서 자신이 할 수 있 는 능력보다 몇 배의 에너지를 쏟으며 달리기 시작한다.

언젠가 너무나 열심히 멈추지 않고 달리는 후배에게 물었다. 왜 그렇게 열심히 달리느냐고, 너무 무리하는 거 아니냐고? 그 후배의 답이 많은 것을 생각하게 했다. 보험영업이 너무 어렵다는 말을 많이 들어 두려워서 더 열심 히 달리는 거라고. 상대가 너무 강할 것 같아 모든 힘을 모아 '선빵'을 날리 는 것이라고. 그렇다. 많은 이들이 두려워서 멈추지 못한다. 달리다 멈추면 이 어려운 보험영업 현장에서 밀리고 질 것만 같다고 느낀다. 두려움으로 달 리는 것도 한계는 있다. 그러니 오래 가지 못해 지쳐 번아웃이 되는 것이다.

둘째, 우리 일에서 번아웃 되는 이유는 채우는 것 없이 달리기 때문이다. 고객과 상담 시에도 이야기 소재가 떨어지면 훨씬 더 지친다. 보험뿐 아니라 전체적인 금융과 재무에 대한 정보도 전해야 한다. 더 나아가 세무적인 부분 도 터치해야 하기에 많이 공부해 내면을 채워야 한다. 선배들이 신입 컨설턴 트에게 흔히 이런 농담을 한다.

"난 입사 초기 3개월에 배운 걸로 10년을 우려먹었어. 그래서 고객들에게 미안하지. 그러니 너희는 그러지 말고 계속 배우고 공부해. 그래야 살아남을 수 있어!"

단순히 건강보험이나 종신보험 상품만 판매하던 시절은 벌써 지나갔다. 고객들의 니즈도 다양해졌기에 멈추지 말고 배우며 준비해야 한다.

셋째, 우리 업(業)에 대해 깊은 고민 없이 일하기 때문이다. '컨설턴트' JOB의 정체성을 몰라 어려움이 오면 방향을 잃고 방황하다 번아웃 된다. 사람은 자신이 하는 일에 대해 확신이 있고 자부심이 있다면 쓰러지지 않는다. 아무리 주변에서 어떤 시선을 보내도 내가 선택한 일의 가치를 안다면 견딜 수 있다. '고객들이 아직 보험의 가치를 잘 몰라서 그러는 거야. 내가 싫어서 나를 거부하는 것이 아니지. 그러니 시간을 가지고 터치하면 반드시 내 진심을 알아줄 거야.' 이런 다짐을 하며 충분히 이겨나갈 수 있다. 하지만 자신이 누구인지, 내가 하는 일이 어떤 가치가 있는지 모른다면 어떻게 될까? 번아웃 되어 쓰러지는 것은 시간문제일 것이다.

슬럼프의 정의 및 극복 방법

위에서 언급한 원인 때문에 컨설턴트는 쉽게 번아웃 된다. 번아웃 자체도 두렵다. 하지만 그 후에 따라오는 '슬럼프'란 놈이 우리를 더 힘들게 한다. 슬럼프에 대해 정확히 알고 대처하는 것도 성공으로 가는 길에 꼭 필요한 과정이다. 그렇다면 슬럼프는 무엇일까? 흔히 프로 스포츠 세계에서 자주 사용되는 말이다. 몸과 마음이 일시적으로 부진한 상태를 말한다. 그래서 실력을 온전히 발휘하지 못해 성적이 떨어지는 상태다. 우리 일을 하다 보면 어느 순간 전화가 그렇게 하기 싫을 때가 온다. 고객들을 만나러 가기가 죽기보다 싫어지기도 한다. 이런 상태가 슬럼프의 시작이다.

슬럼프 자체가 문제는 아니다. 인간이기에 누구에게나 찾아올 수 있다. 그러나 슬럼프에서 뛰쳐나오지 못하고 오랫동안 시간을 낭비하는 것이 문제다. 슬럼프는 신속하게 극복해내는 것이 관건이다. 시간과의 싸움이다. 하루 이상 슬럼프에 빠져 허우적대면 스케줄이 엉망이 된다. 그동안 쌓아온 많은 것을 잃어버릴 수 있다. 슬럼프를 신속하게 극복하는 방법은 개인마다 다를 것이다. 나의 경험상 슬럼프는 바쁘면 빠르게 극복이 된다. 심지어 고객과의 약속이 많아 정신없이 바쁘면 슬럼프가 온지도 모르고 지나가기도 한다.

자신만의 휴식법으로 극복하기

지금까지 번아웃과 번아웃 이후에 따라오는 슬럼프에 대해 알아보았다. 우리 일을 통해 성공으로 가는 길목에 지뢰처럼 숨겨져 있다. 때론 피해야 하고 때론 정면으로 뚫고 지나가야 한다. 방법과 형태는 달라도 각자에게 맞는 휴식법을 통해 극복해야 한다. 형식적인 휴식이 아닌 진정한 쉼이 필요하다. 때론 일에서 잠시 떨어져 자신만의 회복 시간을 갖는 것이 꼭 필요하다. 그렇다면 제대로 쉰다는 것은 무엇을 의미할까? 《노동과 스트레스(Work &

Stress) 저널》에 실린 논문 내용을 주목해보자. 주말에 알람시계를 꺼두고 늦잠을 자는 것은 절반의 휴식 성공이라고 한다. 나머지 절반의 추가적인 활동이 필요하다는 의미다.

공원을 산책하거나 수다 가득한 모임에 참석하는 것도 좋은 방법이다. 하지만 그것만으로 만족이 안 된다면 이는 본인에게 맞는 재충전 활동이 아니기 때문이다. 휴식이란 업무공간으로부터 얼마나 오랫동안 벗어나 있었는가가 중요하지 않다. 얼마나 본인에게 맞는 활동으로 쉼을 가졌는가가 훨씬 중요하다. 자신의 성향과 잘 어울려야 휴식의 효과가 극대화될 수 있다. 나는 업무에 지치면 주말과 휴일을 이용해 조용히 혼자 시간을 보내기를 좋아한다. 하지만 한 공간에 함께 있는 사람과 성향이 다르면 심히 곤란해지기도 한다. 아내는 주변의 좋은 사람들과 모여 화기애애한 분위기 속에 담소를 나누면 에너지가 충전된다.(출처:〈잠만 푹 자면 그만? 나에게 꼭 맞는 휴식법〉, 작성자 하얀 비)

참 다르다. 달라서 서로의 부족한 부분을 채워주는 듯하다. 20년을 넘게 함께 살다보니 서로의 성향과 휴식의 방식도 이제는 인정이 된다. 주변의 다른 동료들을 보면 스트레스를 푸는 방법들이 다양하다. 술을 좋아하는 사람, 등산을 하는 사람, 운동을 하는 사람 등 가지각색이다. 나에게는 오랫동안 가져온 나만의 휴식 방법이 있다. '축구'가 나만의 휴식 방법이다. 그냥 조기 축구에 가입해서 일주일에 한 번 축구 경기를 하는 것과는 조금 다르다. 일주일에 1~2회 레슨을 받는다. 축구 클럽 성인반에 가입해서 회비를 내고 정식으로 코치들에게 배운다. 주변에서는 '축구를 돈 내고 배워?'라는 의아하다는 반응이 많다. 그것도 50대에 접어든 어른이 말이다. 좋아서 하는 나의

축구 클럽을 통해 만난 소중한 후배와

취미 생활이기에 나이는 문제가 되지 않는다고 생각한다.

어쨌든 일주일에 한두 번 2시간 정도 헉헉거릴 정도로 뛴다. 그 기분은 정말 해보지 않은 사람은 모를 것이다. 고객들과의 스트레스, 실적에 대한 부담 등이 한순간에 사라져버린다. 이것이 진정한 쉼이 아닐까? 하면서 행복하고 건강에도 도움이 되는 운동. 초등학교 어린 시절 나의 꿈은 축구 선수였다. 축구 선수의 꿈은 못 이루었다. 하지만 축구를 통해 참된 쉼을 얻어 또 하나의 내 꿈을 이루어가고 있다. 보험영업의 성공을 위해 축구는 가장 힘이 되어주는 나의 진정한 쉼이고 휴식 방법이다.

작가이자 방송인인 클라우디아 해먼드의 《잘 쉬는 기술》이라는 책을 소개하고자 한다. 그는 이 책을 통해 쉼에 대한 중요한 메시지를 우리에게 던진다. 현대인들은 대부분 만성적인 업무 스트레스와 휴식 부족을 호소한다. 하지만 막상 시간이 주어지면 제대로 못 쉬었다는 이들이 적지 않다. 이 책은 휴식에도 기술이 필요하다고 강조한다. 작가는 자신이 진행하는 BBC 라디오 프로그램을 통해 이른바 '휴식 테스트(Rest Test)'를 실시했다. 135개국 1만 8,000천여 명이 이 조사에 응했다. 다양한 분야의 전문가들이 팀을 이루어 2년간 이 프로젝트를 진행했다. 그 결과 '가장 휴식이 된다고 여기는 10가지'를 발표했다.

10위인 '나를 돌보는 명상'을 시작으로 1위까지 역순으로 소개한다. 다양한 사례와 저자의 조언과 함께. 특이한 점은 현대인들이 많은 시간을 투자하는 온라인이나 SNS 활동은 10위권 밖이다. 상위 5위까지는 모두 혼자서 하는 휴식들이다. 많은 이들이 예상했겠지만 1위는 독서였다. 독서를 통해 걱정거리로부터 해방이 되고, 반대로 몰입도 되는 등 다양한 효과가 증명되었다. 저자가 주장하는 잘 쉬는 기술의 핵심은 자신만의 '휴식 레시피'를 만드는 것이다. 휴식과 일의 절대적인 구분은 없고 상대적이다. 사람에 따라 운동은 고된 의무가 될 수 있고, 즐거운 휴식이 될 수도 있다. 또 하나의 키워드는 사람들과의 적절한 거리였다. 가족과 친구들에게서조차 벗어나 있는, 자신만을 위한 시간을 만들라는 것이다.(출처:《동아일보》,〈[책의 향기] 현대인이 꼽은 '최고의 휴식법' 10가지〉)

우리 일은 업무의 강도가 세고, 스트레스가 많다. 한 건 한 건 계약을 체결하는 일이 얼마나 긴장되고 정신적인 스트레스가 많은지 모른다. 계약이 체결되면 그간의 모든 힘겨움이 깃털처럼 가볍게 느껴진다. 하지만 온 힘을 다해 초집중했는데 체결이 안 되면 정말 녹초가 된다. 이런 일을 일주일에도 몇 번씩 반복한다. 그러니 나름대로 스트레스를 풀고 회복할 수 있는 휴식법들이 꼭 필요하다. 우리 일은 오래 해야 하는 일이다. 상품의 특성도 롱텀이다. 그런 상품을 판매하는 우리도 오래 하며 고객을 관리해야 한다. 자신만의 휴식법을 가지고 말이다.

이 장에서 기억해야 할 내용

1. 보험영업은 다른 일보다 업무적인 강도가 강해 나름의 휴식법이 꼭 필요하다.

2. 번아웃 되는 이유
   1) 강도가 센 일을 오로지 앞만 보고 성공을 위해 달리기 때문이다.
   2) 채우는 것 없이 달리기만 하기 때문이다.
   3) 우리 업(業)에 대해 깊은 고민 없이 일하기 때문이다.

3. 슬럼프는 신속하게 극복해내는 것이 관건이다. 시간과의 싸움이다.

4. 일에서 잠시 떨어져 자신만의 회복 시간을 갖는 것이 꼭 필요하다.

Part
4

보험영업의
실전 고급스킬

가망고객 발굴:
최고의 방법은 소개, 지인부터 시작해야 한다

　세상의 모든 영업은 판매할 대상이 존재해야 한다. 아무리 좋고, 의미 있는 상품일지라도 판매할 대상인 고객이 없다면 어떨까? 아무 의미가 없을 것이다. 보험 또한 누군가가 보험의 필요성을 알고 구매해야 한다. 우리는 이런 보험을 구매할 가능성이 있는 고객을 '가망고객'이라 부른다. 보험영업을 포기하고 떠나는 대부분 사람이 하는 말이 '만날 사람이 없다'이다. 다시 말해서 만날 수 있는 가망고객이 없다는 말이다. 그렇다면 이 가망고객만 많다면 우리 일을 조기에 포기하지 않을 수 있다는 이야기다. 그러면 가망고객 발굴(Prospecting)만 파고들면 뭔가 보험영업의 성공 비밀이 숨겨져 있지 않을까?

고객은 누구인가?

우리가 만나서 상담해야 하는 고객은 과연 어떤 존재일까? 고객에 대해 정확히 아는 것에서부터 보험 컨설턴트의 일은 시작된다. 고객은 뭔가 특별하거나, 무섭거나, 두려운 존재가 아니다. 그냥 나처럼, 우리처럼 평범한 사람들이다. 백화점에 가서 어떤 물건을 구매할 때 한 번에 바로 사지 못한다. 꼼꼼하게 정말 필요한지 생각하며 망설인다. 누군가 와서 자세히 설명해주거나 추천, 또는 권유해주기를 원하기도 한다. 사고자 하는 물건에 대해 잘 모르기 때문이다. 한 번의 결정이 오랜 시간 후회로 남을 수 있기에 두렵다. 이런 평범한 우리의 이웃과 같은 이들이 고객이다.

고객은 우리에게 무엇을 원할까? 보험 컨설턴트로서 진정성 있는 마음으로 고객 가정을 관리해주길 원할 것이다. 또한 보험 및 금융에 관련된 전문성 있는 지식으로 도움 주기를 원할 것이다. 우리가 우리 분야에 준비되어 있다면 고객은 결단코 무섭고 두려운 존재가 아니다. 오히려 우리의 도움을 절실히 원하는 사람들이다. 현장에서 고객을 만나 가장 많이 듣는 말이 있다.

"이전 담당자가 지인이어서 가입을 해줬는데 얼마 하지 못하고 그만뒀어요. 오래 하겠다고 해서 믿고 이전 보험들을 다 정리해서 옮겼는데, 속상해요."

그렇다. 고객들은 우리가 오래 일을 하며 자신들의 가정을 잘 케어해주길 간절히 원하고 있다. 고객은 늘 그 자리에서 우리의 도움을 기다리고 있다. 고객을 두려운 존재로 보는 것은 단지 우리가 준비되지 않아서이다. 준비만 철저히 되어 있다면 고객에게 우리는 반가운 존재가 될 것이다. 찾아오는 것을 기피하는 존재가 아니라 함께 인생을 걸어갈 수 있는 동반자가 될 수 있다. 이런 감사한 고객들을 우리는 찾아서 만나야 하고 나의 고객이 될 가능성 있는 고객들을 찾아야 한다. 가망고객 발굴은 보험영업 성공의 첫 단추이다.

가망고객 구별 기준

후배 : "선배님, 보험영업에서 가망고객은 어떻게 구별을 해야 할까요? 길 거리에 돌아다니는 모든 건강한 사람이 가망고객이 아닐까요?"

나 : "물론 틀린 말은 아니지. 하지만 건강하다고 모두 우리의 가망고객 이 될 순 없어. 우선 돈을 낼 수 있어야지. 보험도 상품이기에 돈 을 지불하고 구매를 해야 하잖아. 내 생각에는 경제적인 능력이 가장 중요할 듯."

후배 : "아. 그렇군요. 제 주변에는 돈도 있고 건강한 사람들이 많아요. 그 런데 그들은 보험이 필요하지 않다고 해요. 그래서 아주 답답합니 다."

나 : "그렇지, 가망고객의 조건 중 보험의 필요성 인식이 있지. 보험은 인생을 살면서 꼭 필요한 상품이야. 단지 지금 당장 필요성을 못 느낄 뿐이지. 그래서 우리 같은 직업이 필요한 거고. 아직 필요성 을 못 느끼는 고객에게 우리가 알려줘야 하지."

후배 : "그럼, 이 세 가지 조건만 충족하면 가망고객으로 보면 되겠네요?"

나 : "그렇지. 이 세 가지 기준을 충족한 가망고객을 많이 찾아서 만나는 것이 중요하고. 그 다음에는 '대수의 법칙'을 믿고 꾸준히 실행하는 일만 남은 거지. 눈을 크게 뜨고 자세히 보면 우리가 갈 곳은 생각보다 많아. 그러니 걱정하지 말고."

최근에 입사한 신입 컨설턴트가 가망고객 구별 기준을 물어서 해준 이야기다. 가망고객을 찾아 나서기 전에 위의 세 가지 기준을 완벽히 익혀야 한다. 보험영업을 하다 보면 내 생각과 다른 경우들을 종종 겪게 된다. 꼭 가입할 것으로 기대했던 사람들이 가입하지 않아 실망한다. 또 절대 가입 안 할 것 같던 사람이 내 고객이 되기도 하고. 나와 얼마나 친분이 있느냐가 고객이 되는 기준은 아니다. 그래서 지인이 많지 않은 사람도 두려워하지 않고 도전해서 성공할 수 있다.

가망고객 찾기

우선 가망고객을 찾을 때 마음에 여유를 가지고 집중하라고 조언해주고 싶다. 보험영업을 평생의 직업으로 선택했다면 조금 여유로운 자세가 필요하다. 가망고객을 찾고, 고객으로 만드는 과정은 시간과의 싸움이기 때문이다. 지금 당장 나의 고객이 되지 않을 수 있다. 하지만 '조만간 꼭 내 고객이 될 것이다'라는 확신이 필요하다. 보험영업은 넓은 땅에 씨를 뿌려 놓고 수확을 기다리듯 해야 한다. 씨를 뿌려 놓은 땅에서는 때가 되면 반드시 싹이 올라올 것이기에 믿고 기다려야 한다. 계속해서 씨를 뿌리는 작업을 멈추지 말고.

자, 그렇다면 이제 누구를 찾아갈 것인가? 첫 번째로 내가 보험영업을 시작했다고 소문을 냈을 때 관심을 보인 사람들이다. 보험에 관심이 있거나 필요성을 느끼고 있는 사람들이다. 우선 그들에게 먼저 가서 상담하고 제안해야 한다. 물론 숫자는 몇 명 되지 않을 수 있다. 두 번째, 그래도 내가 보험영업을 시작했다고 하니 나를 믿고 가입할 수 있는 사람들이다. 가족이나 친구, 아주 가까운 지인들일 것이다. 그러나 이 역시 한정된 인원이다. 세 번째, 적어도 보험에 관한 이야기는 할 수 있는 사람들을 만나야 한다. 하지만 가입은 불확실한 사람들이다.

초기에는 오히려 그렇게 친하지 않았던 지인들이 고객이 될 확률이 더 높다. 가까웠던 지인들을 통해 상처를 받아 시작하기도 전에 포기하는 경우가 종종 있다. 그래서 오히려 가까운 지인은 가볍게 터치해야 한다. 반응이 있는 사람부터 먼저 고객으로 만들자. 그리고 시간을 가지고 기다릴 필요가 있다. 보험영업 초기에 지인 시장은 참으로 '뜨거운 감자'와 같다. 뜨겁다고 멀리 던져버릴 수도 없고, 그렇다고 덥석 먹기에는 너무 뜨겁다. 온 입이 데어서 상처로 고통을 받을 수 있기에. 그래서 지인 시장은 시간이 필요하다.

이런 상처를 받을 리스크를 안고도 지인 시장을 두드려야 하는 분명한 이유가 있다. 그들은 이미 오래전부터 알고 지내던 가까운 지인이기 때문이다. 길을 가다 백화점 앞에서 너무 좋은 옷을 파격적인 가격에 세일한다고 하자. 친한 지인이 그 옷을 오래전부터 찾고 있었다. 그 사실을 알고 있던 나로서는 그냥 지나칠 수 없다. 당장 전화해서 지인에게 알려줘야 한다. 보험의 진정한 가치를 깨달은 나로서는 지인에게 알려주지 않을 수 없다. 이것은 지극히 당연한 일이고 '인지상정'이다.

하지만 지인들을 찾아갈 때 반드시 명심해야 하는 것들이 있다. 지인은 보험을 판매할 대상이라기보다는 나를 믿고 장기적으로 후원할 대상이다. 보험 가입을 하기보다는 소개를 해줄 사람들이다. 그래서 지인들에게는 내가 왜 이 일을 시작했는지, 이 일에 얼마나 의미를 두고 있는지를 알려줘야 한다. 무엇보다도 지인들에게 내가 어떤 마음으로 이 일을 하는지 알려야 한다. 보험에 대한 진지한 태도와 이 일의 성공을 위해 얼마나 노력하는지도 알려야 한다. 지인을 나의 후원자, 나의 핵심 지지자로 만들어야 한다. 그래야 우리 일을 오래 할 수 있다.

가망고객을 찾는 최고의 방법은 소개를 통하는 길이다. 앞에서 언급했듯이 지인을 통한 가망고객은 수적으로 한계가 있다. 마르지 않는 샘물처럼 지속적인 가망고객을 만들어내는 방법은 소개가 유일하다. 정확히 말하면 '소개 요청'을 통한 가망고객 찾기다. 소개 요청을 통해 만난 가망고객은 시간이 지나면서 오래전부터 알고 지낸 고객이 된다. 소개가 소개를 낳으며 보험 영업을 오래 할 수 있는 기반을 다지게 된다. 소개를 통한 가망고객의 발굴 시 영향력 있는 협력자의 도움이 절대적으로 필요하다. '키맨(keyman)'이라고 불리는 협력자에 따라 소개받은 사람의 태도는 영향을 받고 달라진다.

세 개의 고객 바구니

이렇게 해서 찾은 가망고객을 만난 후 우리는 또 다른 작업을 해야 한다. 우리가 만난 가망고객이 계약으로 이어지든 그렇지 않든 특징에 따라 정확히 분류해야 한다. 그리고 다음의 세 가지 형태의 바구니에 담아서 관리를 시작하면 된다.

첫 번째 바구니는 '지금 당장 가능 고객 바구니'다. 첫 상담을 통해 보험의 니즈를 느끼고 있는 고객을 담는 바구니다. 바로 상품 제안 후 계약을 진행하면 된다.

두 번째 바구니는 '장기 관리 고객 바구니'다. 상담의 결과 느낌은 좋은데 보험의 필요성을 느끼지 못하는 고객이 있다. 보험의 필요성은 느끼는데 경제적인 여력이 없어 지금은 가입이 어려운 고객도 있다. 돈도 있고 보험의 필요성도 있는데 건강 문제로 지금은 어려운 고객도 있다. 이런 고객들을 담아서 시간을 가지고 관리하며 터치하는 바구니다. 세 개의 바구니 중 가장 많은 고객이 담길 바구니다.

세 번째 바구니는 '빨리 버려 고객 바구니'다. 세상의 많은 고객이 모두 내 고객이 될 수는 없다. 첫 상담에서 우리는 꼼꼼히 고객에 대해 관찰해야 한다. 나와 함께 갈 수 있는 고객인지를. 무엇보다도 나와 생각이 맞고 인생을 살아가는 가치관이 맞는지 확인해야 한다. 한정된 시간에 수많은 고객을 관리하는 것은 한계가 있다. 내 기준에 맞지 않는 고객임이 확인되면 과감히 나의 고객 바구니에 담지 말아야 한다. 미안한 말이지만 내 바구니에서 빨리 버려야 한다. 나머지 고객 바구니에 함께할 소중한 고객들에게 써야 할 시간과 에너지도 부족하기에.

어떻게 보면 보험영업은 단순하다고 할 수 있다. 내가 만난 고객들을 세 가지 형태의 바구니에 담아서 잘 관리만 하면 된다. 지금 당장 가입할 고객은 빠르게 진행하면 된다. 시간이 필요한 고객은 지속적인 터치를 통해 때를 기다린다. 마지막으로 아무리 돈이 많아도 나와 함께 오래 갈 수 없다고 판단되면 버려야 한다. 고객이라는 이유로 만나고 싶지 않은 사람을 계속 볼 이유는 없다. 우리에게는 나를 기다리며 나의 가치를 알아주는 '찐팬' 고객이 있다. 나의 소중한 시간은 그들을 위해 사용해야 한다. 고객은 철저하게 컨설턴트가 선택해서 바구니에 담는다.

지금까지 가망고객에 대해 알아보았다. 어떻게 구별하고 어떻게 찾는지에 대해서. 보험영업에서 성공하려면 우선 만나야 할 사람이 많아야 한다. 보험을 판매할 대상이 많을수록 계약을 체결할 확률도 올라가는 것은 당연하다. 그 대상인 가망고객은 어딘가에 꼭꼭 숨어서 우리를 피하고 있지 않다. 우리 주변에서 우리와 함께 숨을 쉬며 살아가고 있는 평범한 사람들이다. 단지 우리가 그들을 구분해낼 눈이 부족할 뿐이다. 마음의 여유를 가지고 내 주변부터 차근히 찾아볼 필요가 있다. 생각과 달리 가망고객은 우리와의 인연을 간절히 원하며 기다리고 있을지도 모르기 때문이다.

이 장에서 기억해야 할 내용

1. 고객은 뭔가 특별하거나, 무섭거나, 두려운 존재가 아니다. 평범한 우리의 이웃이다.

2. 고객을 두려운 존재로 여기는 것은 단지 우리가 준비되지 않아서이다.

3. 가망고객 구별 기준: 보험의 필요성 인식, 보험료 납입 능력, 건강상의 자격 조건

4. 가망고객을 찾고, 고객으로 만드는 과정은 시간과의 싸움이다.

5. 가망고객은 지인 시장부터 시작해서 소개 시장으로 들어간다.

6. 지인은 보험을 판매할 대상이라기보다는 나를 믿고 장기적으로 후원할 대상이다.

7. 가망고객을 찾는 최고의 방법은 소개를 통하는 길이다.

8. 세 개의 고객 바구니 : 지금 당장 가능 고객 바구니, 장기 관리 고객 바구니, 빨리 버려 고객 바구니

전화로 약속 잡기:
방문 약속을 잡는 것이 목적이다

가망고객 선별 후 진행할 일은 바로 전화를 거는 것이다. 고객에게 전화하는 것은 보험 컨설턴트가 갖춰야 할 가장 중요한 습관 중 하나다. 가망고객을 아무리 많이 확보했더라도 전화하지 않고 묵혀두면 무용지물이다. 옛말에 "구슬이 서 말이라도 꿰어야 보배다"라는 말이 있다. 어렵게 구한 가망고객의 정보들을 의미 없이 썩힐 수는 없다. 그럼에도 많은 컨설턴트가 고객에게 전화하지 못하고 약속을 잡지 못하는 것은 만남을 원치 않는 고객의 거절에 대한 두려움 때문이다. 전화로 약속 잡는 프로세스인 TA(Telephone Approach)부터 본격적으로 고객들과 접점이 이루어진다. 이 과정을 통해 한 걸음 더 고객에게 다가서며 거절에 대한 두려움을 극복해야 한다.

TA 해야 하는 이유

컨설턴트가 경제적인 어려움에 대한 걱정 없이 행복해지려면 어떻게 해야 하나? 유일한 비결은 포기하지 않고 전화하는 것이다. 전화를 거는 것은 곧 고객과의 약속을 잡는 것이다. 스케줄이 있다는 것은, 그것도 많은 스케줄이 있다는 것은 엄청난 힘이다. 스케줄이 많으면 만남이 이루어진 후 고객의 어떠한 거절도 두렵지 않게 된다. 크게 상처도 받지 않고, 여유로운 마음으로 고객들을 대할 수 있다. 아직 만날 약속이 많이 있기에 한 고객에게 매달릴 필요가 없어진다. 이것이 가진 자의 여유라고나 할까! 그래서 전화는 반드시 해야 하고, 그것도 많이 해야 한다.

그렇다면 그렇게 중요한 전화 한 통화의 가치는 얼마나 될까? 신입 컨설턴트가 들어오면 교육 중 직접 계산하도록 교육한다. 연봉이 2억 원인 컨설턴트가 있다고 가정하자. 이 컨설턴트는 하루에 고객에게 반드시 20통의 전화를 한다. 2억을 12달로 나누면 한 달에 약 1,660만 원이다. 한 달 중 영업 일 수를 20일로 하면 하루 일당이 약 83만 원이다. 하루에 20통의 전화를 거니 20으로 나누면 전화 한 통화의 가치는 약 4만 2천 원이다. 전화를 한 통할 때마다 옆에서 누군가 4만 2천 원을 준다면 어떨까? 전화의 결과로 계약을 체결하지 않아도 된다. 그저 고객에게 전화 한 통만 해도 이런 돈이 생긴다면?

전화 한 통은 눈에 보이지 않을 뿐이지 그만큼의 가치가 있다. 물론 신입 컨설턴트에게 전화 한 통의 가치를 알려 주기 위한 교육이다. 너무 단순한 비교와 예시일 수 있다. 하지만 정말 전화 한 통을 할 때마다 이런 가치를 의식하면 도움이 된다. 그리고 전화하는 자체의 어려움을 극복할 수 있는 좋은 방법이다. 고객의 반응이나 거절 등 너무 머리 복잡하게 생각하는 것은 도움이 되지 않는다. 단순하게 하루에 몇 통의 전화를 하면 경제적인 성공에 가까이 갈 수 있는지만 생각하는 훈련이다. 내가 하루에 몇 통의 전화를 하면 내 연봉이 얼마나 변할 수 있는지 생각해보자.

TA의 목적

이렇게 중요한 전화를 하는 목적은 무엇일까? 많은 컨설턴트가 전화를 거는 목적을 혼동한다. 전화로 보험에 대한 설명이나 가치까지 전하려고 한다. 물론 꼭 그런 상황이 있을 수도 있다. 하지만 대다수의 경우 전화를 하는 목적은 명확하게 하나다. 바로 방문 약속을 잡기 위한 것이다. 짧은 전화 통화 중에 너무 많은 것을 하려는 것은 일종의 욕심이 될 수 있다. 보험 가입을 권유하거나 보험상품에 대한 설명은 금물이다. 그저 방문 약속을 잡는 일에만 집중하면 된다.

컨설턴트가 고객에게 전화 거는 것을 두려워하는 이유는 여러 가지다. 우선 방문 약속을 못 잡고 거절을 당하는 것이 두렵다. 고객의 냉랭한 목소리, 차갑게까지 느껴지는 그 목소리가 두렵다. 왠지 모르게 만나자고 하는 내가 '을'이 된 느낌이 든다. 전화로 약속을 잡는 일은 원래 그렇다. 누군가에게 시간을 내서 나를 만나자고 하는 일은 항상 리스크가 따른다. 친구에게 전화해 점심 한번 같이 먹자고 해도 OK 할 확률은 50%다. 하지만 고객이 거절하는 것은 내가 아니라 만날 약속에 대한 거절이다. 그러니 두려워하지 말고 계속 전화를 시도해라. 어려운 일도 반복하면 재미를 느끼게 된다. 재미를 느끼는 단계까지 노력하길 바란다.

고객에게 전화하는 일은 그 자체가 목적이 아니라고 다시 한 번 강조한다. 방문 약속을 잡는 것이 목적이다. 이 명확한 목적을 잊어버리면 컨설턴트는 전화기를 드는 것 자체가 힘겨운 일이 된다. 처음 보험 일을 시작한 신입일수록 단계별 정확한 목적을 알아야 한다. 목적을 잃어버리면 방향을 잡지 못해 혼란스러워진다. 명확한 목적을 가지고 하루에 수십 통씩 전화하면 하나 깨닫게 되는 비밀이 있다. 처음의 그 두려움이 견딜 만해진다는 것이다. 두려움을 이겨낼 수 있는 유일한 비결이 바로 '계속 전화하는 것'이다. 계속 전화해서 한번 보자고 하면 된다. 당당하게 그렇게 말하는 것이 전부다.

TA의 방법

컨설턴트 : "김 과장님! 안녕하세요. 잘 지내고 계시죠? 날씨가 매우 추워졌습니다."

김 과장 : "네, 그러네요. 추워졌어요. 저는 덕분에 잘 지내고 있습니다. 요즘도 바쁘시죠?"

컨설턴트 : "네, 저야 여전히 바쁘게 움직이고 있죠. 과장님, 제가 다음 주 화요일 오후에 과장님 사무실 근처에서 미팅이 있어요. 가는 김에 모처럼 한번 들르려고 하는데 잠시 시간 괜찮으시죠? 차 한 잔만 주세요. 하하."

김 과장 : "네, 알겠습니다. 도착 전에 전화 한 번만 주세요. 회의가 있을 수도 있어서요."

컨설턴트 : "네, 알겠습니다. 전화하고 출발하겠습니다. 다음 주에 뵐게요."

　현장에서 거의 매일 이루어지는 전화 내용이다. 기존의 고객이나 만난 적이 있는 가망고객 또는 지인에게 전화할 때 이처럼 한다. 전화에 들어가는 시간은 채 1분이 걸리지 않는다. 길어야 3분을 넘기지 않는다. 이 전화의 목적은 오로지 방문 약속을 잡기 위한 것임을 알 수 있다. 다른 특별한 내용이 없다. 기본적인 안부 외에 다음 주에 근처에 갈 일이 있어서 잠시 들르겠다는 내용이다. 김 과장을 만나러 먼 거리를 가는 것이 아니라 다른 일로 가는 김에 들르겠다는 것이다. 고객에게 만남 자체의 부담을 최소화해준다. 만나면 당연히 보험에 관한 이야기를 할 것이다. 고객 가정의 보험에 관한 이야기는 나만이 할 수 있다. 고객도 당연하게 받아들인다.

　우선 전화 거는 것에 대한 두려움을 이겨내야 한다. 그러기 위해서는 먼저 전화 걸기의 목표를 세우고 반드시 달성하라. 전화 걸기를 시작하면 한 번에 몇 통의 전화를 걸지 목표를 세워야 한다. 몇 건의 약속을 확보할지 목표를 세우라는 말이다. 그리고 그 목표가 달성될 때까지 전화를 멈춰서는 안 된다. 전화를 몇 통 걸었는데 약속이 얼마 안 잡혔다고 실망할 필요가 없다. '대수의 법칙'을 믿고 처음 계획했던 목표를 채우면 된다. 우리가 할 수 있는 최선은 자신과 한 약속을 지키는 것이다. 목표량을 채우고 결과는 '대수의 법칙'에 맡겨라.

　컨설턴트가 고객에게 전화할 때 하는 대표적인 실수가 있다. 정말 쓸데없는 '배려'다. '오전에는 너무 일찍부터 전화하는 것이 좀 실례겠지? 점심시간에 하는 전화는 휴식에 방해되겠지? 오후에는 회의가 많아서 전화 받기 힘들겠고 늦은 오후는 퇴근 시간이 다가와 분주해서 전화하면 싫어하겠지. 그럼 퇴근 후에 해야 하나? 더 싫어할 거야. 도대체 언제 전화를 해야 할까?' 이런 불필요한 배려와 많은 생각 때문에 전화하지 못하고 망설인다. 참으로 답답하다. 먼저 전화하라. 상대가 전화 받기 어려운 상황이면 어렵다고 말할 것이다. 미리 상대방의 모든 상황과 입장을 예단하지 말아라.

또 다른 형태의 예단들이 있다. '이 사람은 이래서 안 돼, 저 사람은 저래서 안 돼.' 언제까지 고객들 한 사람 한 사람을 판단하고 예단해서 전화를 늦출 것인가? 참으로 어리석은 행동이다. 내 생각을 내려놓고 기계처럼 전화하면 된다. 리스트를 펴놓고 맨 위에서부터 차근히 한 사람씩 전화하는 것이다. 상대방에 대한 나의 사전 정보나 생각은 버리고 전화하면 된다. 오로지 방문 약속을 잡겠다는 일념 하나만 생각하면 된다. 고객이 거절하면 바로 다음 고객에게 또 전화하면 된다. 전화로 약속을 잡는 것은 힘들고 어려운 일이기보다는 일종의 게임이다. 우리가 전화를 걸어 얻을 수 있는 최악의 결과는 'No'라는 대답뿐이다.

TA 시 고려사항

첫째, 전화로 방문 약속을 잡을 때 먼저 방문 목적을 밝혀라. 먼저 방문 목적을 말하고 만났을 때와 그렇지 않았을 때의 결과는 다르게 나타난다. 이미 오랫동안 내 고객이었다면 특별히 말하지 않아도 안다. 나를 만나면 보험 이야기를 들을 거라는 것을. 하지만 처음 만나는 소개 고객이나 오랜만에 만나는 지인의 경우는 명확히 해두는 편이 좋다. 나를 만나면 보험과 관련된 이야기를 들을 거라는 것을 말이다. 그래야 고객도 마음의 준비를 하고 나온다. 서로에게 소중한 시간인데 미리 말하지 않아 애매한 분위기로 만들어서는 안 된다. 괜한 시간의 낭비는 서로에게 아까운 일이기 때문이다.

둘째, 틈나는 대로 전화를 하는 것도 좋지만 집중적으로 전화 거는 시간을 가져라. 일주일에 한 번, 정해진 시간에 집중적으로 3시간 이상 전화에 집중하라. 나는 주로 금요일 오전이나 오후 시간을 활용한다. 다음 주 일정을 묻고 약속을 잡기에 시간적으로 가장 적합한 날이다. 한 주간 얻었던 고객들의 정보를 바탕으로 집중해서 전화하며 스케줄을 짜야 한다. 다른 어떤 시간보다도 이 시간만큼은 누구의 방해도 받지 않는다. 금요일은 가능한 중요한 일정을 잡지 않고 고객과 간단히 점심 약속만 잡는다. 많은 시간을 다음 주 스케줄 짜는 일에 투자한다.

셋째, 전화로 약속을 잡으며 동시에 고려하는 것은 약속장소를 정하는 것이다. 약속장소는 어디로 해야 할까? 고객이 마음 편하게 부담 없이 상담을 할 수 있는 곳이면 좋다. 사업을 하는 고객은 사업장이 멀어도 꼭 직접 방문해서 상담을 진행한다. 직접 고객 회사의 규모나 상황들을 확인하기 위해 사무실로 방문하겠다고 한다. 가장 피해야 할 약속장소는 시끄러운 커피숍이다. 고객의 소리도, 내 소리도 서로 들리지 않아 목만 아프고 상담의 효과는 떨어진다. 물론 고객의 가정도 좋은 약속장소다. 특히 부부가 함께 상담할 경우는 가능한 가정방문이 가장 좋다. 단지 어린 자녀들이 있다면 정신이 쏙 빠지는 상황을 각오하고 방문해야 한다.

물론 고객이 있는 곳으로 가는 것도 좋지만 나는 내 사무실로 오기를 먼저 권한다.

"조용히 상담할 곳이 있으시면 제가 그곳으로 찾아뵙겠습니다. 혹시 가능하시면 제 사무실로 한번 오시죠. 상담을 위한 전용 룸이 준비되어 있습니다. 그래도 담당자가 어디서 어떻게 근무하는지 정도는 알아야지 않겠습니까?"

나는 고객과의 상담의 약 20% 이상은 내 사무실에서 마무리한다. 처음에는 사무실로 오라고 할 때 고객들이 거절할까 걱정을 했다. 하지만 의외로 고객들은 내 사무실로 와 상담하는 것을 좋아한다. 고객들이 내 사무실로 오면 나는 어떤 방해도 없이 상담의 성공 확률을 높일 수 있다.

위에서 우리는 가망고객을 선별한 후 전화로 약속을 잡는 프로세스에 대해 배웠다. 아무리 많은 가망고객이 있더라도 전화하지 않으면 무의미하다. 보험영업을 위해서 TA가 얼마나 중요한지도 알게 되었다. 전화해야 하는 이유와 목적, 방법 등을 명확히 알아야 포기하지 않고 지속할 수 있다. 전화로 약속을 잡는 것이 얼마나 중요한지 모르는 컨설턴트는 없다. 단지 거절에 대한 두려움 때문에 전화하지 못할 뿐이다. 거절은 고객의 본능에서 나오는 당연한 반응이다. 전화 거는 훈련의 반복만이 이 두려움을 이길 수 있게 해준다.

이 장에서 기억해야 할 내용 ———————

1. 컨설턴트가 성공으로 가는 첫 단추는 포기하지 않고 전화하는 것이다.

2. 전화 한 통은 눈에 보이지 않을 뿐이지 놀라운 가치가 있다.

3. 전화를 거는 목적은 단 하나, 방문 약속을 잡는 것이다.

4. 고객이 거절하는 것은 내가 아니라 만날 약속에 대한 거절이다.

5. 두려움을 이겨낼 수 있는 유일한 비결이 바로 '계속 전화하는 것'이다.

6. 전화 거는 것에 대한 두려움을 이겨내야 한다. 전화 걸기의 목표를 세우고 반드시 달성하라.

7. 전화로 방문 약속을 잡을 때 먼저 방문 목적을 밝혀라.

8. 집중적으로 전화 거는 시간을 가져라.

9. 약속장소를 정할 때 가장 좋은 곳은 내 사무실이다.

초회 상담(Approach):
가장 중요한 부분이며 질문으로 진행되어야 한다

전화로 약속을 잡고 나면 이제 본격적으로 고객을 대면하는 시간이다. 초회 상담을 일컫는 AP(Approach)는 전체 세일즈 프로세스에서 가장 핵심이라고 할 수 있다. 이 과정을 통해 본격적으로 고객에게 하고 싶은 말을 전하면 된다. 보험이 무엇인지, 보험이 왜 필요한지, 보험을 통해 고객이 얻는 것이 무엇인지 등등 말이다. 가장 중요한 만큼 가장 어렵고 두려운 시간이 될 수 있다. 가망고객은 누구나 처음부터 컨설턴트를 환영하지 않는다. 첫 만남이기에 서로를 알아갈 시간이 필요하다. 이 시간이 그동안 컨설턴트가 갈고 닦은 실력을 보여줄 절호의 기회인 것이다.

AP의 목적

세일즈 프로세스의 모든 과정이 그렇듯이 초회 상담도 명확한 목표가 있다. 초회 상담을 마치고 나면 고객의 머리와 마음속에 적어도 세 가지는 심어져야 한다.

첫째, 상담을 마친 고객은 그동안 깊이 느끼지 못했던 보험의 필요성을 느껴야 한다. 보험에 대해 막연하게 알고 있던 부분이 상담을 통해 명확하게 그려져야 한다. 본인의 인생에 있어서 본인과 가족을 위해 보험이 얼마나 중요한지 알고 깨달아야 한다. 물론 보장성 보험의 필요성 못지않게 중요한 노후 준비에 대해서도 깊은 고민에 빠져야 한다. 아무도 책임져 주지 않는 자신의 노후 삶에 대해 준비할 마음을 일깨워줘야 한다. 가슴에 와닿도록 리얼하게 그려줘야 한다.

둘째, 상담을 마칠 무렵에는 컨설턴트에 대한 강한 경계심이 호감으로 바뀌어야 한다. 고객에게 호감을 주는 방법은 의외로 간단하다. 고객은 컨설턴트의 당당함에서 생각지 못했던 호감을 느끼게 된다. 고객 앞에서의 당당함은 어디에서 나오는 것일까? 고객에게 도움을 구하러 간 것이 아니라 고객을 도우러 갔기에 가능하다. 컨설턴트는 고객에게 보험 가입을 강요하기 위해 찾아간 것이 아니다. 그들이 생각지도 못한 중요한 정보를 알려주러 간 것이다. 그래서 당당하고 자신감이 넘칠 수 있다.

셋째, 고객에게 신뢰감을 주어야 한다. 신뢰감은 억지로 만들 수 있는 것이 아니다. 고객의 눈을 바라보며 그동안 살아온 삶에서 우러나오는 진실함을 전달해야 한다. 이전에 찾아왔던 수많은 보험영업인들과 뭔가 다르다는 것을 느껴야 한다. 그것이 전문성의 차이든지, 아니면 인간적인 매력의 차이든지. 고객은 본인 가정의 재정과 보험을 맡길 담당자가 뭔가 달랐으면 하는 바람이 있다. 인지상정이다. 또한 고객의 입장에 서서 그들의 마음을 이해하는 컨설턴트를 신뢰한다. 고객은 자신을 이해해 주고 자기 편에서 생각하고 고민해주는 사람에게 신뢰하게 되어 있다.

컨설턴트도 상담의 과정에서 느껴야 하는 것이 있다. 바로 고객이 서서히 변화함을 느껴야 한다. 고객은 '한 번 해보시죠! 내가 쉽게 넘어가진 않을걸요!' 하는 자세로 상담에 임한다. 그랬던 고객이 반복되는 컨설턴트의 질문을 받고 본인의 이야기를 꺼내 놓는다. 그러면서 굳게 닫혀 있던 마음의 문을 조금씩 열기 시작한다. 상담에 집중하면서 고객 자신도 질문을 하기 시작한다. 생각지 못했던 내용과 정보를 들으며 궁금해지는 것들이 생긴다. 차이가 컸던 고객과 컨설턴트의 온도가 상담이 끝날 무렵 거의 비슷해진다. 그러면 그날의 상담은 성공적인 결과를 예측할 수 있게 된다.

AP의 방법 – 질문으로 진행하라

후배 : "선배님, 오늘 상담 지켜보시면서 마음이 답답하셨죠? 제가 그래서
　　　선배님 도움을 요청한 겁니다. 하하."

　나 : "아니야, 배운 대로 프로세스를 따라 잘 진행했어. 한 가지만 신경
　　　쓰면 아주 좋은 상담이 될 것 같던데."

후배 : "아, 그래요? 어떤 부분을 제가 신경 쓰면 될지 자세히 좀 알려주세

요. 제가 오늘 맛있는 저녁 식사 대접하겠습니다."

나 : "오케이, 우선 상담은 질문으로 시작해서 질문으로 끝나야 하지. 그런데 상담 내내 질문이 너무 없었어. 상담은 질문하고 나서 고객이 하는 이야기를 정성껏 들으며 반응만 잘해주면 끝이야."

후배 : "저도 말씀처럼 해보려고 생각했는데 막상 상담이 시작되면 잘 안되네요. 어떤 질문을 해야 할지 떠오르지 않아서요."

나 : "많이들 그럴 거야. 그래서 질문도 훈련이 필요한 거야. 사전에 고객에 대한 정보를 파악해서 고객이 관심 있는 분야에 대해 질문해야 되지. 우리가 관심 있는 내용이 아니고."

고객과의 상담은 어찌 보면 컨설턴트 개인의 성향에 따라 다양할 것이다. 내용도 다르고 진행하는 방식도 같지 않다. 한 번은 후배 컨설턴트의 요청으로 고객과의 상담을 동행한 적이 있었다. 유심히 후배의 상담 과정을 지켜보며 흥미로운 사실을 발견하게 되었다. 상담의 대부분이 고객에게 자신이 알고 있는 지식을 전달하는 형식이었다. 물론 고객은 고맙게도 잘 듣고 있는 듯했다. 돌아오는 길에 후배에게 피드백해주었다. 후배도 내 조언을 받아들이며 본인이 상담 시에 잘 안 되는 부분을 이야기했다.

그렇다. 대다수의 컨설턴트가 상담 시 질문을 해야 하는지는 알고 있다. 성공적인 상담은 질문과 경청을 통해야만 가능하다는 것은 익히 배워 알고 있다. 단지 어떻게, 어떤 질문을 던져야 하는지 모를 뿐이다. 고객이 자신의 이야기를 술술 풀어놓으려면 과연 질문을 어떻게 해야 할까? 이 점을 깊이 고민하여 답을 찾는다면 AP가 훨씬 친근하게 다가올 것이다. 우선, 고객이 관심 있는 부분을 질문해야 한다. 고객마다 다를 수 있으니 미리 조사를 하든 아니면 직접 물어봐도 좋다. 일반적으로 고객이 가장 관심이 있는 분야는 그들의 직업과 관련이 있다. 자신들이 가장 잘하고 오래 해온 일에 관해 묻는 것이다.

> 나 : "과장님! 지금 하시는 일을 얼마나 오랫동안 하셨나요? 오래되셨을 것 같은데."
>
> 고객 : "네, 올해로 약 7년쯤 일 했습니다. 아직 그렇게 오래 한 것은 아닌 것 같네요."
>
> 나 : "아닙니다. 한 분야의 일을 7년 정도 꾸준히 하시다니 정말 대단하십니다. 이 분야에서는 완전 전문가로 인정받으시죠?"
>
> 고객 : "하하~ 아닙니다. 아직 전문가 소리 들으려면 멀었습니다."
>
> 나 : "과장님, 너무 겸손하시네요. 한 가지 일을 이토록 오랫동안 하셨다면 분명히 이 분야 쪽으로 목표가 있으신 거죠? 이 분야에서의 과장님의 목표가 궁금하네요. 어떤 계획이 있으신가요?"

누구나 본인이 가장 잘하고 오래 해온 일에 관해 물어주면 좋아한다. 누구보다도 할 말이 많고 알려 주고 싶은 것이 많기에. 한 번의 질문으로 멈추면 안 된다. 꼬리에 꼬리를 무는 질문으로 이어져야 한다. 고객은 본인의 일에 관심 가져주는 사람에게 호감을 느끼고 마음의 빗장을 쉽게 푼다. 나라도 당연히 그럴 것이다. 내가 가장 잘 알고 있는 이야기를 물어보면 신이 나서 이야기를 할 것이다. 더군다나 평소에 누구도 묻지 않던 나의 미래 계획과 꿈에 관해 묻는다면 더 그럴 것이다. 내가 그렇듯 고객도 자신의 이야기를 진지하게 묻고 들어주는 사람을 좋아한다. 그런 사람이 있다면 기꺼이 시간을 내서 자신의 이야기를 털어놓을 것이다.

> 예1 : "사장님, 왜 이 일을 시작하게 되셨나요? 학교에서의 전공과는 상당히 거리가 있어 보이는데요. 그 점이 매우 궁금합니다."
> 예2 : "사장님, 'IT'분야 중에서도 왜 이 '인공지능' 분야를 선택하셨나요? 이 분야에 관해 평소에도 관심이 많으셨나요?"
> 예3 : "사장님, 기존의 보험을 검토해보니 종신보험이 많으시네요. 왜 이렇게 종신보험을 많이 가입해 놓으셨나요? 사모님과 아이들을 위한 준비셨나요? 아니면 상속세 준비인가요?"

이 외에도 '왜(Why)?'를 이용한 질문은 무궁무진하다. '왜?'라는 질문 하나면 고객에 관한 거의 모든 내용을 파악할 수 있다. 사실 난 고객에 관해 많은 것이 궁금하다. 고객이 가족을 얼마나 생각하는지? 고객의 사업이 어떤 분야이고 얼마나 성공적인 길을 가고 있는지? 고객이 보험이나 저축에 관심이 있는지? 자신의 미래에 대해 어떤 계획이 있는지? 무엇보다도 '왜' 이렇게 보험을 많이 들어놓았는지? '왜' 이렇게 보험이 없이 살아가고 있는지 등등 무궁무진하다. 고객에 관해 궁금한 모든 것을 '왜 그런지' 물어보고 싶고 알고 싶다.

현장에서 사업을 하는 고객들을 만나면 무엇보다 꼭 해야 하는 질문이 있다. "사장님, 오늘의 사장님이 있기까지 어떤 어려움이 있으셨나요?"

"어떻게 이 짧은 시간 동안 이런 성공적인 사업체를 일궈내실 수 있으셨나요?"

성공한 사업가들에게 가장 적합한 내용의 질문을 던져야 한다. 오랜 시간 사업을 통해 성공을 이루어온 사업가들은 각자 밤새도록 풀어놓을 수 있는 성공담을 가지고 있다. 우리 일은 이런 성공한 사업가들의 성공담을 들을 수 있어 좋다. 성공담과 함께 그들만의 성공 노하우도 배울 수 있기에 감사할 뿐이다.

이제 우리의 사업가 고객은 오랜만에 자신의 성공담을 펼쳐놓을 기회를 얻게 되었다. 반면 우리는 고객에 대한 수많은 알짜 정보를 얻을 수 있게 되었고, 우리는 사업가 고객의 성공담이 계속 이어지도록 옆에서 돕기만 하면 된다.

"사장님, 그래서 그 상황에서 어떻게 결정하셨나요?"

"지금도 그 결정에 대해 후회는 없으신가요?"

"정말 대단하십니다. 저라면 결코 그렇게 결정하지 못했을 텐데요."

"정말 누군가의 도움 없이 그렇게 성공하신 건가요? 믿기 힘드네요."

이런 질문을 통한 상담 시에 명심해야 할 것이 있다. 영업만을 위한 질문을 해서는 안 된다. 정말 이 성공한 사업가를 향한 존경심과 진정으로 배우고 싶은 마음으로 대화해야 한다.

세 가지 유형에 따른 상담

초회 상담의 내용은 고객의 상황에 따라 다른 것이 당연하다. 상담이 시작됨과 동시에 컨설턴트는 고객이 어떤 유형인지 먼저 파악해야 한다. 수없이 많은 유형이 있겠지만 대략적으로 세 가지 유형으로 구분할 수 있다.

첫째, 보험이 거의 없어서 무엇인가 준비해야 하는 유형이다. 어찌 보면 보험이 거의 없다는 것이 우리에게 좋은 기회인 것처럼 보인다. 하지만 세 가지 유형 중 가장 어렵다고 보면 정확할 것이다. 이런 속담이 있다. '고기도 먹어본 사람이 먹는다.' 마찬가지로 '보험도 가입해 본 사람이 가입한다'. 정말 그렇다. 보험이 전혀 없는 사람은 보험이 무엇인지, 왜 필요한지 모른다. 그래서 처음부터 '보험의 필요성'부터 니즈(Needs) 환기를 해야 한다.

현장에서 이런 고객을 만나면 '보험의 정의, 보험의 종류, 가족 구성원별로 필요한 보험 내용, 적절한 보험료의 액수 등' 기초부터 알려줘야 한다. 보험이 거의 없는 유형의 고객은 고객으로 모실 확률이 50:50이다. 그동안은 건강해서 보험에 대해 크게 생각하지 못하다가 이제는 관심을 가져 보려고 상담을 받는 경우가 50% 정도다. 보험이 없는 고객은 나름의 이유가 있다. 어느 가정이든 보험이 없는 집이 없다고 하는 요즘 보험이 없는 것은 무엇 때문일까? 보험 때문에 상처가 크든지, 아니면 보험 없이도 사는 데 문제없다고 생각하기 때문일 것이다. 나름의 고집이 있는 것이다. 상대하기 만만치 않은 상대이기에 기본적인 상담 후 시간을 가지고 기다려야 한다.

둘째, 보험을 재정 상황에 맞게 컨설팅을 통해 잘 가입해놓은 유형이다. 고객 가정을 위해서는 잘 준비되어 있어 좋은 경우다. 단지 우리에게 새로운 기회가 많지 않아 아쉬울 수 있다. 하지만 이런 경우라도 쉽게 포기하지 말고 눈을 크게 뜨고 자세히 보아야 한다. 우리는 내가 만난 한 사람의 고객만 생각하면 안 된다. 고객 가정 전체를 봐야 한다. 가족 구성원 모두의 보험을 꼼꼼히 보고 분석하면 반드시 부족한 부분이 나오기 마련이다. 보장성이 잘 되어 있다면 노후 연금이 부족할 수 있다. 요즘은 치매나 장기 요양상태가 준비되지 않은 고객도 많다. 세밀히 보면 보인다. 부족한 부분을 찾아 보완 플랜을 제시하면 된다.

셋째, 우리의 도움이 가장 많이 필요한 경우다. 보험은 많이 가입되어 있는데 목적에 맞게 준비되지 않은 경우다. 주로 아는 지인을 통해 무슨 내용의 보험인지 인지하지 못하고 그냥 가입한 것이다. 현장에서 이런 경우를 참으로 많이 만난다. 안타깝기 그지없다. 시간이 아무리 지나도 이런 유형의 고객은 계속 존재하고 나올 것이다. 보험은 누군가를 위해 들어주는 것이 아니다. 나와 내 가정의 미래를 위해 고민하며 준비해야 한다. 제대로 된 컨설팅을 통해 분석하고 보완하며 관리해야 한다. 처음 가입할 때만 잠시 관심을 보이다 잊어버리면 안 된다.

'주식' 투자에서 손실을 보는 것만이 손해가 아니다. 나가지 않아도 될 돈이 쓸데없이 나가는 것이 진짜 손해다. 보험을 잘못 들어 놓으면 진짜 손해가 된다. 자동이체로 나가기에 대부분 고객은 신경을 쓰지 못한다. 정작 보험 사고가 발생해서 확인해보면 보장이 안 되는 경우가 허다하다. 이것이 진짜 손해다. 그래서 보험의 종류가 많거나 보험 가입한 숫자가 많은 경우는 꼭 분석해야 한다. 우선 정확한 분석을 통해서 불필요한 것들을 정리한 후 제대로 된 보완을 해야 한다. 이렇게 해서 손해를 최소화해야 한다.

AP 시 주의 사항

초회 상담은 말 그대로 첫 번째 상담이다. 고객과의 첫 번째 만남이기도 하지만 마지막 만남일 수도 있다. 그래서 컨설턴트는 자신이 낼 수 있는 에너지를 최대한 끌어올려 임해야 한다. 자신에게 있는 열정의 200%를 발휘해 상담에 들어가야 한다. 그렇지 않으면 고객의 눈동자가 흔들리지 않는다. '어디 한번 해봐라. 내가 조금이라도 흔들리나' 이런 마음으로 나를 만나는 고객을 무슨 수로 움직이게 할 수 있을까? 더군다나 이제 일을 시작한 지 얼마 되지 않은 신입이라면 더 난감한 일이다.

신입 컨설턴트는 아직 지식이나 경험이 부족하다. 오로지 있는 것은 이 일을 통해 성공하겠다는 열정이 전부다. 이렇듯 바위와 같이 내 앞에 앉아 있는 고객의 마음을 열려면 어찌해야 할까? 나에게 있는 '열정'으로 부딪혀라. 지식도 경험도 당연히 중요하다. 하지만 고객의 마음을 움직이는 것은 역시 열정이 최고다. 고객 가정에 도움이 되는 컨설팅을 해야 한다는 뜨거운 열정으로 도전하면 된다. 후배들이 내게 찾아와 묻곤 한다. 초회 상담에서 얼마나 열정적으로 상담을 해야 하느냐고. 나는 이렇게 이야기한다. 상담 마치고 고객 사무실을 나오는 순간 콱 쓰러져 죽겠다는 열정으로 하라고.

상담 시에 대수롭지 않게 생각해서 낭패를 보는 것이 앉는 자리 문제다. 17년을 넘게 고객과 상담을 하지만 언제든 앉는 자리를 꼼꼼히 챙긴다. 내 사무실이든 고객의 사무실이든 혹은 커피숍이든 마찬가지다. 고객과는 'ㄴ' 자로 앉는 것이 좋다. 각도로 보면 45도 정도로 앉는 것이 가장 이상적이다. 정면으로 마주 보며 앉으면 우선 거리가 멀다. 종이에 적으며 설명하는 내용을 고객이 거꾸로 보기에 이해하기 어렵다. 'ㄴ' 자로 앉아 상담해야 고객도 컨설턴트가 적는 내용을 쉽게 볼 수 있다. 정면으로 앉는 것보다 대결 구도가 아니기에 훨씬 부담도 덜하다.

또 고객이 앉는 자리는 출입문이 보이지 않도록 해야 한다. 중요한 상담에서 고객의 시선이 여러 곳으로 분산되면 상담의 집중도가 떨어진다. 출입문이 보이면 오가는 사람들이 눈에 들어와 고객이 산만해져 상담의 효과가 저하된다. 따라서 고객은 출입문을 등지고 앉아서 오로지 컨설턴트의 말에 집중하도록 해야 한다. 사무실은 그래도 나은 편이다. 주위가 소란한 커피숍은 사전에 먼저 도착해서 자리를 확인해야 한다. 더 좋은 방법은 상담하기에 조용한 커피숍을 먼저 물색한다. 처음부터 방해가 되는 요소를 차단하는 것이 더욱 현명한 방법이다.

고객과의 초회 상담은 모든 세일즈 프로세스 중 가장 중요한 부분이다. 고객을 직접 대면하는 첫 번째 만남이기에 컨설턴트는 온 열정을 쏟아야 한다. 본인을 고객에게 온전히 알릴 수 있는 절호의 기회인 것이다. 진정성 있는 모습뿐만 아니라 전문가로서 손색없는 전문성도 보여줘야 한다. 또한 컨설턴트는 상담을 통해 고객에게 알려야 할 책임이 있다. 가족을 위해 무엇을 어떻게 준비해야 하는지 말해줘야 한다. 가족을 사랑한다고 하면 어떻게 표현하는 것인지 알게 해야 한다. 우리의 조언을 받아들이고 실천하는 것은 고객의 몫이다. 고객의 반응에 흔들림 없이 우리에게 주어진 사명을 다하는 것. 그것이 우리의 고객들이 우리에게 바라는 컨설턴트의 모습일 것이다.

이 장에서 기억해야 할 내용 ———————————

1. AP의 목적

1) 상담을 마친 고객에게 보험의 필요성을 느끼도록 만들어야 한다.

2) 컨설턴트에 대한 강한 경계심이 호감으로 바뀌어야 한다.

3) 고객에게 신뢰감을 주어야 한다.

4) 컨설턴트는 상담을 진행하면서 고객이 서서히 변화함을 느껴야 한다.

2. AP의 방법

1) 모든 과정은 질문으로 진행하라.

2) 고객이 관심 있는 부분을 질문해야 한다.

3) 고객은 본인의 일에 관심 가져주는 사람에게 호감을 느낀다.

4) '왜?'라는 질문 하나면 고객에 관한 거의 모든 내용을 파악할 수 있다.

3. 유형에 따른 상담

1) 보험이 거의 없어서 무엇인가 준비해야 하는 유형과의 상담

2) 보험을 재정 상황에 맞게 컨설팅을 통해 잘 가입해 놓은 유형 상담

3) 보험은 많이 가입되어 있는데 목적에 맞게 준비되지 않은 경우의 상담

4. AP 시 주의 사항

1) 자신에게 있는 열정의 200%를 발휘해 상담에 들어가야 한다.

2) 상담 시 앉는 자리를 꼼꼼히 챙겨라. - 'ㄴ' 자로 앉아 상담하라.

3) 고객이 앉는 자리는 출입문이 보이지 않도록 해야 한다.

사실과 느낌에 대한 정보수집 :
이를 통해 분석과 설계를 해야 한다

초회 상담을 통해 고객은 보험의 필요성을 어느 정도 느끼게 된다. 이때가 중요한 순간이다. 컨설턴트는 정신을 더욱 집중해서 고객에게 얻어내야 하는 것이 있다. 고객에 관한 여러 가지 정보들이다. 고객과 관련된 객관적인 정보들과 컨설턴트가 느낀 느낌이다. 이 과정이 중요한 이유는 고객의 최종 결정과 무관하지 않기 때문이다. F/F(Fact & Feeling Find)을 통해 얻는 정확하고 세밀한 정보에 근거해 분석하고 설계되기 때문이다. 이 또한 준비된 예리한 질문과 마음을 다해 듣는 경청으로 진행되어야 한다.

F/F의 의미 및 목적

F/F는 다른 표현으로 '고객 상황 조사'다. 먼저 'Fact Find'는 무슨 의미인가? 말 그대로 고객 가정의 객관적이고 사실적인 정보들을 찾아야 한다는

뜻이다. 현재의 재정 상태, 특히 수입은 얼마인지, 지출은 어떤 곳에 가장 많이 하는지. 또 부채의 비율은 얼마나 되는지, 지금까지 저축은 어떤 형태로 얼마나 했는지 등이다. 이런 객관적이고 사실적인 정보의 파악이 우선적으로 이루어져야 한다. 많은 컨설턴트가 이런 정보들을 알아내는 일에 대해 적지 않은 부담을 갖지만 그럴 이유가 전혀 없다. 초회 상담을 통해 보험과 재무 설계의 필요성이 제대로 인식되었다면 말이다.

다음으로 'Feeling Find'는 어떤 의미일까? 우리가 얻은 객관적이고 사실적인 정보만으로는 제대로 된 대안을 제시하기에 부족하다. 어느 가정이나 겉으로 보이는 모습과 다른 가려진 이면이 있기 마련이다. 그러한 가려진 이면의 이유로 고객은 더 나은 플랜을 제안해도 쉽게 결정하지 못한다. '보험과 저축에 대한 고객만의 생각이 있을 수 있다.' '지금은 아니지만 몇 년 후 재정에 변화가 있을 예정이다.' '고객은 자신의 어린 자녀를 위해 어떤 대가도 치를 준비가 되어 있다.' '한 번 저축을 시작하면 10년 정도는 문제가 아니다.' 질문을 통해 얻은 컨설턴트의 이런 주관적인 느낌을 잘 수집해야 한다. 대안 준비 시 너무나 중요한 정보들이다.

얼마 전 소천하신 아버지는 암 투병을 오래 하셨다. 아버지를 모시고 병원 진료와 상담을 자주 다니며 느낀 것이 있다. 의사의 진료는 환자가 병증에 관해 이야기하는 내용을 근거로 이루어진다는 사실이다. 결국 환자가 하는 이야기가 진료의 핵심임을 알게 되었다. 환자가 평소 본인의 상태를 관찰하고 문제가 무엇인지 인지한 내용을 말한다. 그 내용을 유심히 들은 의사가 거기서부터 처방과 치료의 방법을 찾게 된다. 환자인 아버지께서 본인의 병 상태를 누구보다도 잘 알고 계시기 때문이다.

Fact & Feeling Find를 하는 목적도 이와 같다. 우리가 만난 가망고객은 누구보다 본인 가정의 재정 상황과 보험의 문제를 잘 알고 있다. 단지 체계적으로 계획하지 못하고 객관적으로 볼 수 없을 뿐이다. 환자가 정확히 아픈 곳을 말하지 않으면 의사라고 해도 진단을 정확히 할 수 없다. 우리도 마찬가지다. 고객이 정확히 자신의 문제를 오픈해서 알려주지 않으면 정확하게 진단할 수 없다. 고객 가정의 사실적인 재정 상태를 구체적으로 평가해야 한다. 이러한 객관적인 평가를 근거해 고객 가정의 미래를 위한 최적의 대안들을 준비할 수 있다.

F/F의 방법 및 내용

고객 상황 조사 시 고객이 스스로 답하도록 하는 것이 가장 좋은 방법이다. 물론 이 또한 질문으로 진행한다. 다양한 질문 기법과 경청 기술을 활용하면 좋은 결과를 얻을 수 있다. 하지만 가장 중요한 것은 고객에게 당당하게 질문하는 것이다. 마치 의사가 환자의 병을 치료해주기 위해 문진을 하듯이 당당하게 질문해야 한다. 우리는 고객 가정의 재무 주치의로서 그들의 문제를 직설적으로 질문할 수 있다. 때론 민감하고 아주 개인적인 부분을 질문해야 할 수도 있다. 컨설턴트가 당연하게 질문하면 고객도 자연스럽게 대답하기 마련이다. 우리는 그들의 문제에 관해 관심이 있고 해결을 도와주는 사람임을 잊지 말아야 한다.

그렇다면 F/F 과정에서 우리는 고객에게 어떤 내용을 질문해서 알아내야 하는가?

1) "과장님, 우선 현금의 흐름에 관해 여쭙겠습니다. 한 달에 저축은 얼마나 하시나요? 은행의 적금을 이용하시나요? 아니면 펀드?"

2) "아파트 대출로 나가는 비용은 어떻게 되나요? 원리금을 동시에 상환하시지요?"

3) "한 달에 보험료로 나가는 비용은 얼마인가요? 보통 한 가정의 보험료의 총액은 두 분 수입의 10% 이내인데 비슷하시죠? 두 분 수입의 합은 월 얼마 정도 되시나요?"

4) "결혼한 지 얼마나 되셨나요? 아이가 생기면 일을 계속할 수 있을까요? 육아 휴직 후 복귀하실 계획인가요?"

이 밖에도 F/F 과정에서 고객에게 할 수 있는 질문은 무궁무진하다. 질문을 어떻게 어떤 내용으로 하느냐가 매우 중요하다. 다시 한 번 강조하지만, 더욱 중요한 것은 당연하게, 당당하게 질문하는 것이다. 내가 만난 고객 가정에 관해 내가 제일 관심이 있다는 확신 속에 당당하게 물어야 한다. 묻고 요청하지 않으면 결코 얻을 수 없다. 초회 상담을 잘 마무리 해놓고 이 단계에서 머뭇거리면 안 된다. F/F에서 정확한 정보만 얻을 수 있으면 분석을 하고 설계를 하는 일이 훨씬 수월해진다. 고객 가정에 맞는 최적의 대안을 제시할 수 있으려면 정확한 정보를 수집해야 한다. 한 번 더 묻고 요청하자.

보험 증권 요청 및 보장분석

어떤 고객을 만나든 기존에 가입되어 있는 보험 및 기타 금융상품을 확인해야 한다. 현장에서 만난 많은 고객의 보험은 상당수가 지인을 통해 가입한 것들이다. 컨설팅이라는 과정 없이 관계만으로 가입한 경우가 대부분이다. 이미 가지고 있는 보험에 대한 분석이 이루어지지 않고 그냥 하나 더 가입했을 뿐이다. 적어도 한 번만 기존 보험 증권을 분석했다면 좋았을 텐데. 고객에게 전혀 관심 없었음이 느껴져 같은 일을 하는 사람으로 부끄러운 마음마저 들곤 한다. 이런 일들이 반복되면 보험 컨설턴트에 대한 이미지가 추락하는 것은 당연할 것이다.

고객들은 본인 가정의 보험 및 재무 상태의 진단을 싫어하지 않는다. 다만 그것을 이유로 필요하지 않은 보험을 더 가입하라는 것이 싫을 뿐이다. 기존의 보험 증권을 꼼꼼히 분석하는 것이 우선이다. 그리고 고객에게 있는 그대로 알려야 한다. 내 생각이 아닌 객관적인 현재의 상태와 문제를. 고객이 듣고 스스로 판단하도록 도와야 한다. 문제가 있음을 알게 되면 고객은 대안을 요구하게 되어 있다. 요청이 있는 고객의 가정을 위한 심도 있는 고민 후 최적의 대안을 준비하면 된다.

보험영업을 'People Business'라고 한다. 사람과 함께하는 비즈니스다. 내것을 먼저 주장하지 않고 상대를 먼저 생각해 말해주면 통한다. 우리가 준비하는 모든 과정과 대안은 진정으로 고객을 위한 플랜이어야 한다. 우리의 이익이나 업무상 편의를 우선시해서는 안 된다. 잠시는 성공한 듯 보일지 몰라도 결국은 고객을 잃게 될 것이다. 진정한 프로라면 고객에게 가장 적합한 대안을 고민하고 그 결과로 고객은 진정한 감사를 돌려준다. 따라서 보험 증권을 받아 분석하는 과정은 컨설턴트의 명예를 건 엄숙한 과정이다. 자존심이 걸린 중요한 과정이다.

다음 상담 약속 잡기

F/F까지 마무리가 되고 나면 마지막으로 매우 중요한 과정이 남아 있다. 바로 대안 제시를 위한 만남 약속을 잡는 것이다. 모든 영업의 과정은 타이밍이 매우 중요하다. 그 자리에서는 다음 약속을 잡는 일이 쉽고 당연한 일이다. 하지만 그 타이밍을 놓치면 어려워진다. 고객은 상담 중 올라갔던 보장의 필요성에 대한 감이 떨어지게 된다. 우리를 만나는 약속에 대해 다시 생각하게 되기까지 한다. 다음 미팅 약속은 상담을 마치고 그 자리에서 정한 후 나와야 한다. 꼭 명심하라. 모든 성공은 타이밍이 중요하다.

다음 약속을 잡을 때 꼭 명심해야 할 내용이 있다. 상담이 이루어질 장소의 선정이다. 고객이 남성이라면 많은 경우 아내와 상의 후 결정한다. 그 사실을 간과해서는 안 된다.

"과장님, 가정의 재정은 어느 분이 주로 관리를 하시나요? 혹시 용돈을 받아서 사용하시나요?"

이 질문에는 세 가지 대답이 나올 수 있다.

첫째, "제가 모든 관리를 합니다. 아내에게는 생활비만 주죠." 이런 경우에는 다음번 미팅 장소는 사무실로 정해도 좋다. 가장에게 결정권이 있기 때문이다.

둘째, "아내가 관리합니다. 저는 주로 용돈만 받아서 쓰죠." 이런 경우라면 반드시 가정으로 방문해 아내와 함께 상담을 진행한다. 가장인 남편에게는 아무런 결정권이 없는 케이스다. 최종 결정 권한이 아내에게 있기에 처음부터 아내를 만나야 일이 진행된다.

셋째, "저희는 각자 관리합니다. 맞벌이라서." 이 경우에도 가정으로 방문해서 상담을 진행한다. 두 사람을 앉혀놓고 함께 전체적인 상담이 진행되어야 한다. 대개의 경우 아내와 상의해서 결정한다. 이렇듯이 최종 결정을 내리는 만남은 사전에 이런 철저한 준비가 필요하다. 보험 계약의 체결은 간단한 문제가 아니다. 고객 가정에 대한 고민은 당연하고, 종합적인 예술처럼 유기적으로 구성되어 있다. 집중해야 이길 수 있다.

F/F를 마치고 약속을 잡을 때 컨설턴트가 반드시 해야 할 말이 있다.
"과장님, 다음번에 만나면 제가 가장 적합한 대안을 제안할 겁니다. 내용을 보시고 마음에 드시면 그 자리에서 결정하시면 됩니다. 혹여나 저의 제안이 마음에 안 드실 수도 있겠죠. 그러면 제가 컨설팅으로 과장님을 도와드린 것으로 만족하겠습니다."
이렇게 마무리 멘트를 하는 이유가 있다. 우선 다음에 만나서 어떠한 결정이든 내리자는 이야기다. 이 상담을 더 길게 끌고 가지 말자는 무언의 신호다. 이 뜻을 알아들은 고객은 만약 가입 의사가 없다면 약속을 미루거나 취소할 것이다. 그렇다면 미리 우리의 시간 낭비를 막게 된다. 다음 상담일에 나온다면 80% 이상은 계약으로 이어지게 된다.

상품설계의 원칙 – 최적의 대안 준비

이제 기존 보험의 증권 및 재무 상황도 파악되었으니 설계만 남았다. 물론 보험이 아닌 다른 상품의 설계도 필요하다면 함께 도와줘야 한다. 고객의 가정에는 보험을 기본으로 전체적인 재무 상담도 필요하기 때문이다.

설계를 위해서는 첫째, 보험에 대한 고객의 인식 정도와 향후의 계획을 확인하고 설계해야 한다. 아무리 좋은 플랜도 본인이 필요성을 느끼지 못하면 의미가 없고 유지가 어렵게 된다. 또한 앞으로 있을 가정의 계획들을 예측해서 돈이 들어갈 곳에 대해 계획해야 한다. 보험은 가입도 중요하지만 잘 유지하며 가정의 리스크 노출 시 보장받는 것이 우선이다.

둘째, 분석 결과에 따라 이 가정의 재정 상황과 무관하게 최선의 방안을 설계한다. 대부분 컨설턴트는 고객 가정이 경제적으로 여유가 없어 보이면 적절한 플랜으로 설계한다. 가입을 쉽게 할 수 있는 정도의 설계를. 물론 가입이 중요한 우리의 입장을 모르는 것은 아니다. 하지만 우선순위는 우리가 아니라 고객이다. 비록 지금은 가입이 어려워도 최소한 무엇이 최선인지는 알려야 한다. 고객의 상황이 좋아지면 어떻게 준비해야 할지 정도는 알려줘야 할 의무가 우리에게 있다. 일단은 최선의 해결책을 알려주고 현실적인 방안으로 조정해나가면 된다.

셋째, 크게 제대로 가입하려다 아예 가입하지 못하는 것을 막아야 한다. 가끔 이런 고객을 만난다. 현재는 상황이 되지 않는다. 그래서 나중에 좋아지면 제대로 하겠다며 미룬다. 가장 어리석은 결정이다. 우리 인생에 나중은 없다. 당장 내일의 일도 모르는 우리가 나중에 더 좋아질 것이라 기대하는 것은 교만이다. 우리가 일상에서 가장 많이 하는 거짓말이 있다.

"나중에 시간 되면 밥 한번 먹자."

도대체 언제란 말인가? 나중이 우리에게 존재한단 말인가? 그리고 나중에 과연 시간이 있을까? 무엇이든 지금 바로 해야 한다. 더군다나 가정을 지키는 너무 중요한 보장 준비를 뒤로 미루는 것은 아니다. 작게라도 지금 준비하고 조금씩 늘려가도록 설계해서 제안해야 한다.

지금까지 초회 상담 이후 진행되는 과정들에 대해 함께 알아보았다. 한 단계, 한 단계가 모두 의미 있고 중요하다는 생각이 든다. 이런 각 과정이 모여 하나의 멋진 예술 작품이 되는 것이다. 고객은 가정을 지키고 우리는 성공을 담보하는 예술 작품으로. 고객의 중요한 정보들을 정확히 얻어 세밀히 보장분석 후 설계에 반영해야 한다. 그러면 결과는 우리가 희망하는 방향으로 진행될 것이다. 이로 인해 우리는 고객으로부터 신뢰를 얻을 것이고 컨설턴트로서 보람을 느끼게 된다.

1. 'Fact Find'의 의미: 고객과 가정의 객관적이고 사실적인 정보들을 찾기

2. 'Feeling Find'의 의미: 고객과 가정에 대한 컨설턴트의 주관적인 느낌 찾기

3. 'Fact & Feeling Find 목적: 사실과 주관적인 느낌을 통해 고객과 가정의 상황을 정확히 진단하기 위함

4. F/F의 방법 및 내용

1) 우리는 고객 가정에 도움을 주는 사람이기에 당당하게 질문을 통해 정보를 얻어라.

2) 고객 가정에 맞는 최적의 대안을 제시할 수 있으려면 정확한 정보를 수집해야 한다.

5. 기존에 가입되어 있는 보험 및 기타 금융상품을 확인해야 한다.

6. 보험 증권을 받아 분석하는 과정은 컨설턴트의 명예를 건 엄숙한 과정이다.

7. 다음 상담 약속은 가정의 결정권자와 함께 진행되어야 승산이 있다.

8. 상품설계의 원칙

　　1) 보험에 대한 고객의 인식 정도와 향후의 계획을 확인하고 설계해야 한다.

　　2) 분석 결과에 따라 이 가정의 재정 상황과 무관하게 최선의 방안을 설계한다.

　　3) 크게 제대로 가입하려다 아예 가입하지 못하는 것을 막아야 한다.

프레젠테이션과 클로징:
이전보다 더 나은 대안을 제시하고 결정을 도와야 한다

AP와 F/F를 마친 컨설턴트는 판매의 마지막 단계에 서게 된다. 고객 가정을 위해 고민해서 준비한 최적의 플랜을 제안하고 종결하는 단계(Presentation & Closing)다. 제안 후 최종적인 결정을 내리도록 돕는 일까지가 컨설턴트의 역할이다. 이 단계는 고객이 드디어 최종 결정을 내리는 단계다. 그래서 전체 세일즈 프로세스 중 가장 긴장도가 높은 순간이다. 고객은 지금 바로 결정하는 것을 망설이지만 컨설턴트는 지금 바로 결정하기를 바란다. 이런 둘 사이에 한 치의 양보도 없는 기 싸움이 시작된다. 이 치열한 영업의 현장에서 컨설턴트에게 요구되는 마음가짐은 무엇일까? 또 어떤 기술이 필요할까?

P&C를 위한 준비

우선 PT에 들어가기 전 꼭 명심해야 할 것이 있다. 초회 상담의 내용을 다시 한 번 고객에게 리뷰하는 것이다. 거의 모든 고객은 이전 상담의 내용을 기억하지 못한다. 어찌 보면 당연한 일일 것이다. 어제 먹은 점심 메뉴도 기억이 안 나는데 일주일 전의 상담 내용을 기억하기란 쉽지 않다. 가족을 위한 보장의 필요성도 조금은 희미해져 있을 것이다. 다시 한 번 고객에게 설명했던 내용을 기억나게 해줘야 한다. 특히 고객이 가정을 위해 준비하고 싶다고 했던 말들을 다시 일깨워줘야 한다. 이런 리뷰의 시간을 통해 고객의 감을 충분히 끌어 올린 후 PT를 시작해야 한다. 성공 확률이 현저히 높아질 것이다.

'내가 준비한 대안이 당신 가정을 위한 최선이고 해결책이다.' P&C에 임하는 컨설턴트는 이런 열정과 자신감이 있어야 한다. 이런 열정과 자신감이 고객의 마음을 움직여 결정하게 만든다. 하지만 정확히 말하면 P&C는 전체 프로세스 중 가장 힘을 빼야 하는 과정이다. 우리는 이미 초회 상담에서 엄청난 에너지와 열정을 쏟아부었다. 그로 인해 고객은 이미 보장의 필요성을 깨닫고 결정할 생각으로 2차 상담에 임하게 된다. 상품에 대한 설명이나 계약 체결은 하나의 형식적인 절차에 불과하다. 자연스러운 상담의 결과이고 마무리의 과정이다. 초회 상담이 성공적으로 진행되었다면 당연히 따라오는 결과다. 뜨거운 열정은 가지되 불필요한 힘을 빼고 임해야 한다.

PT의 목적, 구조

PT의 목적은 명쾌하다. 컨설턴트인 나를 만나기 이전보다 더 나은 대안과 해결책을 제시하는 것이다. 우선 가망고객에게 자신의 문제점을 인식시키는 것이 먼저다. 기존의 보험 증권 분석을 통해 지금까지의 문제점을 정확히 알려준다. 고객은 문제가 인식되면 자연스럽게 해결하고 싶은 마음이 든다. PT를 통해 고객이 자신의 책임을 다하지 못할 때의 문제점을 또한 알려준다. 그동안 깊이 생각하지 못했다면 지금부터 구체적으로 알아보며 해결방안을 찾도록 제안한다. PT는 논리적인 부분과 감정적인 부분 모두를 활용해서 진행해야 한다. 무엇보다 간단하고 명료하게 설명하고 진행하는 것이 중요하다.

PT 과정에서는 논리적인 접근을 통해 고객의 니즈를 찾아내야 한다.

첫째, 대부분 사람이 직면해 있는 일반적인 문제를 지적한다. 누구나 겪고 있는 일이기에 쉽게 공감하며 마음을 열게 된다.

"과장님, 많은 이들이 자녀들의 교육비 때문에 노후를 준비하지 못하고 있습니다."

"사장님, 대부분 중소기업 사장님들은 앞만 보고 달리다 순식간에 건강을 잃곤 합니다."

둘째, 가망고객 개인의 문제를 지적한다. 역시 가망고객도 이런 문제에서 예외일 수 없음을 알려 줘야 한다.

"과장님, 자녀들의 교육비 때문에 노후 준비가 뒤로 밀리지 않으셨나요?"

"사장님, 사장님은 사업의 확장만 보고 달리고 있습니다. 자신의 건강은 어떻게 관리하시나요?"

이렇듯 PT는 논리적인 부분이 중요하다. 일반적으로 사람은 논리적인 이유로 인해 상대를 신뢰하게 된다. 반면 실제로 행동을 할 때는 의외로 감정적인 부분이 많은 영향을 미친다. 가장 이상적인 PT는 논리에 기초를 하고, 고객의 감정에 호소하는 것이다. PT를 진행하는 동안 이런 논리와 감정의 표현이 능숙하게 진행된다면 효과는 극대화될 것이다. 반면 주의해야 할 점이 있다. 논리에 너무 집중하다 보면 고객을 가르치려고 드는 경우가 종종 있다. 우리는 고객의 선생이 아니다. 미처 인식하고 있지 못한 부분을 깨닫도록 돕는 역할이다. 잊지 말아야 한다.

PT를 성공으로 이끄는 방법

PT를 진행하는 방식은 개인마다 다르고 정해진 순서가 있지는 않다. 하지만 가장 효과적인 방법으로 고객의 마음을 움직이고 문을 열어야 한다.

첫째, 예화와 비유를 활용하면 효과가 극대화 된다. 특히 고객의 직업이나 환경, 경험 등과 유사한 내용의 예화나 비유를 활용하라. 누구나 본인과 비슷한 상황의 이야기를 들으면 더 귀를 기울이고 관심을 보이게 된다. 특히 고객이 알 만한 사람이나 컨설턴트 자신의 경험을 이야기하는 것도 좋다. 또한 가장 쉬운 말로 풀어서 설명하면 효과가 크다. 보험상품 자체가 고객에게는 생소하고 어렵다. 용어 하나도 쉽게 느껴지는 것이 없다. 최대한 쉽게 풀어 예화나 비유로 설명하면 고객도 흥미를 느낄 수 있다.

둘째, PT를 진행하는 동안 컨설턴트는 한 가지 생각만을 해야 한다. 고객의 관심은 '이 상품을 구매함으로 나에게 어떤 혜택이 있는가?'이다. 고객이 누릴 수 있는 혜택에 대해 가장 효과적으로 전달할 방법만 생각해야 한다. 고객이 보험 가입을 하고 나서 주는 피드백 중, 가장 많은 것이 있다. 바로 "가입해 두고 나니 뭔가 든든함이 있어요. 가입하길 잘한 것 같아요"라는 것이다. 고객은 보험금의 크기나, 보험료의 저렴함 때문에 가입하지 않는다. 보험 가입 후 느낄 수 있는 마음의 든든함, 만족감, 평안함 등을 정확히 설명해야 한다. 본인과 가족을 위해 얼마나 필요한 것인지 정확하게 안내해야 한다.

많은 컨설턴트가 PT에서 상품 제안서 설명에만 집중한다. 물론 상품의 중요한 부분을 전문성 있게 설명하는 것은 매우 중요하다. 하지만 상당수의 고객이 상품의 내용 때문에 최종 결정을 하는 경우는 그렇게 많지 않다. 상품은 어느 회사나 대동소이하다. 단순히 상품의 구조나 특약의 내용이 최종 결정의 주요한 요인은 아니라는 말이다. 고객이 결정했을 때 가족을 위한 책임을 다하게 된다는 것을 강조해야 한다. 가족을 사랑함을 말로만이 아니라 직접 실천했음을 강조하고 칭찬해야 한다. 보험은 가족에 대한 사랑과 책임감이 없으면 쉽게 가입할 수 있는 상품이 아니기 때문이다. 이점을 고객에게 인식시켜야 고객이 움직이게 된다.

셋째, 컨설턴트는 자신이 판매하는 상품의 단점부터 설명하라. 많은 컨설턴트는 보험상품을 판매할 때 자연스럽게 그 상품의 장점만을 강조하게 된다. 당연하고 자연스러운 일일 것이다. 하지만 오로지 장점만을 설명하는 컨설턴트를 고객은 잘 신뢰하지 못한다. 어떤 상품이든 완벽할 수는 없다.

고객은 장점, 단점 모두 알고 싶어 한다. 단점이 있어도 그것을 충분히 극복할 정도의 장점이 있다면 주저 없이 결정할 것이다. 물론 단점을 너무나 지나치게 강조하는 것도 바람직하지 않다. 단점이 문제가 되지 않을 정도로 장점이 많음을 열정을 다해 설명하라. 고객은 이런 컨설턴트를 신뢰하게 된다.

클로징(Closing)의 개념 및 화법

'클로징'은 고객이 가입을 결정하도록 도와주는 과정이다. 고객은 아무리 좋은 플랜을 제안해도 최종 결정에서 한 번쯤 망설이게 되어 있다. 적지 않은 돈을 10년 이상 꾸준히 내야 하는 부담에 망설임은 어찌 보면 당연한 일이다. 이런 고객의 변명이나 거절을 처리해 최종 사인을 하게 하는 일련의 과정이 '클로징'이다. 여기서 진정한 컨설턴트는 확신 있게 밀어붙인다. 지금이 결정이 고객 가정에 반드시 도움이 된다고 믿기 때문에. 그래서 고객의 변명이나 거절에 공감은 하지만 확신은 조금도 흔들리지 않는다. 이런 확신으로 클로징은 이루어져야 한다.

최종적인 결정을 독려하고 종결하는 클로징에는 다양한 많은 화법이 동원된다. 현장에서 가장 효과적으로 사용되는 몇 가지 화법을 알아보자.

첫째, 클로징도 역시 질문을 통해 고객으로부터 묵시적인 동의를 얻어내야 한다. 예리한 질문을 통해 고객 내면에 있는 고민을 끄집어내야 한다. 그 고민에 대한 해결책을 줘야 마지막 결정을 쉽게 내릴 수 있다.

"과장님, 결정하시는데 어떤 어려운 문제가 있으신가요? 제가 듣고 해결책이 제게 없다면 과장님을 더 이상 힘들게 하지 않겠습니다."

"과장님께서 결단하시지 못하는 가장 큰 원인이 무엇인가요? 결단을 미룬다고 해서 더 쉬워지진 않습니다. 결단은 단호하게 내리셔야 합니다. 저와 함께 고민하고 상의해서 지금 결단하시죠."

둘째, PT에 열정을 다한 후, 이제 고객을 설득해 결정하게 하는 일만 남는다. 이때 꼭 주의할 것은 불필요한 말을 줄이고 핵심만 말하는 것이다. 고객의 설득 단계에서 우리는 설명을 자세히 많이 해야 한다고 생각한다. 하지만 사실 그 반대인 경우가 훨씬 많다. 말을 적게 하면서 핵심만 이야기하면 고객은 우리를 더 신뢰한다. 더 나아가 마무리 질문을 하고 조용히 고객의 답변을 기다린다. 말 그대로 침묵하며 고객이 입을 열기를 기다린다. 쉽게 생각되지만 결단코 쉽지 않다. 서로가 말없이 있는 10초는 1시간 같은 느낌이다.

이 짧은 시간이 어색하고 힘들어서 많은 컨설턴트가 견디지 못한다. 아무 말을 하지 않으면 고객이 거절할 것 같아 두려워 입을 먼저 열게 된다. 심리적인 압박이 심해져 고객의 대답을 못 기다린다. 뭔가 이야기해야 할 것 같아 장황한 말들을 늘어놓게 된다. 보험영업 17년 차에 접어든 나도 아직이 침묵의 시간이 쉽지 않다. 쉽지 않기에 해내고 나면 효과는 기대 이상이다. 내가 견디기 힘들다면 상대도 마찬가지다. 말하지 않는 기 싸움에서 고객이 먼저 못 견디고 입을 열게 된다. 이때는 고객이 긍정적인 결정을 내릴 확률이 높아진다. 꼭 한 번 시도해볼 가치가 충분히 있다.

클로징 시 부딪히는 어려움

가망고객이 마지막 단계에서 우리를 힘들게 하는 것은 대표적으로 두 가지가 있다. 거절과 미루기다. 물론 거절이 가장 우리 마음을 덜컹하게 만드는 것은 사실이다. 그래도 거절은 나름의 이유가 있다. 그리고 숨겨진 거절의 원인을 찾아 다시 한 번 도전해 볼 수 있다. 하지만 좀 더 생각해 보겠다며 결정을 미루는 경우가 우리의 멘탈을 더 힘들게 한다. 내가 고객이라도 충분히 미룰 수 있으리라. 그러기에 컨설턴트는 이 단계에서 꼭 빠뜨려서는 안 되는 프로세스를 가져가야 한다.

"과장님, 정 그러시다면 한 번 더 고민해 보십시오. 단, 저는 사업을 하는 사람입니다. 한 고객, 한 고객 마무리하며 넘어가야 합니다. 한 고객만을 마냥 기다리며 스케줄을 비워두기는 어렵습니다. 그러니 언제까지 최종 결정을 알려주실지 기한을 정확히 정해주시면 감사하겠습니다."

이 간단한 프로세스가 빠진다면 생각지 못한 난관에 직면하게 된다. 컨설턴트는 언제 올지도 모르는 고객의 연락에 목을 빼고 기다리게 된다. 게다가 결정되면 바로 달려가야 하니 스케줄까지 비워놓게 된다. 그로 인해 다른 중요한 일정까지 꼬여 회복하기 어려운 손해를 보게 된다. 이런 경우가 가끔이 아닌 너무 자주 발생하기에 반드시 명심해야 한다.

그렇다면 고객은 어떤 이유로 결정을 미루는 것일까? 가장 많은 이유는 '꼭 지금 바로 가입해야 하느냐'는 것이다. 좀 더 시간을 가지고 생각해 보고 경제적 여유가 생기면 가입하겠다는 생각이다. 충분히 이해는 가지만 동의할 수는 없다. 이런 이유로 미뤄서 고객 가정에 도움이 된 경우를 본 적이 없다. 그냥 바로 결정 내리는 것이 왠지 내키지 않는 그런 단순한 심리 때문이다. 정말 여유가 없고 보험 가입할 상황이 안 된다면 상담 자체를 받지 않았을 것이다. 그러니 대부분이 미루고 싶은 핑계고 변명이다. 지금 바로 결정하는 것이 본인 가정에 진정한 도움이 된다는 사실을 알도록 해야 한다.

다른 영업도 그렇지만 특히 보험 가입에서 결정을 미루게 해서는 안 된다. 미루면 바뀐다. 상황이 바뀌고 모든 것은 변한다. 고객은 컨설턴트 앞에서 결정을 미루고 돌아서는 순간 보험 가입 문제를 잊게 되어 있다. 일상의 분주함 속에 결코 보험 가입을 고민할 시간을 갖지 못한다. 고객을 탓할 수 없다. 누구라도 마찬가지일 것이다. 그래서 우리가 사명감을 가지고 고객의 결정을 도와야 한다. 한 번 더 권하고 한 번 더 어색함을 참으며 그 자리에서 기다려야 한다. 그러면 고객 가정의 미래가 바뀔 수 있다. 미루면 틈이 생기고 결과는 바뀐다.

클로징의 중요성을 강조할 때 종종 축구 시합을 비유로 든다. 아무리 개인기가 뛰어나고 팀워크가 좋아도 골을 넣지 못하면 결과는 없는 것이다. 경기장에서 이뤄지는 모든 플레이는 결국 골을 넣기 위한 과정이다. 골(Goal)은 축구선수들의 목표다. 유능한 선수일수록 목표(Goal)를 달성하기 위해 기회만 되면 슛(Shoot)을 날린다. 세계적인 축구 명문 팀의 선수들은 마지막 골 결정력에서 다른 팀들과 차이가 있다. 우리 일도 마찬가지다. 가망고객을 발굴하고 전화를 걸고 초회 상담을 하는 모든 일련의 과정은 목표가 하나다. 최종적으로 보험 가입을 목표로 하는 것이다. 이 순간, 클로징에 남은 모든 에너지와 열정을 쏟아야 하는 이유다.

1. PT에 들어가기 전 초회 상담의 내용을 다시 한 번 고객에게 리뷰한다.

2. '내가 준비한 대안이 당신 가정을 위한 최선이고 해결책이다'라는 확신이 필요하다.

3. PT의 목적은 컨설턴트인 나를 만나기 이전보다 더 나은 대안과 해결책을 제시하는 것이다.

4. 가장 이상적인 PT는 논리에 기초를 하고, 고객의 감정에 호소하는 것이다.

5. PT를 성공으로 이끄는 방법
   1) 예화와 비유를 활용하면 효과가 극대화된다.
   2) 고객이 누릴 수 있는 혜택에 대해 가장 효과적으로 전달할 방법만 생각해야 한다.
   3) 컨설턴트는 자신이 판매하는 상품의 단점부터 설명하라.

6. '클로징'은 고객이 가입을 결정하도록 도와주는 과정이다.

7. 클로징은 질문을 통해 고객으로부터 묵시적인 동의를 얻어내야 한다.

8. 고객 설득 시 주의할 것은 불필요한 말을 줄이고 핵심만 말하는 것이다.

9. 지금 바로 결정하는 것이 본인 가정에 진정한 도움이 된다는 사실을 알도록 해야 한다.

10. 결정을 미루면 상황이 바뀌고 결과도 변한다. 지금 결정하도록 도와야 한다.

소개 요청:
보험영업 롱런의 핵심 비밀이며,
이 기술을 익히면 성공이 보인다

보험영업을 통해 오래도록 꾸준히 성공하려면 어떻게 해야 할까? 잠시 아는 지인이나 인맥으로 성공하는 것이 아니라 진정으로 성공하는 고수의 비밀은? 마르지 않는 샘물처럼 만날 수 있는 가망고객이 끊이지 않아야 한다. 아주 당연하고 단순한 진리다. 판매할 대상이 있어야 한다. 그것도 많아야 한다. 게다가 고객이 구매 가능한 경제력까지 높다면 금상첨화일 것이다. 우선 이 놀라운 비밀의 중심에 '소개'가 있다. '소개'를 통한 가망고객 확보만이 유일한 방법이다. 그러기 위해서는 먼저 '소개 요청' 하는 법을 배워야 한다. 이 기술만 익혀서 내 것으로 만들 수 있다면 진정한 '고수'가 되는 황금 열쇠를 손에 쥔 것이다.

'소개 요청'이란?

보험영업에 있어서 소개를 요청하지 않으면 죽는다. 생존하지 못하므로 죽는 것이다. 그만큼 소개 요청은 보험영업의 생존과 직결된 문제다. 하면 좋고 안 해도 괜찮은 일이 아니다. 반드시 해야만 살 수 있는 일이다. 소개 요청은 두렵다고 해서 뒤로 미룰 수 있는 일이 아니다. 이 기술을 익히고 훈련해 '고수'가 되어야 한다. 계약을 체결하는 것만큼 중요한 것이 바로 소개 요청이다. 어떤 의미에서는 더 중요할 수 있다. 소개 요청을 통한 고객의 확보는 단순히 고객의 명단을 얻어내는 것에서 끝나지 않는다. 믿고 소개해준 고객의 영향력을 십분 활용하는 것이다. 진정한 프로는 내게 만족한 고객이 믿고 소개해줄 때 그 진가를 인정받는다.

소개를 요청해서 좋은 고객의 명단을 확보하는 것은 더할 나위 없이 기쁜 일이다. 하지만 결과에 상관없이 소개를 요청하는 그 행위 자체만으로 커다란 의미가 있다. 첫째, 소개를 요청하는 모습을 본 고객들은 컨설턴트의 열정에 깊은 인상을 받는다. 만날 때마다 소개의 중요성을 설명하며 요청하는 모습에서 열정과 신뢰까지 느끼게 된다. 둘째, 소개를 요청하면 당장 소개해 주지 못할 수 있다. 하지만 소개 요청 하지 않았을 때보다 향후 훨씬 소개해 줄 확률이 높아진다. 소개가 나오든 그렇지 않든 소개 요청은 그 자체로 의미가 있다.

소개 요청의 중요성

후배 : "선배님, 최고의 보험 컨설턴트는 어떤 능력이 있어야 할까요?"

나 : "어떤 능력? 여러 능력이 요구되겠지. 그중에서도 가망고객을 찾아
내는 능력이 탁월한 사람이 최고의 컨설턴트가 아닐까? 가망고객
을 찾는 능력은 뛰어난데 찾으러 돌아다닐 필요는 없는 사람."

후배 : "그게 무슨 말씀이세요? 잘 이해가 안 되네요."

나 : "바로 기존 고객으로부터 끊임없이 새로운 가망고객을 소개받을
수 있는 사람이지. 그 시작인 소개 요청을 두려워하지 않고 계속
시도할 수 있는 능력이 있는 사람 말이야."

후배 : "아! 정말 그러네요. 그런 능력이 있는 사람이 정말 최고겠네요."

입사한 지 얼마 안 된 신입이 한 질문이었다. 위의 대화 속에 소개 요청
이 얼마나 중요한지에 대한 답이 다 들어 있다. 보험영업을 통해 이 분야에
서 성공하려면 가망고객이 있어야 무엇인가 시작해볼 수 있다. 수많은 컨설
턴트가 그 가망고객을 찾느라 몸부림친다. 결국 생존을 위한 최소한도 찾지
못하면 이 업계를 떠나게 된다. 그런데 보험영업의 고수들은 그 가망고객을
그들을 신뢰하는 고객들이 찾아준다. 이 얼마나 멋진 일인가! 이런 성공의
시스템은 컨설턴트에 대한 고객의 절대적인 신뢰에서 가능하다. 이런 신뢰
를 바탕으로 성공한 보험 컨설턴트는 소개를 요청하는 일만 잊지 않으면 된
다. 잊지 말고 소개를 요청하라!

후배 : "선배님, 소개 요청이 중요한지는 알겠는데 어떻게 요청해야 하나
　　　　요?"

　나 : "소개해줄 사람이 있는지 물어보면 되지."

후배 : "물어보는 거야 하죠. 또 해봤지요. 그런데 쉽게 말해주지 않아서
　　　　그러죠."

　나 : "그러면 또 물어봐야지. 또 요청해야지. 묻고 또 묻고, 요청하고 또
　　　　요청해야지. 내가 원하는 고객의 이름과 정보를 내 손에 넣을 때
　　　　까지 계속 멈추지 말아야지."

후배 : "아! 그렇게까지 해야 하나요? 그럼 해줄까요?"

　나 : "그렇게까지라니? 그 이상도 해야지. 아직 덜 급한 것 같은데. 배가
　　　　덜 고팠어."

　나도 신입 시절 소개 요청이 어려워 힘들 때 이 후배와 같은 생각을 했었
다. 후배의 마음이 어떤지, 어떤 생각인지 누구보다 잘 이해한다. '그렇게까
지 해야 하나?'라는 생각이 나를 움츠리게 한다. 이런 생각이라면 보험영업
이 아닌 다른 편안한 직장생활을 하는 편이 더 맞다. 우리 일은 말 그대로 사
업이다. 치열하게 살아남아야 하는 사업 말이다. 많은 컨설턴트가 이점을 간
과하고 쉬운 길을 찾으려 한다. 미안하지만 난 그런 놀라운 방법을 알고 있
지 않다. 다른 사람을 소개해달라고 요청하는 일은 결코 뒤로 미룰 수 없다.
미뤄서는 안 되는 일이다. 기회만 보이면 적극적으로 묻고, 요청해야 하는
일이다. 머뭇거릴 수 있는 일이 아니다. 우리의 생존과 직결된 일이기 때문
이다.

컨설턴트가 소개를 못 받는다는 말은 무엇을 의미할까? '조만간 보험 일을 그만두고 집에 갈 것이다'라는 뜻이다. 결코 지나친 해석이 아니다. 그만큼 우리 일에서 소개를 요청해서 받아내는 일이 중요하다. 신입 시절부터 소개가 청약보다 중요하다고 배웠다. 하지만 주변의 동료나 선배들을 지켜보면 배운 내용과 달랐다. 청약을 위해서 투자하는 시간에 비하면 소개 요청을 위해 노력하는 시간은 터무니없이 적다. 시급한 일에 투자하는 시간만큼 중요한 일에도 시간을 투자해야 한다. 소개 요청에 많은 시간을 투자하는 만큼 청약은 자연스럽게 늘어나기 때문이다.

소개 요청이 어려운 이유

이렇듯 중요한 소개 요청을 통해 누구나 영업을 한다면 다 성공할 수 있지 않을까? 그런데 현장에서 소개를 통한 영업을 하는 사람을 왜 이렇게 찾아보기 힘든 것일까? 우리는 소개 요청을 통한 영업이 어려운 이유 몇 가지를 알고 넘어가야 한다.

첫째, 소개를 요청하지 않아서다. 말 그대로 소개 요청을 시도조차 하지 않기에 고객의 이름을 얻어내는 일은 불가능하다.

둘째, 소개를 요청하는 방법을 모른다. 소개를 통한 영업의 성공 방법을 누구도 정확히 알려주지 않기 때문이다. 보험영업 현장의 문화가 예전과 달리 너무도 많이 변해버렸다. 보험영업은 소개 영업이었던 시절이 있었다. 지금은 먼 옛날이야기가 된듯하다.

셋째, 어렵게 소개받은 고객에게 어떻게 전화하고 피드백해야 할지 모른다. 소개 요청 하는 법을 배우지 못했듯이 소개받은 후의 프로세스도 모른다.

넷째, 세일즈 프로세스를 정확히 지켜 따라 하지 못한 결과 때문이다.

상담한 고객이 신뢰가 가고 도움이 돼서 자연스럽게 소개해주면 가장 이상적이다. 그러기 위해서는 판매 프로세스 각 단계에 충실해서 고객에게 절대적인 신뢰를 주어야 한다. 소개는 완전하게 각 단계에 충실하면 당연히 나오는 아름다운 결과이기 때문이다. 이러한 이유로 인해 소개 요청은 어렵게 느껴지고 시도조차 하고 싶지 않게 된다. 원인을 정확히 알고 극복해야 한다. 이것만이 보험영업을 오랫동안 성공적으로 롱런할 수 있는 유일한 길이다.

반면 소개 요청이 어려운 이유를 고객의 입장으로 바라보자. 고객은 본인의 담당 컨설턴트를 아무리 신뢰해도 쉽게 주변 지인을 소개해 주지 못한다. 왜 그런 것일까? 본인은 이 컨설턴트를 신뢰하고 좋아하지만 소개받는 지인이 어떨지 모르기 때문이다. 이 사회가 가지고 있는 보험에 관한 부정적인 이미지하고도 무관하지 않다. 결국은 지인들에게 부담을 주고 싶지 않은 마음에서 망설이게 된다. 충분히 이해되는 부분이다. 이 문제를 뛰어넘을 수 있는 길은 오직 한 가지다. 그런 부담에도 불구하고 지인에게 당당하게 소개해줄 수 있을 만한 이유가 있어야 한다. 컨설턴트에 대한 절대적인 신뢰다. 오히려 소개해주고 고맙다는 말을 들을 수 있다는 확신에서 오는 신뢰 말이다.

소개 요청 시기

많은 컨설턴트가 내게 묻는다. 그렇다면 소개 요청은 언제 하는 것이 제일 좋으냐고. 우리는 삶에서 가장 중요하고 꼭 필요한 일을 뒤로 미루지 않는다. 언제든 할 수만 있다면 바로 한다. 소개 요청도 마찬가지다. 기회만 있으면 바로 소개장을 내밀며 소개 요청을 해야 한다. 물론 전체 세일즈 프로세스 중 소개 요청에 좀 더 효과적인 시기는 있다.

첫째, 초회 상담을 통해 보험의 필요성을 충분히 인식하고 공감한 후이다. 고객 본인뿐만 아니라 주변의 지인에게도 보험이 꼭 필요하다고 느끼는 순간이다. 이때 요청해야 한다.

둘째, 고객이 보험의 필요성을 가장 절실히 느끼고 결정한 직후다. 청약서에 사인한 직후 소개 요청을 해야 한다. 가망고객이 나의 고객이 된 바로 그 시점이 컨설턴트에 대한 만족도가 가장 높은 순간이다. 이때가 소개를 요청하기 가장 좋은 타이밍이다. 하지만 안타까운 상황이 종종 벌어진다. 고객이 청약서에 서명하면 컨설턴트는 뭔가에 쫓기듯 서둘러 자리를 뜨려고 한다. 이때 좀 더 여유를 갖고 그동안 상담이 어떠했는지, 만족은 했는지 등을 물어야 한다. 도움이 되었다면 주변의 소중한 이들에게 소개해달라고 요청해야 한다. 던지듯이 가볍게 요청하는 것이 아니라 마음을 다해, 열정을 다해 요청해야 한다.

셋째, 소개를 요청하기 좋은 타이밍은 증권을 전달하는 시점이다. 청약 후 증권이 나오기까지 일주일에서 열흘 정도의 시간이 필요하다. 그 기간이면 고객은 보험의 필요성에 대해 느낌이 처음 같지 않을 것이다. 다시 한 번 보험과 가정 전체의 재무에 관해 리뷰를 해준다. 동시에 고객에게 정확히 인식시켜야 한다. 오래도록 고객 가정을 관리하며 함께 가고 싶은 컨설턴트의 마음을. 그러려면 고객의 적극적인 소개가 필요함을 알리고, 소개 요청을 해야 한다. 소개가 없으면 담당 컨설턴트가 살아남을 수 없음을 고객이 알아야 한다.

소개 요청 방법

소개를 요청하는 방법은 생각보다 어렵고 복잡하지 않다. 먼저 아무런 계산 없이 요청하라고 말해주고 싶다. 이런저런 이유와 핑계를 대며 요청 자체를 머뭇거리면 기회는 날아가버린다. 항상 입에 달고 살아야 하는 말이 있다.

"과장님, 지금까지 드린 말씀이 도움이 되셨나요?"

대부분 도움이 되었다고 대답한다. 고맙다고 이야기한다. 이 대답을 듣는 순간이 바로 소개 요청을 할 수 있는 순간이다.

"도움이 되셨다니 드리는 말씀입니다. 이런 도움 되는 정보를 혼자서만 누리면 안 되시겠죠? 과장님께서 가장 아끼시는 후배 두 분만 소개 부탁드립니다."

수없이 이런 소개 요청을 시도해보면 놀라운 사실을 하나 깨닫게 된다. 무작정 소개장을 내밀면서 소개 요청을 해도 10명 중 3명은 소개장을 써준다는 사실이다. 전혀 안 해줄 것 같은 사람도 이상하게도 휴대폰을 꺼내서 고민하며 적어준다. 참으로 신기하다. 그렇다면 그동안 이렇게 높은 확률을 내가 요청하지 않아서 다 놓쳐버렸단 말인가. 아쉽기 짝이 없다. 이렇게 무작정 요청하면 당연히 소개해주지 않으리라 생각했다. 이런 나의 편견과 예단이 소중한 많은 가망고객과의 만남을 날려버렸다. 얼마나 어리석은 결과인가!

자, 그러면 무조건 요청하면 된다는 사실을 알았다. 이제 어떻게 하면 될까? 소개해 줄 소중한 지인의 이름을 요청하면 된다. 이 과정에서 고객의 부담을 최소화하는 것이 핵심이다. 고객은 나를 신뢰하지 못해서 소개를 머뭇거리는 것은 아니다. 소개받은 지인이 어떻게 느낄지 몰라 고민하는 것이다. 나를 위해 보험 가입 가능한 사람을 찾지 말라고 말해야 한다. 그냥 편하게 보험, 재정 관련 정보를 전해줄 사람이면 된다고 부담을 줄여줘야 한다. 그래서 최대한 많은 이름을 확보해야 한다. 고객의 이름을 적기 시작하면 생각의 흐름이 끊기지 않게 조용히 기다린다. 계속 이름들이 생각나도록 격려하며 기다린다.

또한 소개 요청 시 내가 자주 사용하는 방법을 활용해보면 도움이 될 것이다. 막연하게 소개 요청을 하는 것도 필요하지만 아주 구체적으로 지역까지 물어보면 좋다.

"과장님, 혹시 아시는 분 중에 분당, 수지에 사는 지인이나 친구가 없으신 가요? 제가 일주일에 한 번은 꼭 가는 지역입니다."

밑져야 본전이다. 마지막에 꼭 한번 던져본다. 우리가 한 달에 수십 건의 계약이 안 돼서 힘든 것이 아니다. 단 한 건의 계약이라도 이렇게 해서 체결된다면 한 달이 살아나게 된다. 이로 인해 생각지 못한 성공이 시작될 수도 있다. 해볼 만한 가치가 충분하다.

이렇게 이름을 다 확보한 후에 한 명씩 차근하게 세밀한 정보를 물어본다. 절대로 서두르면 안 된다. 우리는 새로운 고객을 소개받아 그 가정에 또 다른 도움을 주러 가는 사람이다. 소개받은 사람에 대한 정보를 다 받은 후 먼저 전화를 해달라고 요청해야 한다. 요즘은 개인정보에 대해 민감해 이름을 알려 준 고객의 도움이 꼭 필요하다. 미리 전화해 전화가 갈 것이라고 안내해야 한다. 이때 고객은 나를 위해 많은 말을 하려 할 것이다.

"과장님, 저를 위해 미리 많은 것을 묻지 않으셔도 됩니다. 그냥 최근에 보험, 재무 관련 상담을 받았는데 많은 도움이 돼서 널 소개했어. 전화 오면 한번 꼭 만나봐. 도움이 될 거야라고만 말씀해 주시면 됩니다."

사전에 이렇게 교육해야 한다.

소개받은 후 피드백

자, 이제 가망고객의 이름을 손에 넣었다. 세일즈 프로세스의 첫 번째 단계로 다시 돌아온 것이다. 그렇다면 전화로 약속 잡기에 들어가야 한다. 언제 전화를 해야 할까? 많은 컨설턴트가 이토록 어렵게 받은 고객의 명단을 책상 위에 쌓아놓기만 한다. 어떻게 전화할지 몰라 쳐다만 보는 것이다. 안타깝기 그지없다. 가망고객의 이름을 얻었다면 최대한 빨리 전화해야 한다. 소개받은 고객의 명단은 오래 숙성하면 명품이 되는 와인이 아니다. 빨리 전화해 어떤 결과든 만들어야 한다. 그리고 또 새로운 이름을 소개받아야 한다. 끊임없이 이런 과정을 반복해야 성공에 다가갈 수 있다.

이제 소개받은 가망고객에게 전화를 걸면 된다. 물론 기존의 고객이나 지인에게 거는 전화와는 다소 차이가 있다. 몇 가지 잊지 말아야 할 부분만 주의해서 전화하면 약속을 잡는 일은 어렵지 않다. 대부분 만남을 원치 않는 고객에게는 소개자의 영향력을 적극적으로 활용해야 한다. 소개자가 꼭 한번 만나보라고 해서 전화 했음을 강조해야 한다. '내가 원함이 아니라 소개자가 이런 좋은 정보라면 알려주라고 해서 전화했다.' 이렇게 거절을 처리하면 고객은 쉽게 시간을 내준다. 뭔가 도움이 될지도 모른다는 생각이 든다고 한다. 최대한 예의는 갖추되 적극적으로 표현하고 머뭇거리면 안 된다.

이렇게 가망고객을 만나면 앞에서 했던 세일즈 프로세스를 반복하면 된다. 그러면 AP의 성공과 P&C의 결과에 따라 새로운 계약이 체결되며 고객이 만들어질 것이다. 좋은 만남으로 이어져 계약이 나왔다면 잊지 말아야 할점이 있다. 바로 소개자에게 어떤 형태로든 반드시 감사를 표시하는 것이다. 물론 소개자에게 소개해 준 가망고객과의 결과를 알리는 것이 우선이다. 동시에 감사의 메시지를 담은 카드와 함께 간단한 선물로 마음을 전하는 것이 좋다. 계약 후에 고객에게 별도의 선물을 하지는 않는다. 그것은 고객의 필요해서 가입한 것이기 때문이다. 하지만 소개는 다르다. 나의 비즈니스를 고객이 도와준 것이기에 감사의 표시는 당연하다.

지금까지 보험영업을 성공적으로 오래 할 수 있는 비법에 대해 알아보았다. 바로 그 비법이 소개를 통한 영업이다. 소개 영업을 성공적으로 이루기 위해서 반드시 익혀야 하는 기술이 바로 '소개 요청' 기술이다. 배워서 자신의 것으로 만들어야 한다. 이것만이 보험영업을 통해 진정한 성공으로 가는 길이다. 그래서 컨설턴트는 만나는 모든 사람에게 알려야 한다. 본인은 끊임없이 소개를 통해 영업하고 있다고. 많은 고객이 계속해서 소개해주고 있음도 말해야 한다. 그러니 당신도 나에게 소개해줘야 함을 묵시적으로 항상 전달한다. 이러한 시스템을 완전히 몸에 익히면 컨설턴트는 결코 실패할 수 없다.

이 장에서 기억해야 할 내용 ───────────────

1. 소개를 요청하는 그 행위 자체만으로 커다란 의미가 있다.

2. 소개 요청의 중요성
- 보험영업의 고수들은 자신을 신뢰하는 고객들이 직접 가망고객을 찾아준다.
- 다른 고객을 소개해 달라고 요청하는 일은 뒤로 미룰 일이 아니다.

3. 소개 요청이 어려운 이유
- 첫째, 소개를 요청하지 않아서다.
- 둘째, 소개를 요청하는 방법을 모른다.
- 셋째, 어렵게 소개받은 고객에게 어떻게 전화하고 피드백해야 할지 모른다.
- 넷째, 세일즈 프로세스를 정확히 지켜 따라 하지 못한 결과이기 때문이다.

4. 소개 요청 시기
- 기회만 있으면 바로 소개장을 내밀며 소개 요청을 해야 한다.
- 초회 상담을 통해 보험의 필요성을 충분히 인식하고 공감한 후에 한다.
- 고객이 보험의 필요성을 가장 절실히 느끼고 결정한 직후에 한다.
- 소개를 요청하기 좋은 타이밍은 증권을 전달하는 시점이다.

5. 소개 요청 방법
- 아무런 계산 없이 무작정 요청하라.
- 부담을 최소화하며 소개해 줄 소중한 지인의 이름을 요청한다.
- 이렇게 이름을 다 확보한 후에 한 명씩 차근하게 세밀한 정보를 물어

본다.

6. 소개받은 후 피드백

- 가망고객의 이름을 얻었다면 최대한 빨리 전화하라.
- 전화 시 소개자의 영향력을 적극적으로 활용하라.
- 소개자에게 어떤 형태로든 반드시 감사를 표현하라.

증권 전달과 동시에 고객관리는 시작되며,
또 다른 영업의 시작이다

청약 후 고객을 소개까지 받으면 판매의 기본적인 과정을 마친 것이다. 이제부터는 보험영업의 판매영역이 아닌 관리영역으로 들어간다. 보험증권을 고객에게 전달하며 다시 한 번 보험 가입의 의미를 되새겨준다. 증권 전달은 소개를 받을 수 있는 또 한 번의 기회다. 증권 전달이 이루어지는 순간부터 본격적인 고객관리가 시작된다. 성공하는 컨설턴트라면 이 과정을 제대로 활용할 줄 알아야 한다. 모든 영업이 그렇듯이 판매 후의 고객관리 및 A/S가 새로운 비즈니즈의 시작이다. 끊임없이 주변의 소중한 이들을 소개해줄 수 있는 자연스러운 통로가 된다. 판매에 집중하는 것 못지 않게 고객관리에 에너지를 투자해야 한다.

'증권 전달'의 의미

표면적인 의미는 청약을 마친 고객에게 보험증권을 전달하는 일이다. 증권 전달까지 제대로 마무리해야 한 명의 고객에 대한 판매 프로세스가 종료된다. 겉으로 보면 단순히 증권을 전달하는 일이라 우편이나 택배로 보내도 될 것 같다. 많은 컨설턴트가 보험증권을 직접 전달하는 것을 의미 없고 귀찮은 일로 생각한다. 심지어 시간 낭비라고까지 생각하는 경향이 있다. 증권 전달의 진정한 의미를 생각한다면 결코 그렇게 가볍게 치부할 수 없을 것이다. 무엇보다도 고심 끝에 내린 고객의 결정을 다시 한 번 찾아가 어루만져 줘야 한다. 이제부터 먼 여정을 함께 갈 동반자가 있음을 알려 주고 격려해 줘야 한다.

대부분 고객은 청약 후 증권이 나오기까지 가장 마음이 혼란하다. 잘한 결정인지에 대해 누군가에게 묻고 싶다. 누군가가 잘한 결정이라고 확인해 주었으면 한다. 충분히 이해가 가는 고객의 심정이다. 이때 담당자가 증권이 나오자마자 찾아가 다시 한 번 잘한 결정임을 확인해주며 칭찬해주고 격려해줘야 한다. 고객은 본인이 내는 보험료가 적다고 느낄 수 있지만 보험사고가 발생하면 받을 보험금은 결코 적은 금액이 아님을 알려줘야 한다. 이 보험금이 가족에게는 얼마나 큰 도움이 될지도 설명해서 알려줘야 한다. 그것까지가 우리가 해야 할 의무이고 책임이다.

증권 전달의 목적

첫째, 보험증권 전달을 통해 고객에게 더욱 친밀감과 신뢰를 전달할 수 있다. 보험 가입목적을 다시 확인해줘야 한다. 계약하고 첫 만남이기에 초회 상담에서 전했던 보험의 의미를 다시 되새겨줘야 한다. 고객은 주변의 부정적인 말들 때문에 혹시 불안해하거나 후회하고 있을지 모른다. 다시 한 번 보험의 필요성과 보장의 가치를 인식시켜줘야 한다. 진심을 담은 이런 관심이 고객과 오랫동안 좋은 관계를 유지할 수 있게 한다. 계약이 체결되고 나면 고객은 그동안의 경계심을 풀고 담당 컨설턴트를 의지하게 된다. 이제는 함께 가야 할 동반자라고 생각한다.

둘째, 우리가 그토록 원하는 가망고객을 소개받을 수 있는 또 한 번의 기회다. 단순히 보험증권을 그냥 전달만 해서는 안 된다. P&C에서 제대로 설명 듣지 못한 부분이 있는지 확인하고 다시 한 번 상품에 대해 자세히 설명한다. 고객은 다 알고 있을 것 같지만 그렇지 않다. 한 번 더 상품의 내용과 기능을 설명해준다면 고마워할 것이다. 이 타이밍이 바로 또 한 번의 소개 요청을 할 기회다. 누군가를 소개해준다는 것은 쉬운 일이 아니다. 그만큼 부담스러운 일이다. 그 부담을 뛰어넘을 만큼의 사람에 대한, 전문성에 대한 신뢰가 있어야만 가능하다. 이 두 가지를 다 느끼게 해줄 수 있는 절호의 기회가 바로 증권 전달 시점이다.

셋째, 고객과의 P&C 과정에서 대부분은 컨설턴트가 제안한 내용을 100% 다 체결하지 못한다. 가정 전체를 위한 '토탈 플랜(Total Plan)'으로 다섯 건의 계약을 제안하면 일부를 체결한다. 대부분 필요성은 충분히 공감한다. 하지만 그 자리에서 한 번에 결정하는 것을 망설인다. 인간의 당연한 심리다. 그래서 증권 전달의 시간이 있기에 우선 가능한 것부터 진행하게 된다. 증권 전달 시 지난번에 결정하지 못한 부분이나 추가적인 계약이 나오는 경우가 많다. 이미 담당 컨설턴트를 믿고 결정했기에 가망고객은 기존 고객이 되었다. 신뢰도가 바로 직전 만남과 비교해 상당히 올라갔다. 이전보다 더 쉽게 결정하게 된다.

고객관리의 의미

조선 시대의 야사, 일화, 수필 등을 모아놓은 《대동야승》이라는 책이 있다. 이 책에 〈일도이비삼기사처〉라는 일화가 영업에서 말하는 고객관리의 본질을 말해준다. 한 바람기 많은 남편이 아내에게 남자들이 끌리고 좋아하는 여자의 순서를 말했다. 첫째는 '일도(一盜)' 즉 남의 아내, 두 번째는 '이비(二婢)' 즉 계집종, 세 번째는 '삼기(三妓)' 즉 기생이고, 네 번째가 '사처(四妻)' 즉 아내라고 했다. 이 말을 들은 아내는 "그럼 내가 꼴찌란 말이야?"라며 화를 냈다. 그러자 남편이 말하길 "너무 화내지 마시오. 당신도 첫 번째가 될 희망이 없는 건 아니니까"라고 말하며 껄껄 웃었다.(출처: 문피아, 《치명적 유혹》)

나에게는 매력이 없어 꼴찌인 아내가 남에게는 가장 매력적인 일 순위가 된다. 물론 지금과는 가치관이 다른 옛날 우스갯소리지만 인생의 아이러니한 측면을 잘 집어내고 있다. 우리의 고객관리도 마찬가지다. 계약을 체결한 고객은 이미 내 고객이 되어 더는 관리하지 않아도 된다고 생각한다. 그래서 항상 새로운 다른 고객만을 찾으러 혈안이 되어 있다. 정말 중요하고 감사한 내 고객은 내팽개쳐버리고 말이다. 하지만 내게 큰 관심을 받지 못하는 바로 그 고객이 누구인가? 다른 컨설턴트가 가장 간절히 찾고 있는 바로 그 고객이다. 이미 내 어항 안에 있기에 먹이를 주지 않고 관리하지 않아도 된다고 생각한다. 천만의 말씀이다. 고객은 언제나 우리를 떠날 준비를 하고 있다는 것은 불변의 진리다.

한번 가입한 고객이 평생 나와 함께 가면 얼마나 좋을까? 이런 생각은 고객이라는 존재를 모르는 철없는 컨설턴트만의 '꿈'이다. 내가 어떤 상품을 구매한 고객이라도 마찬가지일 것이다. 고객은 언제든 우리가 관심과 집중을 하지 않으면 떠날 수 있다. 바로 여기서부터 고객관리의 철학이 시작되어야 한다. 조금이라도 소홀하게 대하거나 애정이 식었음을 느끼면 고객은 다른 곳에 눈길이 간다. 이 점을 잊지 않고 고객이 흔들리지 않을 수 있는 안전장치를 해놓아야 한다. 끊임없는 관심을 통한 절대적인 신뢰가 고객을 내게 집중시킬 수 있는 유일한 길이다. 떠나려는 한 고객을 지키는 것이 새로운 몇 명의 고객을 찾는 것보다 훨씬 소중하다.

몇 년 전 아내의 자동차를 구매했다. 판매한 영업 직원이 20년을 넘게 한 베테랑이어서 믿고 계약했다. 물론 내가 산 자동차가 고가의 승용차는 아니었다. 그렇다 하더라도 만 3년 동안 전화 한 통이 없는 것은 여간 아쉬운 대목이 아닐 수 없다. 영업하는 사람들이 하는 착각이 있다. 판매하면 그것으로 본인들의 일이 종료되었다고 생각한다. 그것은 커다란 착각이다. 성공적인 비즈니스를 오래 지속하고 싶다면 생각을 바꿔야 한다. 보험은 더욱 그렇다. 판매의 종료란 우리만의 생각이다. 판매가 이루어지면 컨설턴트는 그때부터 책임의 시작이다.

"과장님, 청약서에 사인하시고 나니 마음 편하시죠? 하지만 저는 이제부터 과장님 가정에 대한 책임이 시작됩니다."

고객관리 방법

고객관리의 방법은 개인마다 다양하게 진행할 수 있다. 기본적으로 매주, 매월, 매 분기, 매년 고객관리를 실천해야 한다. 메일이나 문자, DM 등 다양한 도구들을 사용해서 고객들과 소통한다. 하지만 무엇보다도 좋은 고객관리는 시간을 내서 고객에게 전화하고 만나는 것이다. 기본적인 툴을 사용해 고객과 소통하며 가능한 시간을 내서 고객에게 전화한다. 직접 목소리를 듣고 안부를 전하는 과정에 고객들의 최근 근황을 들을 수 있다. 확률에 의해 많이 전화하면 그중에 무엇인가 상황의 변화들이 있다. 방문해야 하는 이유를 찾게 된다. 고객들의 소식을 들으며 오랜 친구처럼 함께 나이가 들어간다. 우리만이 누릴 수 있는 인생의 행복이다.

오랫동안 우리 일을 통해 고객과 함께 성공해 나가는 비결이 또 있다. 적어도 1년에 두 번 이상은 고객과 만나야 한다. 1년이라는 시간은 참으로 많은 일이 있을 수 있는 시간이다. 미혼인 고객은 결혼도 하고, 승진, 이사, 취업, 출산, 입학과 졸업 등 셀 수없이 많은 인생의 다양한 이벤트들이 발생할 수 있는 시간이다. 〈Annual Review〉를 통해 그동안 변동된 재정과 보험 상황을 점검하고 체크한다. 부족한 부분과 조정해야 할 내용이 반드시 보인다. 바로 지금이 아니라도 조만간 우리의 도움이 필요한 상황이 된다. 지금까지

이 리뷰를 원치 않는 고객을 본 적이 거의 없다. 많이들 고마워한다. 우리 일을 오래 할수록 이 리뷰의 중요함을 알게 된다.

파트너와 함께하는 고객관리

신입 시절부터 늘 했던 고객관리의 고민은 차별화된 고객관리였다. 일시적인 고객관리가 아니라 오랫동안 고객들에게 신뢰를 받는 방법이 필요했다. 고객관리 중 가장 핵심은 보험금을 신속하게 정확히 전달하는 것이다. 보험영업을 시작한 지 채 1년이 되지 않았을 무렵 문득 깨닫게 되었다. 이 일을 오래 하면 할수록 고객은 많아진다. 내가 혼자서 이 모든 고객을 관리할 수 있을까? 전화하고 방문하고 문의에 대응하고 게다가 가장 중요한 보험금 지급까지 도와야 한다. 불가능할 것이라는 결론에 도달했다. 그래서 뭔가 시스템이 필요함을 절실히 느꼈다. 자연스럽게 업계에서 성공한 선배들은 어떻게 하고 있는지 궁금했다.

고액 연봉의 명인급 컨설턴트는 팀 비서를 사용하거나 개인 비서를 사용하고 있었다. 나도 처음에는 그들을 벤치마킹해 보험영업을 시작하고 1년이 넘는 시점부터 개인 비서를 활용했다. 고객을 만나 상담하고 스케줄을 잡는 일은 온전히 나의 일이다. 그 외의 많은 부분을 개인 비서의 도움을 받았다. 5년 넘게 개인 비서 시스템을 활용했다. 하지만 곧 이런 시스템의 한계를 느끼게 되었다. 업계의 개인 비서는 정식직원이 아닌 대부분 파트타임 형식이다. 오랫동안 함께하려면 파트타임의 시스템으로는 한계가 있었다. 그래서 업계 최고 수준의 복지와 보수를 주고 정식직원인 파트너를 구했다. 파트너와 함께하기 위해 개인 사업자도 내서 정말 오래갈 수 있는 시스템을 갖추었다.

내가 하는 비즈니스가 노력한 만큼 대가가 주어지는 시스템이다. 마찬가지로 나의 파트너도 같은 시스템을 적용한다. 기본급 외에 매월 인센티브 제도를 도입해 본인이 노력한 보상을 해주고 있다. 보험영업을 하는 철학은 비단 고객에게만 적용되어서는 안 된다. 내가 함께 일하는 파트너도 같은 존중을 받아야 한다. 아니 오히려 더 존중받아야 한다. 그래야 고객에게도 그 영향이 전달되어 더 나은 서비스가 가능하다. 이런 나의 투자를 아는 고객은 고마워한다. 본인들의 가정을 오랫동안 관리해줄 시스템이 갖춰져 있음에 든든하게 생각한다.

고객관리의 핵심 – 보험금 전달

2006년 선민이와 준성이는 중3, 고3이었다. 아직 어린 나이에 어머니를 먼저 하늘나라로 보내드리는 아픔을 겪었다. 그 당시 이 아이들 가정은 경제적으로 넉넉한 상황이 아니었다. 어머니가 남긴 삼천만 원 남짓의 보험금은 두 자녀에게 큰 힘이 되었다. 조직세포 검사를 하지 않으시겠다는 어머니를 설득하느라 댁으로 직접 찾아뵈었다. 폐암을 확인하는 조직세포 검사는 등 뒤에서 큰 바늘로 세포를 채취해야 했다. 상당히 고통스러운 검사라서 원하지 않으시는 어머니를 설득하기가 쉽지 않았다. 하지만 그 검사 결과가 있어야 보험금 지급이 되는 상황이었다. 자녀들을 위해 고통을 감내하시고 검사를 받으셨다.

지금 이 두 남매는 10여 명의 직원을 거느린 중소기업의 대표가 되어 있다. 이 두 친구를 만나러 안산에 있는 사업장에 자주 들른다. 어려움 속에서도 이렇게 의젓하게 성장한 두 친구를 보면 너무 흐뭇해진다. 번듯하게 성장한 이 회사는 어머니의 사랑인 보험금이 밑거름이었다. 준성이는 결혼해 얼마 전 첫 아이를 낳았다. 중3 때 만난 친구가 벌써 커서 결혼하고 아이까지 낳다니. 이 아이가 커서 대학에 들어갈 때까지 이 일을 현장에서 했으면 싶다. 이 가정과 3대에 걸쳐 인연을 함께 하고 싶은 마음이다. 문제가 발생하면 제일 먼저 달려가 돕는 사람으로 기억되고 싶다.

고객관리의 핵심은 역시 보험금 지급에 있다. 고객은 보험 가입의 목적이 명확하다. 생각지 않은 문제가 생겼을 때 보험을 통해 혜택을 받기 위함이다. 우리가 사용하는 핸드폰은 여러 다양한 기능이 있다. 하지만 무엇보다도 중요한 목적은 전화 통화다. 보험 가입 고객도 다른 어떤 목적보다 보험 혜택을 중요시한다. 하지만 많은 컨설턴트가 보험 체결까지의 프로세스에만 집중한다. 차별화된 고객관리는 고객의 목적과 이익에 초점을 맞추면 어렵지 않다. 하루 중 보험금 지급을 원하는 고객과의 스케줄을 우선으로 한다. 그것이 진정한 차별화된 고객관리라고 생각한다. 사고 보험금 지급 처리가 우선이다.

세일즈 프로세스를 마무리 후 증권 전달부터가 본격적인 고객관리의 시작이다. 누구나 쉽게 큰 의미를 두지 않고 지나칠 수 있는 증권 전달에 나만의 의미를 부여하자. 이 과정에서 고객에게 신뢰를 심어주고 다음 가망고객을 발굴할 기회를 얻을 수 있다. 그래서 우리 일이 재미있고 오래 할 수 있는 일이다. 각 과정 과정마다 고객과 친밀해질 수 있다. 무엇보다 보험금 지급의 신속한 처리를 통해 고객에게 도움이 되는 친구가 될 수 있다. 이런 좋은 관계를 내가 원하는 만큼 만들어갈 수 있는 일이 바로 우리 일이다. 보험영업은 열심히 잘하면 성공할 수 있는 일이다. 더 큰 성공은 인생을 함께할 좋은 인연을 스스로 만들 수 있다는 것이다.

이 장에서 기억해야 할 내용

1. 증권 전달의 의미
1) 먼 여정을 함께 갈 동반자가 있음을 알려 주고 격려해줘야 한다.
2) 다시 한 번 잘한 결정임을 확인해주어야 한다.

2. 증권 전달의 목적
1) 보험증권 전달을 통해 고객에게 더욱 친밀감과 신뢰를 전달한다.
2) 가망고객을 소개받을 수 있는 또 한 번의 기회다.
3) 결정하지 못한 부분이나 추가적인 계약을 제안한다.

3. 고객관리의 의미
1) 이미 가입한 기존 고객의 중요성을 잊지 말아야 한다.
2) 끊임없는 관심과 절대적인 신뢰를 쌓아야 함께 오래 갈 수 있다.
3) 판매가 이루어지면 컨설턴트는 이때부터 책임의 시작이다.

4. 고객관리 방법

1) 좋은 고객관리는 시간을 내서 고객에게 전화하고 만나는 것이다.

2) <Annual Review>를 통해 변동된 재정과 보험 상황을 점검하고 체크한다.

5. 파트너와 함께하는 고객관리 - 차별화된 고객관리의 시작, 노력한 만큼의 대가가 주어지는 파트너 시스템을 활용한다.

6. 고객관리의 핵심은 정확하고 신속한 보험금 지급이다 - 보험금 지급을 최우선으로 처리해야 한다.

Part
5

실패에서
배우는
성공비법

두 번의 미팅을 통해 계약이 안 된 고객은
90% 이상 실망하게 된다

보험영업의 현장에서 컨설턴트를 혼란하게 하는 것은 무엇일까? 아마도 될지도 모른다는 막연한 희망일 것이다. 고객 중에서 가장 상대하기 어려운 고객이 바로 끊고 맺음이 명확하지 않은 고객이다. 처음부터 아닌 것은 아니라고 얘기해주면 좋으련만 미안한 마음에 아니라고 쉽게 말하지 못하는 경우가 많다. 진짜 미안한 것은 명확히 의사를 밝히지 않아 우리를 혼란하게 하는 것인데 이 또한 보험영업의 일부인 것이 사실이다. 그래서 우리는 멘탈 관리를 위해 이런 상황에 대처할 준비를 해야 한다.

막연한 희망을 버려라

초회 상담을 마친 컨설턴트는 대부분 막연한 희망을 품게 된다. 상담 중에 고객의 긍정적인 반응이 희망을 품게 되는 이유다. 초회 상담을 마친 후 다음 약속을 잡는다. 흔쾌히 약속을 잡은 고객조차도 2차 상담(P&C)에서 만나기 쉽지 않을 때가 많다. 이런 경우는 그래도 사전에 걸러져서 다행이다. 2차 상담을 마치고 나서 그 자리에 결정하지 못하는 고객이 있다. 그리고 생각해 보고 연락을 주겠다고 한다. 이 상황에 우리는 얼른 희망을 버리고 새로운 가망고객 확보에 집중해야 한다. 많은 컨설턴트가 바로 이런 고객 때문에 엄청난 멘탈 붕괴의 상황을 맞이한다.

물론 이런 상황은 전적으로 고객의 책임은 아니다. 앞에서도 언급했듯이 이런 상황을 예상해서 초회 상담을 마칠 때 고객에게 다짐해둬야 한다. 어떤 결정이든지 2차 상담에서 마무리를 짓자는 이야기를 전달해야 한다. 고객이 2차 상담에서 가입하든지, 아니면 거절하든지 하나만 해야 한다. 좀 더 생각해보겠다는 말은 또 다른 거절이다. 하지만 그것이 또 다른 거절임을 알아채는 데까지 너무 오랜 시간이 걸린다. 특히 신입 컨설턴트일수록 이런 고객의 모호한 태도와 말을 믿고 막연히 기다린다. 이 고객에게 언제 연락이 올지 모르기에 시간을 비워둔다. 너무나 안타까운 일이다. 희망을 빨리 버리는 것만이 살길이다.

우리는 월초가 되면 가능성이 보이는 계약에 필요 이상의 기대를 건다. 하지만 나의 기대와 고객의 생각에는 항상 상당한 온도 차이가 있다. 최종 결정을 하기로 한 날 아침 일찍 고객으로부터 문자가 온다. 거절의 문자다. 혹은 여러 가지 일로 미팅을 미루었으면 좋겠다고 연락이 온다. 안 하겠다는 내용이면 차라리 빨리 포기하고 다른 일을 할 텐데 말이다. 대부분 고객은 그런 말을 하기 원치 않는다. 미안해서 그럴 거라 생각은 된다. 그런데 사실 그런 불분명한 태도가 우리를 더 힘들게 하고 힘이 빠지게 한다. 특히 월

초에 이런 일을 겪고 나면 한 달의 영업에 영향을 미치지 않을 수 없다.

오랜 시간 영업하면서 깨달은 것이 있다. 결정을 내리기로 한 미팅을 이런, 저런 이유로 연기하면 어려워진다. 이런 고객은 큰 기대 없이 좀 멀리 뒤로 던져놓아야 한다. 당장 해야 할 다른 일에 집중하는 편이 훨씬 좋다. '이 계약 건이 성사되면 이번 달 영업이 좀 쉽게 가겠구나'라는 생각이 문제다. 나를 나태하게 만들고 고객에게 해야 할 전화의 수가 줄어든다. 기대했던 계약이 월초에 성사된다면 그건 하늘이 주신 감사한 선물이다. 미뤄지거나 실패한다면 빠르게 평상시의 영업 모드로 전환하면 된다. 우리는 이 보험영업을 하루 이틀하고 그만둘 것이 아니다. 장기적인 관점에서 이 또한 일상적인 영업의 한 부분으로 생각하고 지나가야 한다.

"막연한 희망은 뒤로 미뤄놓은 실망일 뿐이다!"

보험 컨설턴트는 '만난 사람이 아닌 만날 사람에게 희망을 찾아야 한다.' 이미 만난 사람은 지금 당장 결정해 가입하지 않으면 내 고객이 될 희망은 없다. 많은 시간이 필요할 수 있다. 그러니 멀리 던져놓아야 한다. 몇 개월 후에 다시 터치하면 오히려 생각지 못한 좋은 결과가 있을 수 있다. 하지만 왠지 곧 가입할 것이라는 막연한 희망으로 계속 연락하고 집착하면 어렵다. 마지막 클로징까지 마친 고객이기에 곧 가입 결정을 할 것 같아 집착한다. 그렇게 결정할 고객이었으면 이미 결정했을 것이다. 괜히 고객을 질리게 할 뿐이다. 일정표에서 그 고객의 이름은 과감히 지워버려라. 새로운 고객으로 시선을 돌리고 다시 시작해야 한다.

이런 고객을 한 번 더 만나면 계약이 진행될까? 쉽지 않다. 컨설턴트의 일정표에 이 고객의 이름이 매주 등장한다. 신입 시절 이런 내 일정표를 본

선배들의 말이 지금도 기억난다.

"주말 드라마 주인공도 아닌데 어째 이 고객은 매주 등장하네! 하하."

막연히 기대하며, 희망하며 그 고객을 매주 나의 드라마에 주인공으로 출연시켰다. 조급한 내 마음을 들킨 것 같아 쥐구멍에라도 숨고 싶은 심정이었다. 세 번, 네 번 만났으니 계약이 될 것 같았다. 천만의 말씀이다. 그래서 새로운 사람, 가망고객이 많아야 하는 이유를 알게 되었다. 대수의 법칙이 중요함을 새삼 깨닫게 되었다.

과감한 결단의 필요성

초회 상담 이후 두 번째 만남으로 이어지지 않는 경우도 적지 않다. 꼭 2차 상담에 오겠다던 고객이 연락이 안 되거나 자꾸 약속을 뒤로 미룬다. 누구나 피치 못할 상황은 있을 수 있다. 이런 상황이 생겼을 때 소통하고 양해를 구하면 얼마든지 기다려줄 수 있다. 문제는 경우(境遇)가 없는 것이다. 사람과 제대로 소통할 줄 모르는 고객이다. 이런 고객은 과감히 결단하고 빨리 내 고객 리스트에서 정리해야 한다. 아닌 고객은 빨리 정리할수록 컨설턴트의 정신 건강에 도움이 된다. 이런 고객과는 진행이 되어도 분명 문제가 발생한다. 오래도록 보험영업에서 성공하려면 과감한 결단이 꼭 필요하다.

간혹 초회 상담을 마치고 2차 상담을 해야 할지 고민스러울 때가 있다. 딱히 뭐라고 말하기는 어렵다. 하지만 마음에 내키지 않는 고객이 있다. 정상적이지 않은 편법을 당연하게 생각하는 고객을 만나면 양심이 허락하지 않는다. 마음이 불편하다. 당장 이익만을 생각한다면 눈 한 번 질끈 감으면 그뿐이다. 우리 일은 단기적인 일이 아니다. 장기적으로 우리 일을 통해 성공하려면 타협하면 안 된다. 특히 정상적이지 않은 일과는 절대 타협하면 안된다. 아닐 때는 아니라고 정확히 말할 수 있는 컨설턴트가 되어야 한다.

기록 관리의 중요성

프랭크 베트거의《실패에서 성공으로》를 통해 중요한 사실을 알게 되었다. "내가 관리한 기록에 의하면, 영업의 70%가 첫 번째 면담에서 성사된다. 23%는 두 번째 면담에서, 그리고 7%는 세 번째 이후의 면담에서 성사된 것으로 나타났다. 그러나 내 시간의 50%가 그 7% 때문에 소비되었다. '그렇다면 왜 그 7% 때문에 걱정을 해야 하지? 첫 번째 면담과 두 번째 면담에 모든 시간을 투자하도록 하자'라고 생각했다. 기록이 없으면 현재 무엇을 잘못하고 있는지 파악할 길이 없다."

내가 고민했던 바로 그 문제의 해답을 베트거의 경험에서 찾을 수 있었다. 나 또한 단 7% 정도의 고객에게 내 시간의 절반 이상을 소모하고 있었다. 나는 즉시 두 번째 상담 이후는 모두 중단했다. 그 시간에 새로운 가망고객을 찾는 일에 에너지를 쏟기 시작했다. 결과는 놀라울 정도였다. 쓸데없는 기대와 희망이 사라지면서 우선 내 마음에 평안함이 찾아왔다. 불필요한 기대가 얼마나 사람을 힘들게 하는지 알게 되었다. 두 번의 미팅으로 계약이 안 되면 바로 일정표에서 멀리 던져놓는다. 이 작은 결정이 내 영업에 얼마나 큰 변화를 가져왔는지 알게 된다면 놀랄 것이다. 내 자존감을 올리는 데 커다란 역할을 했다. 두려움이 사라졌다.

보험영업의 성공은 물론 여러 가지 요소들이 모여 이루어진다. 때론 우리를 힘들게 하는 요소들을 하나씩 제거해 나가는 것도 성공에 큰 힘이 된다. 대표적인 것이 바로 불필요한 희망, 막연한 희망 때문에 에너지를 빼앗기는 일이다. 모호한 태도로 컨설턴트를 혼란하게 하는 고객으로부터 우리 자신을 보호해야 한다. 우리의 소중한 시간과 에너지를 낭비하지 말아야 한다. 이런 사소한 것 같은 일들이 하나씩 모여 멘탈을 무너뜨린다. 가랑비에 옷이 젖듯이 사소하다고 허용하고 자주 맞으면 안 된다. 정확한 이유와 원인을 알고 대처해서 우리를 보호해야 한다. 오래도록 고객과 함께 행복한 비즈니스를 하기 위해서 스스로 지켜야 한다.

이 장에서 기억해야 할 내용

1. 초회 상담이 끝난 후 2차 상담에 대한 막연한 희망은 금물이다.

2. 만난 사람이 아닌 만날 사람에게서 희망을 찾자.

3. '경우(境遇)' 없는 고객은 과감히 결단하고 빨리 내 고객 리스트에서 정리해야 한다.

4. '기록 관리를 통해' 두 번째 이후의 상담을 중지하고 새로운 고객 찾는 일에 집중하라.

실패의 경험은
나를 성장시키는 힘이 된다

　도전은 누구에게나 아름다운 일이다. 자신이 원하고 꿈꾸는 일에 도전하는 것은 아름다움을 넘어 경이로운 일이다. 그만큼 가치 있는 일이기에. 하지만 그 뒤에 숨겨져 있는 두려움이 있음을 안다. 그 두려움은 실패할지도 모른다는 두려움이다. 자신의 꿈을 위해 실패가 도사리고 있음에도 불구하고 도전하는 것이다. 그 실패 뒤에는 실패해보지 않으면 얻을 수 없는 귀한 것들이 반드시 있다. 바로 실패를 통해 성장하고 변화하는 것이다. 보험영업은 힘들지만 가치가 있는 일이다. 바로 실패의 맛을 가장 많이 볼 수 있는 영업이기 때문이다. 성장하고 변화할 수 있는 진짜 실패의 맛을 말이다.

실패를 바라보는 관점

　우리는 흔히 '관점의 차이'라는 말을 자주 한다. 보고 생각하는 태도나 방향이 다른 것을 말한다. 우리는 인생을 살아감에 있어 크고 작은 실패를 경험한다. 정도의 차이는 있겠지만 누구도 예외일 수 없을 것이다. 하지만 그 다양한 실패가 모두 다 진짜 실패일지는 보는 관점에 따라 다를 수 있다. 반복되는 실패 속에 힘들고 고통스럽겠지만 결과적으로 성공한다면 실패는 아무것도 아니다. 반드시 성공할 수 있다는 믿음만 있다면 실패는 두려움이 아니다. 하면 할수록 성공이 보이는 과정일 뿐이다.

보험영업에 뛰어든 사람은 날마다 실패를 경험한다. 매일 거는 전화에서 실패를 맛본다. 매일 진행하는 상담에서 실패를 맛본다. 실패가 일상이다. 하지만 그만큼 성공의 맛을 볼 수 있는 기회 또한 많다. 그렇다면 이 실패가 과연 진짜 실패일까? 실패를 실패라고 인식하는 순간 두려움과 고통이 따라온다. 고객과의 만남 자체가 두려움으로 느껴질 수 있고 전화기가 그토록 무겁게 느껴지는 이유일 것이다. 하지만 관점을 조금만 바꿀 수 있다면 또 다른 세상이 열리게 된다. 실패는 성공을 위한 당연히 통과할 관문이라고 생각하자. 그냥 목적지를 가기 위해 지나쳐 가야 하는 정거장 중의 하나일 뿐이라고.

내가 아는 한 아무런 실패도 없이 한 분야에서 성공한 사람은 없다. 인생을 살면서 누구나 수많은 실패를 맛보고 고통과 위기에 직면한다. 중요한 것은 그것을 어떻게 받아들이고 관리할 것인가의 차이다. 흔히들 '위기'를 '위험'과 '기회'로 해석한다. 위험에 초점을 맞추면 두려움이 동반될 것이고 기회에 초점을 맞추면 희망이 보인다. 똑같은 상황에 직면해도 보는 관점과 생각의 차이가 전혀 다른 결과를 가져온다. 특히 사람 때문에 상처를 받고, 사람 때문에 기뻐하는 보험영업이 대표적이다. 눈을 크게 뜨고 내가 직면한 상황을 바라보자. 이것이 실패인지 또 다른 성공의 기회인지.

실패 극복하기

넘기 어려운 보험영업의 한계에 부딪힐 때마다 즐겨 암송하던 시가 있다. 도종환 시인의 〈담쟁이〉다. 많은 이들이 넘을 수 없는 저마다의 한계와 맞닥뜨리면 이 시가 생각날 것이다.

'저것은 벽, 어쩔 수 없는 벽이라고 우리가 느낄 때, 그때, 담쟁이는 말없이 그 벽을 오른다. 물 한 방울 없고 씨앗 한 톨 살아남을 수 없는, 저것은 절망의 벽이라고 말할 때, 담쟁이는 서두르지 않고 앞으로 나아간다.'

담쟁이가 담벼락을 넘는 모습의 묘사를 통해 나는 많은 영감을 받았다. 막막한 현실의 벽 앞에서도 포기하지 않는 삶의 태도가 나를 움직이는 힘이 되었다. 내 앞을 가로막고 있는 보험에 대한 부정적인 이미지와의 싸움이 그랬다.

그냥 성실히 열심히만 하면 되는 일이라고 생각해서 뛰어들었던 보험영업. 하지만 현실이 내 생각과 심히 다름을 아는 데는 많은 시간이 걸리지 않았다. 특히 전혀 예상치 못했던 보이지 않는 편견과 부정적인 이미지와의 싸움이었다. 언제나 상대에 관한 정보가 있으면 싸워볼 만하다. 하지만 눈에 보이지 않는 막연한 상대와의 싸움은 두려움 그 자체다. 담쟁이들도 나처럼 막막한 상황에서 묵묵히 담을 넘었겠지. 이런 생각으로 하루하루 한 걸음 한 걸음씩 묵묵히 걸어갔다. 천천히 움직이는 것이 느려 보이지만 엄청난 힘을 가지고 있음을 배웠다. 담쟁이처럼 지속적인 도전으로 포기하지 않았다. 그 것이 실패를 극복해낸 힘이었다.

실패는 하라고 있는 것이다. 피할 수 있으면 좋으련만 피해서 가면 진정한 성공의 맛을 느낄 수 없다. 여행의 진정한 맛은 정말 바쁘게 열심히 일한 후에 떠나야 느낄 수 있다. 늘 노는 듯 일하는 듯했다면 진정한 여행의 참맛을 알 수 없을 것이다. 성공도 마찬가지다. 실패를 통해 아픔과 고통을 경험한 사람이 진정한 성공의 맛을 누리고 음미할 수 있다. 성공은 실패에서 머무르지 않고 다시 힘든 싸움으로 뛰어드는 자세에서 비롯된다. 그래서 성공을 위해 실패는 빼놓을 수 없는 단짝 친구다. 실패를 극복하면 곧바로 성공이 보이는 이유이기도 하다.

실패를 통한 성장과 변화

2012년경 소개받은 정 사장님은 유통업을 하시는 분이었다. 20대 초반부터 사업을 시작해 일찍 사업에 성공한 패기 있는 젊은 사업가였다. 몇 번의 만남을 통해 신뢰가 쌓여갔다. 사업도 중요하지만 본인 노후 준비의 필요성을 말씀드려 적지 않은 금액의 연금보험을 청약했다. 그로부터 두 달이 채 지나지 않아 사장님으로부터 급한 전화가 걸려왔다. 동업자와 소송 문제가 발생해 회사가 갑자기 어려워졌다는 내용이었다. 도저히 보험을 유지하기 힘든 상황이 된 것이다. 가입한 지 얼마 되지 않아 내 입장도 참으로 난감했다. 하지만 나보다도 그런 일을 당한 정 사장님의 입장이 더 걱정되었다. 물론 나 또한 사업적으로는 힘든 일이었다.

하지만 젊은 사업가와의 좋은 만남임을 알았기에 함께 이겨내기로 마음 먹었다. 대부분 이런 일이 발생하면 고객과의 관계가 어려워지는 경우가 많다. 고객도 힘들지만 컨설턴트도 적지 않은 타격을 받기에 자주 연락하고 싶어지지 않게 된다. 하지만 난 사람을 보았다. 어려움 속에서도 극복하려고 노력하는 젊은 사업가를 보았기에 어떤 형태로든 돕고 싶었다. 적어도 내가 하는 일을 통해 도움을 주고 싶었다. 작은 보장성 보험을 관리하며 자주 찾아뵈었다. 곁에 있어주는 것이 내가 할 수 있는 최선이었다. 훗날 우리의 관계가 어떻게 되었을까? 사장님은 몇 년 후 다시 사업을 일으켜 내게 가장 큰 고객 중 한 분이 되었다. 또한 이분의 소개로 내 고객 중 최고의 VIP 고객을 만나게 되었다.

처음 보험이 실효되고 어려움이 닥쳤을 때는 막막했다. 하지만 이 또한 내 보험 인생의 한 부분이고 지나갈 것이라 믿었다. 또한 사업의 어려움을 이겨내기 위해 몸부림치는 한 젊은 사업가와 함께하고 싶었다. 그러나 상황은 담쟁이가 어쩔 수 없는 벽이라고 느낀 것처럼 막막했다. 그 긴 힘겨움의 터널을 지나고 나니 더 나은 관계, 더 나은 만남이 기다리고 있었다. 요즘도 예상치 못한 전 세계적인 팬데믹 상황 속에 많은 고객분의 사업체가 어렵다. 이럴 때일수록 고객분들 곁에서 함께 이겨나가야 함을 이제는 경험적으로 알고 있다. 실패는 반드시 나를 성장시킨다. 동시에 또 다른 변화의 기회도 준다. 그러니 감사하지 않을 수 없다.

후배들이 내게 묻는다. "실패가 두렵지 않으냐"고. 두렵지 않다고 하면 거짓일 것이다. 두렵지만 그 뒤에 따라올 나의 성장과 변화를 생각하면 기대가 된다. 그래서 어려움이나 실패를 경험하면 이제는 감사함의 기도가 먼저 나온다. 또 나에게 어떤 좋은 것을 주시기 위해 이런 어려움을 통과하게 하는 것인지 기대하게 된다. 어려움과 실패함이 없이 큰 성공의 맛을 느끼기는 어렵다. 내게 오는 위기는 내가 보는 관점에 따라 실패로 갈 수도 있고 성공으로 갈 수도 있다. 선택은 나의 몫이다.

서두에서 도전은 누구에게나 아름다운 일이라고 했다. 도전은 가치 있는 일이기 때문이다. 가치가 있는 일에는 항상 대가가 따른다. 위기와 실패도 함께 오는 것이 자연스럽다. 우리가 피하려고 노력하면 할수록 성공과 거리가 멀어질 것이다. 실패는 우리가 성공으로 가는 길의 과정이고 힘이다. 내게 온 실패를 어떻게 관리하고 새로운 발판으로 만들 것인가가 중요하다. 보험영업은 어떤 영업보다 실패의 맛을 많이 느낄 수 있다. 가치가 있는 만큼 어렵다. 어렵고 힘든 만큼 성공의 기회가 있다. 관건은 이 실패의 경험을 어떻게 성공의 힘으로 승화시킬 것인가이다. 실패를 두려워하지 말고 다시 한 번 도전하라.

이 장에서 기억해야 할 내용

1. 실패는 성공의 한 과정일 뿐이다.

2. 누구나 언제든 크고 작은 실패를 맛본다. 중요한 것은 그것을 어떻게 받아들이고 관리하느냐에 따라 결과가 달라진다는 것이다.

3. 지속적인 도전으로 포기하지 않았다. 그것이 실패를 극복해 낼 수 있는 힘이었다.

4. 성공은 실패에서 머무르지 않고 다시 힘든 싸움으로 뛰어드는 자세에서 비롯된다.

5. 실패는 반드시 나를 성장시킨다. 동시에 또 다른 변화의 기회도 준다.

고객의 거절은 당연하며
거절을 처리하는 방법을 익혀두어야 한다

군대를 다녀온 사람이라면 이런 말에 동의할 것이다.

"밤에 불침번만 없으면 군대 생활은 할 만하다."

보험영업에서 '거절'만 없으면 보험영업도 정말 할 만하다. 이렇듯 보험 영업에 도전하는 많은 이들이 바로 이 '거절'을 두려워한다. 싫어한다. 하지 만 고객 입장으로 보면 거절은 선택이 아닌 필수다. 누구도 상품 구매 결정 을 눈앞에 놓고 아무런 거절 없이 단번에 결정하는 경우는 흔치 않다. 거절 은 판매 과정에서 컨설턴트가 맞닥뜨리는 자연스러운 과정이다. 넘어서야만 하는 숙명 같은 것이다. 그래서 거절을 어떻게 처리해야 할지 연구하고 준비 해야 한다. 이 방법을 익숙하게 익히면 보험영업이 훨씬 즐거워진다.

거절의 개념

보험영업에서 '거절'이 없다면 훨씬 더 많은 이들이 도전할 것이다. 그만큼 거절은 비단 보험영업뿐 아니라 모든 종류의 영업인에게 두려운 개념이다. 그래서 극복해 내기 위한 기술이 필요한 것이다. 사실 자세히 보면 고객의 거절은 너무나 당연한 현상일 뿐이다. '혹시 잘못된 결정을 하면 어떻게 하지!'라는 고객의 두려움이다. 단지 최종 결정전에 조금 더 생각할 시간을 얻고 싶어 하는 마음의 표현일 뿐이다. 거절을 그냥 평범한 인사쯤으로 생각하면 된다. 특별한 의미 부여를 해서 힘들어할 필요가 없다는 것이다. 사람을 만나 편하게 하는 인사 때문에 상처를 받지는 않는다. 거절도 그렇게 생각하고 심각하게 받아들일 필요가 없다.

물론 거절을 당하는 일이 쉽다는 이야기는 아니다. 당연히 힘든 일이다. 17년을 보험영업 현장에서 뛰어온 나도 거절이 반갑지 않고 피하고 싶다. 이전이나 지금이나 거절을 받으면 아프다. 힘들다. 하지만 이전과 다른 것이 있다. 적어도 고객의 거절이 '나'를 거절하는 것이 아니라는 것은 알게 되었다. 고객은 '우리'를 거절하는 것이 아니라 본인들의 문제를 거부하고 있다는 것이다. 고객이 '나, 우리'를 거절해 자존심이 상한다고 느낄 수 있다. 하지만 그것은 사실이 아니다. 고객들은 자신이 맞딱드린 중요한 문제를 거부하고 우리의 선의를 거절한 것이다. 그래서 책임도 그들이 지고 준비하지 못해 오는 문제도 감당해야 한다.

오래도록 함께 인생을 걸어가야 할 고객이 이런 실수를 하지 않도록 도와야 한다. 그래서 거절하는 고객에게 단순히 미루고 싶은 마음임을 알려주고 결정하게 도와야 한다. 그것이 컨설턴트의 역할이고 사명이다. 이런 사명감을 가지고 고객의 거절을 바라보면 거절은 결코 힘겹기만 한 일이 아니다. 오히려 극복해야 하는 대상이며 새로운 시작이 될 수 있다. 이렇게 바라보면 거절이 없는 세일즈는 너무 심심하다. 판매의 시작은 거절에서부터 시작된다. 누군가 거절을 하면 본격적으로 판매가 시작되었음을 느낀다. 거절에 대한 개념이 바뀌면 두려움이 사라지고 새로운 가능성이 보이게 된다.

거절의 종류

보험 컨설턴트들이 그토록 싫어하고 두려워하는 거절은 어떤 종류가 있을까?

첫째, '보험'에 대한 부정적인 이미지로 인해 '막연히 싫은 유형'의 거절이다. 그냥 싫은 것이다. 사실 고객은 보험과 보험제도에 대해 잘 모른다. 보험이라는 제도와 상품을 정확히 알고 준비하면 얼마나 도움이 되는지 알지 못한다. 그냥 주변 사람들의 소문과 인식에 편승해서 잘 모르지만 경계한다. 참으로 아이러니하다. 일반적으로 '싫다, 좋다'는 것은 그 대상을 잘 알고 있을 때 나오는 개념이다. 그런데 잘 모르는데 싫고 부담이 된다는 것이다. 이 사회 저변에 깔린 보험에 대한 부정적인 이미지가 너무나 크게 자리를 잡고 있다. 이로 인해 생긴 거절이기에 크게 마음 쓸 것 없다. 이런 유형의 거절은 시간이 필요하다. 시간을 가지고 컨설턴트 자신의 전문성과 신뢰성으로 극복해야 한다.

둘째, '보험이 필요 없는 유형'의 거절이다. 최종 결정 단계에서 나오는 거절들이다. '막연히 싫은 유형'의 거절이 특별한 이유가 없다면 이 거절들은 나름의 이유가 있다. 그래서 본격적인 거절 처리가 필요한 거절들이다. 거절의 진정한 이유를 파악하고, 고객이 바른 결정을 할 수 있도록 도와야 한다. 현장에서 고객에게 들을 수 있는 거절의 유형은 대표적으로 이 두 가지다. '싫다'와 '필요 없다'. 싫은 이유와 필요 없는 이유는 고객 각자의 상황에 따라 다양하다. 이 대표적인 두 가지 거절에 대해 어떻게 거절을 처리할 수 있을지 고민해야 한다.

위의 두 가지 유형 외에 형태가 다른 거절이 하나 있다. 바로 겉으로 드러나지 않은 거절이다. 일명 '숨겨진 거절'이다. 우리의 고객은 '안 하겠습니다'라는 말을 쉽게 하지 못한다. '좀 더 생각해보겠습니다'라는 말로 시간을 벌려고 한다. 사실 본인도 어떻게 결정해야 할지 몰라 머뭇거리는 것이다. 우리에게 좀 더 자세한 정보와 확신을 원하는 것이다. 고객 자신도 어떤 질문을 해야 할지 잘 모른다. 또 본인의 재정 상황도 정확히 알고 있지 않다. 그저 시간을 조금 더 벌기 위해 우선 거절하는 경우가 있다. 이런 '숨겨진 거절'의 이유를 정확히 파악하고 대응해야 한다. 고객을 이해하며 여유를 가지고 기다려 줄 필요가 있다. 몰아붙이는 것만이 능사는 아니다.

거절 처리 방법

거절을 처리하는 가장 좋은 방법은 무엇일까?

첫째, 가장 좋은 방법은 거절이 나오지 않게 하는 것이다. 사전에 거절할 이유를 만들어주지 않는 것이 가장 좋은 방법이다. 상담을 진행하는 동안 고객이 거절하는 이유에 대해 질문해야 한다. 질문을 통해 미리 고객이 거절하고픈 마음과 요소들을 모두 제거해야 한다. 물론 사전에 모든 거절의 요소들을 제거할 수만 있다면 보험영업은 할 만하다. 그만큼 만만하지는 않다는 것이다. 그래도 나중에 최종 결정 단계에서 해결하는 것에 비하면 쉬울 것이다. 최종결정하는 단계 전에 정확히 결정하기 힘들어하는 이유를 물어 미리 처리해야 한다.

둘째, 보험의 필요성에 대한 절대적인 확신이 우리에게 있다면 문제는 쉽게 해결된다. 고객이 싫다고 하면 왜 싫은지 묻는다. 보험이 필요 없다고 하면 왜 필요 없다고 생각하는지 또 묻는다. 하지만 많은 컨설턴트가 이런 질문을 쉽게 하지 못한다. 왜 그럴까? 이유는 간단하다. 정말로 고객이 필요 없다고 말할까 두려운 것이다. 필요 없다는 말에 대해 반박할 확신이 없는 것이다. 어떤 고객도 자신이 판매하는 상품에 대해 확신이 없는 컨설턴트를 좋아하지 않는다.

그렇다면 우리 고객들에게 보험은 정말로 필요가 없는 것일까? 결단코 그렇지 않다. 대부분 고객은 보험을 잘 모르고 아직 필요성을 깨닫지 못했을 뿐이다. 여기에 확신 있는 컨설턴트가 존재할 이유가 있다. 보험이 필요가 없는 것이 아니라 보험의 필요성을 알지 못하는 것뿐이다. 그래서 아직 모르는 고객에게 알려줘야 한다. 보험의 필요성에 대해 인식시키고 확신을 심어 줘야 한다. 그래야 고객의 어떠한 거절에도 확신 있게 말할 수 있고, 고객을 설득할 수 있게 된다. 우리의 당당함 앞에 고객은 자신도 모르게 끌려오게 되어 있다.

셋째, 또 다른 형태의 거절 처리 방법이 있다. 고객과 상담 중에 나오는 고객의 강한 거절은 먼저 시간이 필요하다. 한두 번의 만남으로는 아직 컨설턴트에 대한 믿음이 쌓이지 않았다. 당연히 쉽게 결정하지 못한다. 보험 상품 자체에도 아직 정확한 정보가 없고 본인의 재무 상황도 파악이 부족하다. 이러한 이유로 고객의 거절은 어찌 보면 매우 자연스러운 것이다. 앞에서 언급했던 거절 처리 방법은 기다림보다는 바로 어떤 결정을 보기 원할 때 필요하다. 하지만 고객과 오랫동안 바른 관계를 형성하기 위해서는 시간이 필요하다. 차근차근 인간적인 신뢰와 전문성에 대한 확신을 심어주는 것이다. 이것이 가장 확실한 거절 처리 방법일 것이다.

거절 처리 화법

1) "아내와 상의 후에 연락드리겠습니다."
"과장님, 당연히 사모님과 상의하셔야죠. 하지만 과장님, 제가 과장님께 말씀드린 내용을 사모님께 온전히 전하실 수 있을까요? 쉽지 않으실 겁니다. 이 일은 제가 전문가이기에 사모님께 제가 설명하는 것이 훨씬 잘 전달될 겁니다. 사모님을 함께 뵙고 이 가정을 위해 가장 좋은 플랜이 무엇인지 한번 말씀드리겠습니다. 시간은 오래 걸리지 않을 거라 부담 없으실 겁니다. 언제가 편하실까요?"

2) "이미 보험이 너무 많아요!"

"당연히 그러시겠죠. 요즘 보험이 없는 가정이 어디 있나요? 과장님처럼 가족을 위하시는 분이시라면 당연히 보험을 잘 준비하셨겠죠. 다만 과장님께서 너무 많다고 느끼시는 만큼 꼼꼼히 잘 준비되어 있는지 궁금합니다. 제가 상담한 많은 가정이 처음에 만나면 다들 많다고 하십니다. 무엇이 어떻게 많은지는 잘 모르고 계시죠. 제가 점검해드리면 알고 있던 내용과 다른 경우가 많습니다. 그래서 사전에 전문가에게 꼭 점검받으셔야 합니다. 우리 가정을 위해 꼭 필요한 보험으로 되어있는지 확인해보시는 것이 필요하지 않을까요?"

3) "아는 사람 중에 보험 하는 사람이 있다."

"그러시군요. 정말 다행입니다. 아는 분이 과장님 가정을 위해 신경을 써주신다니 참으로 다행한 일이죠. 하지만 때로는 아는 사람이기에 불편한 부분도 있을 수 있습니다. 특히 보험과 재무는 모르는 사람에게 문의하고 요구하는 것이 더 편할 겁니다. 보험은 내 가족과 내 미래를 위해 준비하는 것입니다. 단순히 안다는 이유만으로 우리 가정을 맡길 수 있는지 꼭 한번 생각해보시기 바랍니다. 가족을 위해 경험이 풍부하고 신뢰할 수 있는 사람이 더 나을 수 있습니다."

지금까지 보험영업에서 가장 맞닥뜨리고 싶지 않은 '거절'에 대해 알아보았다. 거절이란 과연 무엇인지, 거절의 종류는 어떤 것들이 있는지, 거절을 처리하는 방법까지. 보험이란 제도와 상품이 탄생한 이후로 '거절'은 피할 수 없는 숙명과 같다. 피해서 해결되는 문제가 아니라 정면으로 부딪쳐 극복해야 하는 대상이다. 컨설턴트 입장에서 거절은 어렵고 힘들다. 하지만 고객 입장으로 보면 필요하고 당연한 권리다. 그러니 피할 수만은 없다. 적극적으로 극복하기 위해 거절 처리 방법에 관한 연구는 끊임없이 이루어져야 한다. 이 방법을 아는 만큼 보험영업에 탄력을 받고 힘이 될 것이다.

이 장에서 기억해야 할 내용 _____

1. 고객의 거절은 최종 결정전에 조금 더 생각할 시간을 얻고 싶어 하는 마음의 표현일 뿐이다.

2. 고객의 거절은 '나'를 거절하는 것이 아니라 본인들의 문제를 거부한 것이다.

3. 거절하는 고객에게 단순히 미루고 싶은 마음임을 알려주고 결정하게 도와야 한다.

4. 거절의 종류

   1) 첫째, '보험'에 대한 부정적인 이미지로 인해 '막연히 싫은 유형'의 거절이다.

   2) 둘째, '보험이 필요 없는 유형'의 거절이다. 최종 결정 단계에서 나오는 거절들이다.

   3) 셋째, 겉으로 드러나지 않은 '숨겨진 거절'이다.

5. 거절 처리 방법

   1) 첫째, 가장 좋은 방법은 거절이 나오지 않게 하는 것이다.

   2) 둘째, 보험의 필요성에 대한 절대적인 확신이 우리에게 있다면 문제는 쉽게 해결된다.

   3) 셋째, 시간을 가지고 인간적인 신뢰와 전문성에 대한 확신을 심어주는 것이다.

컨설턴트들이 쉽게 하는
치명적인 실수들

모든 영업이 그렇듯이 고객과 만남의 과정에서 누구나 크고 작은 실수를 한다. 하지만 실수라고 해서 다 같은 실수는 아니다. 고객 입장으로 보면 충분히 이해되는 실수가 있다. 반면 말 그대로 치명적인 실수들이 있다. 한 번의 실수로 계약 자체가 날아가 버릴 수 있는 실수 말이다. 한 건의 계약뿐 아니라 소개해준 고객의 얼굴에 먹칠을 할 수도 있다. 이 얼마나 얼굴이 화끈거리는 일이란 말인가! 물론 어쩔 수 없는 실수도 있다. 하지만 대부분의 실수는 사전에 조금만 신경을 쓰면 막을 수 있다. 이렇게 쉽게 하는 치명적인 실수들에 대해 알아보고 막을 수 있는 방법을 찾아보자.

컨설턴트들이 하는 치명적인 실수는 고객과의 상담에서 대부분 발생한다. 물론 말 그대로 '실수'일 수 있다. 고의성이 없는, 자신도 모르고 하는 그런 습관에 의한 실수들 말이다. 그래서 우리는 무엇이 실수고 무엇이 잘못인가를 정확히 알고 대비해야 한다. 일부러 고객을 괴롭히거나 힘들게 하려고 하는 일들이 아니다. 그렇기에 조금만 관심을 가지고 노력하면 사전에 막을 수 있을 것이다. 다음은 현장에서 상담 중에 가장 흔하게 발생하는 치명적인 실수들이다. 연구해서 알고 대비해야 한다.

고객과 논쟁하는 실수

상담하다 보면 정말 한 대 쥐어박고 싶은 고객이 있다. 아는 것은 전혀 없는데 아는 척을 심하게 하는 고객이 그런 고객이다. 이럴 때 컨설턴트가 쉽게 빠지는 유혹이 있다. 내가 알고 있는 지식과 논리로 한 번에 제압해버리고 싶은 충동이 그것이다. 또는 자기 고집이 있어 도대체 나의 말을 듣지 않는 고객과 논쟁해서 이기고 싶다. 토론이나 논쟁을 통해 고객이 잘못 알고 있는 부분을 고쳐주고 싶은 유혹에 빠진다. 다시 생각해보면 그렇게 제압해버린들 내게 무슨 유익이 있으랴. 잠시의 후련함 정도. 그런 이후 그 고객을 다시는 못 볼 확률이 아마도 100%일 것이다.

우리일 뿐 아니라 어떤 종류의 영업이라도 시작한 지 얼마 되지 않은 후배들에게 조언하고 싶다. 고객과의 논쟁은 결단코 우리에게 도움이 되지 않으니 피하길 바란다. 설령 우리의 말이 다 맞고 문제가 없다고 하더라도 또 다른 문제가 있다. 고객의 마음이 상하는 문제다. 이미 상해버린 고객의 마음은 다시 회복해서 좋은 관계로 이어가기 힘들다. 그래서 바로잡고 싶고 논쟁하고 싶어 미칠 듯한 마음을 참아야 한다. 우리의 목적은 고객과 논쟁에서, 말싸움에서 이기는 것이 아님을 명심하라. 고객이 편안하게 자신의 이야기를 모두 쏟아낼 수 있도록 기다리고 경청해야 한다. 내 입을 닫고 논쟁을 피하며 고객을 인정해주면 고객은 마음 문을 열게 된다.

고객을 가르치려드는 실수

중국에 파견 갔을 때의 일이다. 중항삼성의 컨설턴트들은 한국과 비교해서 학력이 좋은 편이다. 젊고 유능한 친구들이 컨설턴트 JOB에 많이 도전한다. 한번은 북경 대학교 출신의 컨설턴트와 동행 상담을 나간 적이 있었다. 경제학과 출신이고 좋은 학교를 나왔기에 아는 것도 많은 친구였다. 지식으로만 따지면 엄청난 성과를 내는 것이 당연했는데 실상은 그렇지 않았다. 그래서 무엇이 문제인지 답답해하던 지점장이 내게 동행 부탁을 한 것이다. 사업을 하는 고객을 만나 상담하는 모습을 1시간 남짓 지켜보았다. 상담 시작 20분이 채 지나기도 전에 원인을 바로 알 수 있었다.

이 컨설턴트는 고객의 이야기에는 관심이 전혀 없었다. 본인의 지식을 어떻게 하면 고객에게 전달해서 알려줄까에만 집중되어 있었다. 계속 고객을 가르치고 있었다. 고객이 어떤 이야기를 하면 학생에게 가르치듯 교사의 말투가 바로 나온다. '그것은 당신이 몰라서 그러는 거야'라는 느낌이 옆에 있는 나에게도 전달이 되었다. 고객의 얼굴을 유심히 보니 심히 불편해 보였다. 나도 느끼고 고객도 느끼는데 이 친구만 모르는 듯했다. 고객은 학생이 아니다. 우리를 만나는 이유도 뭔가 배울 수는 있지만 무시당하고 싶지는 않다. 이런 고객의 마음은 모두 똑같다. '당신 말이 다 맞아. 하지만 난 당신에게 뭔가 가입하지 않을 거다. 절대로! Never!'

참으로 안타까운 일이 아닐 수 없다. 우리가 아는 지식은 고객에게 보험이라는 상품과 제도를 설명하는데 필요한 도구다. 목적을 위한 도구일 뿐이다. 많이 아는 지식이 내 발목을 잡는 격이 된다. 때론 가르치는 정도에서 끝나지 않는다. 내가 얼마나 많이 아는지를 드러내고 싶어 안달을 하기도 한다. 참으로 어리석은 일이다. 사람들과의 관계에서 자기 지식을 자랑하는 것만큼 못난 일이 없다. 결코 사람들에게 존경받지 못하고 인정받기 어렵다. 앞에서는 인정해주는 것 같지만 속내는 그렇지 않다. 머리로는 이겼는데 사람은 잃어버린 것이다.

기존보험과 경쟁사를 비판하는 실수

컨설턴트 : "대리님, 아니, 왜 이런 보험을 드셨어요?"

고객 : "왜요? 뭐가 많이 안 좋은가요?"

컨설턴트 : "이 회사는 아주 작은 회사라서 오래 가지 않아 없어질지도 모르는데. 그리고 보장도 너무 작고, 보장 기간도 너무 짧네요."

고객 : "아…… 네~ 그때는 제가 잘 몰라서요."

고객이 나를 만나기 전 오래전부터 많은 보험을 가지고 있을 것이다. 어떤 컨설턴트는 이런 고객을 만나 기존의 보험증권을 보면 결코 좋은 이야기를 하지 않는다. 이런, 저런 이유를 들어 기존에 고객이 가입한 보험의 험담을 한다. 그러면 고객이 문제점들을 지적해줘서 고맙다고 하며 이 컨설턴트에게 보험 가입을 할까? 천만의 말씀이다. 아마도 이 컨설턴트는 2차 상담 약속을 잡기도 어려울 것이다. 고객은 우리 보기에 부족한 보험을 오래전에 가입해 놓았을 수 있다. 그것이 아무리 허접한 보험일지라도 그 보험과 보험 사를 비판해선 안 된다.

> 컨설턴트 : "과장님, 가족을 위해서 벌써 오래전부터 이토록 준비를 철저히 해놓으셨네요. 정말 대단하십니다. 쉽지 않은 일인데 정말 잘해 놓으셨네요."
> 고객 : "제가 잘 모르고 가입했는데 이 회사는 괜찮은가요?"
> 컨설턴트 : "그럼요, 제가 아는 한 꽤 안정적이고 괜찮은 회사입니다. 단지 회사는 좋은데 오래전 보험이라 보장의 내용이 조금 부족합니다. 조금 보완만 하면 완벽해지겠네요."

오래전 고객이 나름 고민해서 한 결정이기에 충분히 존중받아 마땅하다. 진심을 담아 고객의 결정을 존중해주면 고객은 마음 문을 열게 된다. 나도 처음에는 이런 실수를 많이 범했다. 고객의 기존보험을 점검해준다며 문제를 지적해서 고객의 마음을 상하게 했다. 칭찬하는 듯하며 은근히 기존보험과 경쟁사를 비판했다. 지금 생각해보면 참으로 부끄러운 일이다. 고객의 마음 문을 열기는커녕 오히려 신뢰만 잃었던 아픈 기억이 많다. 이 단순한 원리를 알고 이 한 가지만 고쳐도 상상하기 힘든 좋은 만남과 소개가 이어질 수 있다. 고객의 결정을 존중하라. 그래야 고객도 우리를 존중한다.

어려운 말을 사용하는 실수

보험은 일반적인 고객이 느끼기에 어려운 분야다. 상품의 구조도 어렵고 사용되는 용어들도 이해가 쉽지 않은 어려운 용어들이다. 보험영업을 오래 했던 우리도 다 이해하기가 어려울 때도 있다. 분야의 특성상 금융이나 경제 용어, 세법과 관련된 용어들이 많이 나온다. 듣기만 해도 머리가 아플 수 있는 말들이다. 그런데 설명하는 컨설턴트가 이런 어려운 용어들을 골라서 쓴다면 어떨까? 유식해 보이고 전문가 같이 보일지 모르겠지만 고객은 좋아하지 않는다. 고객은 고객의 언어로 이해하고 싶어 한다. 우리가 무엇을 설명하느냐가 중요하지 않다. 고객이 무엇을 듣느냐가 중요함을 잊지 말자.

〈눈높이 영어〉라는 초등학생 영어학습 온라인 사이트가 있다. 말 그대로 초등학생의 눈높이에 맞춰 영어를 가르치겠다는 것이다. 우리도 고객의 눈높이에 맞춰 보험에 관해 설명하고 컨설팅을 해야 한다. 패밀리 레스토랑에서 음식 주문 시에 무릎을 꿇고 주문을 받는 곳이 있다. 이 또한 고객이 서 있는 직원을 올려다보며 힘들지 않게 하려는 의도이다. 고객과 눈을 맞추며 고객의 눈높이에서 소통하려는 노력일 것이다. 이런 노력은 고객에게 존중받고 있다고 느끼게 한다. 마찬가지로 소통의 가장 기본인 '말'을 고객의 눈높이에 맞게 쉬운 용어로 소통해야 한다. 정말 영업을 잘하는 사람은 쉬운 말로 고객을 이해시키는 사람이다.

위에서 나열한 몇 가지 치명적인 실수는 컨설턴트라면 반드시 피해야 한다. 실수도 반복되면 실력이라고 했다. 고객과 좋은 인연, 신뢰 관계를 위해 작은 실수조차도 용납되지 않도록 노력해야 한다. 작은 실수가 반복되다 보면 언젠가 치명적인 실수가 되는 것은 시간문제다. 내게 지인을 소개해주는 고객은 나를 신뢰한다. 믿기에 소중한 지인을 소개해서 좋은 인연이 되기를 바란다. 그런 고마운 고객에게 실망을 안겨주지 않기 위해 노력해야 한다. 누구나 할 수 있는 그런 실수는 내 사전에는 없어야 한다. 고객이 인정해주는 진정한 '프로'를 넘어 '고수'가 되려면!

이 장에서 기억해야 할 내용 ——————————

1. 고객과 논쟁하는 실수

- 논쟁을 통해 고객의 잘못을 고치고 싶은 유혹을 이겨라.
- 내 입을 닫고 고객을 인정해주면 고객은 마음 문을 열게 된다.

2. 고객을 가르치려 드는 실수

- 고객은 누구에게도 무시당하고 싶어 하지 않음을 명심하라.

3. 기존보험과 경쟁사를 비판하는 실수

- 아무리 허접한 보험일지라도 그 보험과 보험사를 비판해선 안 된다.
- 고객이 나름 고민해서 한 결정이기에 충분히 존중받아 마땅하다.

4. 어려운 말을 사용하는 실수

- 우리가 무엇을 설명하느냐가 중요하지 않다. 고객이 무엇을 듣느냐가 중요하다.
- 정말 영업을 잘하는 사람은 쉬운 말로 고객을 이해시키는 사람이다.

에필로그

언젠가 이룰 중국 선교의 꿈

중국 유학 시절은 나의 인생에서 가장 행복했던 시간이었다. 내가 좋아하는 중국어를 배워서 행복했고, 하나님을 만나서 행복했다. 중국은 제2의 고향이었고, 중국인들에 대한 나의 마음은 남달랐다. 그래서 유학에서 돌아온 후 중국어를 잊지 않기 위해 부단히 노력했다. 퇴근 후나 쉬는 날이면 중국인들이 근무하는 공장을 찾았고 그들과 대화하며 그들의 어려움을 듣고 도왔다. 그중 잊지 못할 기억은 중국 후베이성에서 온 세 형제와의 만남이었다. 그들 중 제일 큰형이 위궤양으로 고통을 받고 있었는데 급성이었다.

말이 통하지 않는 데다가 불법체류 신분이어서 병원을 가지 못하는 상황이었다. 동생들과 형을 부축해 수원의 한 종합병원으로 급히 옮겼다. 내시경을 하는 동안 함께 들어가 통역을 하며 회복될 때까지 정성껏 도왔다. 3주쯤 지나 세 명의 형제가 우리 집을 찾아왔다. 우리 아이들 장난감과 과일을 사서 찾아온 것이다. 큰형의 목숨을 구해줘서 감사하다고 말이다. 중국 유학 시절 중국인 친구들로부터 받은 사랑에 비하면 아주 작은 것인데 힘겨운 과정과 질병을 이겨내서 살아줘서 오히려 내가 감사했다.

이토록 중국인들에게 대한 내 마음은 특별했다. 유학에서 돌아와 직장을 찾을 때도 항상 중국으로 파견 가능 여부를 확인했다. 삼성생명에 입사할 때도 중국 진출 소식을 듣고 최종 결심을 한 것이었다. 하지만 삼성이라는 대기업에서 중국으로 진출을 하는 일은 만만치 않았다. 임직원만 지역전문 가라는 제도를 통해 해외 파견을 했다. 우리와 같은 컨설턴트 신분으로서는 해외 파견이란 있을 수 없는 상황이었다. 그럼에도 불구하고 뜻이 있는 곳에 길이 있으리. 2006년 4월 싱가포르에서 열린 사업부 컨벤션 행사 참석의 기회가 주어졌다. 그때까지만 해도 내게 펼쳐질 놀라운 일들을 전혀 상상하지 못했다.

그해에 연도상 시상식에서 챔피언 바로 아래 단계인 슈퍼골드를 달성했다. 아내와 두 아들과 함께 회사의 전적인 지원을 받아 컨벤션에 참석하게 되었다. 싱가포르 인구의 70% 이상이 중국인들이라서 어느 곳을 가든 중국어가 가능한 내가 동료들의 안내와 가이드를 도왔다. 그런데 우연히 그런 모습을 보았던 사업부장님이 나를 본사에 추천한 것이다. 2005년 새롭게 취임한 사장님이 가장 중점을 두었던 사업이 중국 진출 사업이었다. 하지만 중국 북경에 진출한 삼성생명은 1년이 지나도록 실적이 부진했다. 원인 파악을 위한 T/F TEAM이 결성되었지만 영업 경험이 없는 스태프만으로는 한계가 있었다. 다른 방법을 찾아야만 했다.

신임 사장님은 전국 4만 명의 컨설턴트를 대상으로 적합한 대상을 찾게 되었다. 우선 영업을 잘해야 했고, 강의 경험이 풍부해야 했다. 그리고 무엇보다도 중국어로 강의가 가능한 인재가 필요했다. 그런데 싱가포르에서 나의 모습을 보았던 사업부장이 본사 회의 때 추천을 해주신 것이다. 컨설턴트 신분으로 해외 파견이란 삼성생명 창립 이후 전례가 없는 일이었고 무엇보다도 본사에서는 나의 급여를 보존해주는 문제가 쉽지 않았다. 나는 이미 COT급(MDRT 자격의 3배인 자격으로, MDRT는 연봉 약 7천2백만 원 이상인 컨설턴트에게 주어지는 국제기준의 자격임)의 연봉을 받고 있었는데 중국 쪽에서 나의 체류비와 급여를 지불하기에는 여력이 없었다. 그렇다고 엄연히 법인이 다른데 한국 본사에서 나의 비용 지급을 할 수는 없었다. 하지만 우여곡절 끝에 2006년 9월 추석을 몇 주 앞두고 극적으로 중국행 비행기에 올랐다.

중국 북경 지사에서 2개월의 시간은 잊지 못할 추억들이 가득했다. 매일 6개의 지점 300명의 중국 FC들에게 중국어로 보험강의를 했고 오후에는 그들 중 도움이 필요한 FC, 팀장, 지점장과 함께 현장에 나가 고객들을 만났다. 물론 아무리 내가 중국에서 대학을 나왔다고는 하나 현장은 쉽지 않았다. 다양한 고객들과의 미팅을 지켜본 후 돌아와 하나씩 피드백했다. 더군다나 나는 컨설턴트 경험밖에 없었다. 하지만 그들에게 나는 본사 한국에서 온 선생님이었기에 영업, 조직관리, 지점 운영 등 모든 것에 문의를 받았다. 내가 감당해야 하는 정신적, 육체적 스트레스가 너무 커서 몸무게가 6kg이나 빠졌다. 매일 저녁 늦은 시간이 돼서야 일이 끝났고 일과를 끝낸 후 한국에 있는 직원과 전화로 나의 업무를 처리해야 했다.

이런 방식의 2개월은 나에게 힘겨웠다. 매일 밤 10시가 넘어서도 내 숙소로 삼삼오오 짝을 지어 FC들이 찾아왔다. 각자의 지점에 있는 불합리한 내용을 내게 토로하러 오는 것이었다. 말로 표현하기 어려운 복잡한 문제들이

각 지점 내부에 있었고 FC 사이의 문제, 팀장들과의 문제, 조직 안의 불합리한 점들이 하나둘이 아니었다. 한국에서 파견된 임직원들이 없는 것은 아니었지만 언어적인 한계와 문화적인 차이로 깊이 관여하지 못했다. 말이 통하는 나에게 매일 밤, 낮으로 찾아와 하소연했다. 처음에는 안타깝고, 돕고 싶은 마음으로 그들의 하소연을 들어주었지만 내가 감당하기에는 너무나 무거운 짐이었다.

어느 조직이나 어느 사회나 문제는 있기 마련이다. 초기에 외국계 회사가 중국 시장에 적응하고 자리 잡는 것은 어렵지만 난 내가 할 수 있는 최선을 다했다. 그들에게 한국의 선진 보험문화를 알려주고 싶었고 삼성생명이라는 한국 최고 보험회사의 생명보험 정신을 알려주고 싶었다. 나는 한국 보험업을 대표해서 파견된 사람이었다. 넓은 대륙에 진정한 보험의 가치를 전해주고 싶었고 내가 깨닫고, 배운 것을 그들에게 알려주고 변화하길 원했다.

위_　　중항삼성 파견시절 수제자들과 함께(2006년 10월)
아래_　중항삼성 파견시절 FC들과 함께(2006년 11월)

물론 하루아침에 될 수 있는 일은 아니라 여유를 가지고 기다릴 필요가 있음을 알았다.

　　2개월의 시간 동안 좋은 만남도 많이 있었다. 나를 믿고 따르던 몇 명의 제자들이 1년 후 좋은 성과를 거두었고 시상식이 열리는 컨벤션에 참석차 한국으로 왔다. 너무나 뿌듯하고 가슴 벅찬 순간이었다. 삼성생명 휴먼센터에서 시상식이 진행되었고 마지막 순서로 나의 강의가 있었다. 내가 뿌려 놓은 씨앗이 조금이나마 싹을 틔운 듯해 감사할 뿐이었다. 중국 FC들은 나를 라오스(선생님)라고 부른다.

"라오스는 우리에게 보험의 진정한 가치를 알려주셨어요."

"저희의 보험 인생에서 잊지 못할 겁니다."

시상식을 마치고 참석자 중 한 FC가 달려와 인사를 했다. '역시 중국 파견은 하나님의 인도셨군요. 감사합니다.' 이런 감사의 기도가 절로 나왔다.

처음 중국 파견을 결정했을 때 나를 아끼는 선배들이 반대했었다. 영업이란 흐름이 있는 것이다. 일주일만 영업을 안 해도 흐름이 끊겨 한 달이 망가진다고 했다. 그런데 2개월이란 시간을 멈춘다면 내 보험 인생에 큰 타격이라고 걱정해주었다. 물론 나도 알았다. 쉽지 않은 일이라는 것을 말이다. 하지만 중국으로의 파견은 나에게 꿈을 이루는 과정이었다. 중국 선교를 위한 교두보를 만드는 과정. 누군가에게 도움을 주는 사업을 하고 싶었던 내 꿈을 이루는 과정. 그 뜻에 맞는 귀중한 기회였다. 회사와의 파견 조건 조율에 대한 욕심을 내려놓기로 했다. 어떤 다른 보상을 받지 않고, 내가 받던 급여 정도만 보전을 요청했다.

그럼에도 불구하고 나도 내심 일을 마치고 돌아온 뒤가 걱정되었다. 다행히도 그 걱정은 기우였다. 고객들이 내가 돌아올 때까지 보험 가입을 하지 않고 기다린 분들만 6명이었다. 귀국 후 그달의 업적이 일 년 중 가장 좋은 성과를 거두었다. 나를 보내신 하나님께서 그분의 뜻을 따른 자녀에게 주신 선물이고 은혜였다고 믿는다. 2개월간의 중국 파견은 내 인생에 잊지 못할 순간들이었다. 한국인인 내가 중국어로 중국인들에게 보험강의를 했다. 중국어를 잘하는 사람들은 많다. 하지만 보험영업을 아는 중국어 능통자는 그리 많지 않을 것이다. 주변의 만류에 마음을 접고 포기했더라면 너무나 아쉬웠을 것이다.

내가 중국으로 파견 갔던 2006년 이후 삼성생명의 중국 도전은 계속 이어졌다. 한동안 북경 지사가 어렵다는 소식이 계속 들려왔다. 내가 있었던 2개월의 짧은 시간 동안 중국 보험업에 미친 영향은 그리 크지 않았을 것이다. 다행히 삼성생명은 2015년 중국은행과 합작한 '중은삼성인수보험'을 출범했다. 은행을 통한 보험영업은 우리가 생각하는 전통적인 보험영업과는 다르다. 하지만 형태는 달라도 중국인들이 보험의 혜택을 누릴 수 있다면 그것으로 좋다. 나는 보험상품 자체가 가지고 있는 가치가 있다고 믿는다. 판매의 방식이 달라도 더 많은 중국인이 보험 가입을 통해 보험 본연의 가치와 혜택을 더 누리길 바란다.

2006년 11월 중국 파견을 마치고 돌아왔다. 중국 파견은 선교의 꿈을 이루기 위해 떠난 일정이었다. 언젠가 내가 속한 회사를 통해 중국 선교를 할 수 있으리라는 희망을 안고 말이다. 하지만 막상 중국에서 돌아온 후 현실적인 고민에 빠졌다. 삼성생명은 결단코 컨설턴트를 파견 보내지 않을 거라는 사실을 깨닫게 되었다. 언젠가 내가 다시 중국으로 파견된다면 그건 임직원 신분이어야 가능한 것이다. 당시 삼성생명에서 컨설턴트가 임직원이 되려면 관리자의 길을 선택해야 했다. 팀장(SM), 지점장(BM)을 거쳐 사업부의 임원으로 발탁되어야 하는데 새로운 도전의 시작을 의미했다.

선교의 꿈을 이루기 위해 도전한 팀장의 길. 이 길을 걸어가며 내가 얻은 결실과 받은 혜택이 너무도 많다. 물론 마음고생을 많이 해서 지금의 흰 머리는 아마도 그때 모두 생긴 것 같다. 4년 6개월 동안 팀을 운영하며 잊지 못할 추억들이 많았다. 좋은 팀원들과의 만남, 팀 운영을 통해 이룬 멋진 성과들. 덕분에 사업부 150여 개 팀 중 3년간 3위권 이내에 들며 성공의 길을 가고 있었다. 하지만 2012년 5월, 내게 일어난 한 사건을 통해 나는 새로운 도전을 다시 시작해야만 했다.

위_ 홈스쿨링 중국체험학습(2009년 8월)
아래_ 홈스쿨링 중 두 아들과 함께 공항 앞에서
(2009년 8월)

나에게는 사랑스러운 두 아들이 있다. 두 아들의 교육에 대해 아내와 나는 오랜 시간 기도하며 고민했었다. 우리가 믿는 성경의 말씀에 근거한다면 자녀 교육의 책임은 부모에게 있다. 하지만 우리에게는 능력이 없었다. 그럼에도 불구하고 하나님이 원하시는 방식으로 자녀들을 양육하고 싶은 마음은 간절했다. 그래서 선택한 것이 홈스쿨링이다. 우리 부부는 약 7년 동안 홈스쿨링으로 자녀를 양육했다. 지금 다시 하라고 하면 절대 못 할 것이다. 어찌 보면 얼마나 힘든 일인지 몰랐기에 도전할 수 있었다. 그만큼 자녀를 홈스쿨링으로 양육하는 것은 쉬운 일이 아니었다.

2012년 5월, 홈스쿨링을 함께하던 다른 몇 가정들과 함께 미국 여행을 하게 되었다. 총 두 달의 짧지 않은 기간이었는데 나는 일을 해야 했기에 처음 열흘 정도의 시간만 참여하게 되었다. 보험영업을 시작하고 그렇게 긴 시간을 가족과 함께 한 여행은 처음이었다. 홈스쿨링을 하는 가정들은 자녀들의 체험학습을 위해 여행을 많이 가는 편이지만 나는 그동안 일이 바쁘다는 핑계로 늘 아이들과 함께 못해서 미안했었다. 모처럼 큰마음 먹고 떠나는 여행이었고 나름의 많은 준비와 설레는 마음을 안고 비행기에 올랐다.

첫 도착지는 미국 텍사스 공항이었다. 로밍을 위해 휴대폰을 열었더니 한국에서 문자들이 여럿 들어와 있었다. 그중 권 사장님의 문자가 눈에 들어왔다. '부고' 문자였다. 권 사장님은 내 고객이자 전 직장에서 모시던 사장님인데 어머님이 연로하시기에 순간 어머님이 돌아가신 부고로 생각했다. 그런데 문자를 자세히 본 후 내 눈을 의심하지 않을 수 없었다. 돌아가신 분은 어머님이 아니라 사장님 본인이었다. 문자를 본 후 한동안 믿겨 지지 않아 휴대폰만 쳐다보고 있었다. 사장님의 그때 나이는 겨우 49세. 운동과 음악을 좋아하시고 늘 에너지 넘치시던 분이었다. 그런 분이 사망이라니. 믿을 수가 없었다.

미국 홈스쿨 캠프 중 아치스에서 가족과 함께(2012년 5월)

급히 한국에 전화를 건 후 전후 사정을 알게 되었다. 사망 원인은 급성심근경색으로 최근 며칠 동안 밤샘 작업이 많았다고 한다. 49세의 나이, 네 아들을 둔 가장의 사망. 그동안 보험영업을 하며 수없이 고객들과 주변 지인들의 장례식장을 찾았었지만 죽음에 대해 그렇게 깊이 생각해보지 못했다. 그런데 이번은 다르다. 내게 참으로 잘 해주셨던 사장님이다. 보험 일을 시작하고 사장님을 여러 차례 찾아뵈었다. 네 명의 자녀들을 위한 준비가 거의 되어 있지 않아서 만나 뵐 때마다 생명보험의 필요성을 말씀드렸다. 결국 돌아가시기 3년 전쯤 네 아이를 위해 4억의 사망보험금을 준비하셨다. 그것이 내가 할 수 있는 최선이었다.

미국 여행은 텍사스에서 시작해 그랜드캐니언까지 이동하는 강행군이었다. 거의 매일 8시간씩 운전을 하며 이동했다. 미국 서부를 운전하는 동안 많은 생각에 잠겼다. 옆에 함께 탄 아내에게 처음으로 내가 준비한 보험에 대해 자세히 설명했다. 그동안은 나 또한 내가 죽을 수 있다고 생각을 해본 적이 없었기 때문이다. 보험영업을 하는 나도 이런데 하물며 고객들은 당연할 것이다. 차창 밖으로 광활한 서부 사막의 풍경이 지나가고 있었다. 아내에게 조심스럽게 이야기를 꺼냈다. 내가 곁에서 지켜주지 못할 상황에 관한 것이었지만 아내는 듣기를 원치 않았다. 그렇다고 해도 누구도 피해갈 수 없는 일이다.

열흘간의 미국 여행을 마치고 먼저 귀국했다. 귀국 후 제일 먼저 나는 회사에 팀장의 일을 그만두겠다고 통보를 했다. 남들에게 죽을 수도 있으니 준비하라고 말하는 직업. 그것이 보험영업이고, 그렇게 고객들에게 전하라고 교육했던 나였다. 그런데 정작 나에게는 이런 일이 일어나지 않을 것이라 막연히 생각하며 살았다. 가까운 지인의 죽음이 나에게 큰 충격이었고 나의 삶을 돌아볼 수 있는 귀중한 계기가 되었다. '나도 우리 아이들 곁에 있을 수 있는 시간이 그리 길지 않을 수 있다.' 이런 생각이 처음으로 현실적으로 다가왔다.

홈스쿨링을 하는 아빠로서 나는 자격이 부족했다. 무엇보다도 자녀들에게 시간을 많이 내지 못했다. 대한민국의 다른 아빠들처럼 일 때문이라는 핑계로 말이다. 권 사장님의 일로 인해 다시 한 번 내가 관리직을 선택한 이유에 대해 생각하게 되었다. 중국 선교를 위해 삼성에서 임원이 되겠다고 도전한 꿈이었는데 이로 인해 나의 소중한 아이들과의 시간을 포기하며 살아왔었다. 이 아이들과 함께할 수 있는 시간은 그리 많지 않아 앞으로 길어야 5~6년 정도다. 그렇다면 우선순위를 바꾸면 된다.

무엇보다도 팀장의 일은 주말도 없이 바쁘다. 팀원들이 원하면 주말과 휴일에도 동행해야 한다. 하지만 컨설턴트는 내가 주도적으로 시간을 결정할 수 있다. 팀장을 하며 이미 오랜 시간 토요일 근무가 몸에 뵈어 있었다. 그래서 다시 컨설턴트로 돌아온 후 토요일 근무를 포기하고 토요일과 주일은 온전히 자녀들과 함께하는 시간으로 만들었다. 물론 일에서의 성공은 당연히 중요하다. 그런데 꿈을 위해 앞만 보고 달리던 내게 자녀와 함께하는 시간은 순기능의 브레이크였다. 지금도 자녀들의 홈스쿨링을 위해 임원의 꿈을 접은 일을 후회하지 않는다. 삼성에서의 임원의 꿈은 중국 선교를 위한 것이었고 나는 앞으로도 분명 어떤 형태로든 중국 선교를 위해 일할 것이다. 하나님은 나와 다른 당신의 방법으로 일하고 계심을 믿기 때문이다.

세상의 많은 직업은 각자의 의미와 가치를 가지고 존재하고 각자의 분야에서 꼭 필요한 부분을 담당하며 역할들을 해내고 있다. 나의 직업인 보험 컨설턴트 또한 그렇다. 사람들이 살아가는 세상에 '위험'이 존재하는 이상 보험제도는 존재할 것이다. 그래서 누군가는 아직 준비되어 있지 않은 사람들을 찾아가 알려줘야 한다. 중요한 일이고 필요한 일이며 의미 있고, 가치 있는 일임에 틀림이 없다. 누군가는 해야만 하는 소중한 일이고 내 자녀에게 물려주고 싶기까지 한 일이다. 하지만 세상은 아직 그 가치를 정확히 모르는 듯하다.

'누군가 해야 하는 일이라면 내가 해야지'라고 생각했고 '가치 있는 일인

왼쪽_ MDRT연차총회 덴버컨벤션센터에서 유태인 선배님과 한 컷(2007년 6월)
오른쪽_ MDRT연차총회 덴버컨벤션센터에서(2007년 6월)

데 몰라준다면 내가 알려야지'라고 생각했다. 내가 하는 일을 통해 내가 사는 세상에 조금이라도 선한 영향을 끼치고 싶었다. 보험이라는 제도를 통해 한 가정이라도 더 준비하고 행복해지길 바랐다. 내가 있는 자리에서 나의 JOB을 통해 할 수 있는 선한 영향력의 유일한 방법이라고 생각했다. 나의 직업인 보험 컨설턴트는 내가 만난 사람과 그 가정을 살릴 수 있는 일이고 그 가정을 인생의 '리스크'로부터 대처할 수 있게 도울 수 있다. 게다가 재정관리의 원리와 중요성을 인식시켜 가난하지 않게 살아가도록 도울 수도 있다.

책을 쓴다는 일이 어떤 일인지 쓰기 전에는 몰랐다. 중간, 중간에 포기하고 싶은 마음이 들 때도 있었다. 하지만 꼭 알려주고 싶었다. 내가 하는 보험영업은 이 세상에 꼭 필요한 직업이라는 것을. 그리고 어떻게 하면 고객으로부터 인정받고 존중받으며 영업을 즐길 수 있는지를.

많은 사람이 우리 일에 도전하기를 바란다. 우리 분야에 뛰어들어 당당하고 멋지게 성공하고 이 JOB을 통해 이 사회에 선한 영향력을 미치기를 원한다. 또한 이 책을 읽는 많은 이들이 필요한 도움을 받기를 희망한다. 내가 처음에 성공한 선배들의 책을 읽으며 영감을 받았듯이 말이다. 그것을 위해 지금도 현장에서 함께 뛰고 있는 컨설턴트 동료의 생생한 내용을 공유하고 싶었다.

마지막으로 '사람'을 알고 싶다면 보험영업에 뛰어들라고 권하고 싶다. 진정으로 '사람'이란 존재를 연구하고 싶다면 도전해야 하며 가능한 이른 나이에 배우기를 권장한다. 모든 것이 그렇듯이 영업도 일찍 배워야 한다. 사람을 만나 사람의 마음을 움직이는 일인 영업을 학교에서 배울 수 있으면 좋겠다. 모든 대학에서 어떤 전공을 배우더라도 '영업'이 기본 과목이 되기를 바란다. 특히 'People Business'인 보험영업에 관해 공부해야 하는데 '사람'을 알아야 어떤 분야의 어떤 조직에 들어가서도 진정한 성공을 할 수 있기 때문이다. 이 책을 읽는 많은 이들이 '사람을 살리는 보험 컨설턴트'에 도전하는 꿈을 꾸길 기대한다.

먼저, 치열한 영업 현장 속에서 날마다 감당할 수 있는 새 힘과 은혜를 주신 하나님께 감사드립니다. 또한 이 책이 세상에 나오기까지 가장 많은 기도와 응원을 보내준 아내 김문영에게 감사합니다. 아내의 센스 있는 조언은 글이 막히는 순간마다 빛이 되어주었습니다. 멀리 남미의 선교 현장에 있는 큰아들 엄태희 선교사는 제일 먼저 아빠가 책을 써야 한다고 제안했고, 항상 큰 지지를 보내주었습니다. 또한 아빠가 책을 쓰는 동안 대학 입시를 준비하면서도 오히려 아빠를 배려해주었던 둘째 아들 태민이도 고맙습니다.

무엇보다도 이 책이 나올 수 있던 배경과 힘이 되어준 나의 1,000명이 넘는 소중한 고객분들께 진심 어린 감사의 마음을 전합니다. 또한 믿고 신뢰할 수 있는 삼성생명은 지난 17년 동안 변함없이 고객들과 함께 행복한 보험영업을 할 수 있는 발판이 되어주었습니다.

처음 일을 시작할 때부터 언제나 든든히 내 편이 되어주신 서울위너스 지점의 김계수 대표님의 감사함도 오래도록 잊지 못할 겁니다.

마지막으로 책 쓰기를 위한 자료수집과 글쓰기에 집중할 수 있도록 빈틈 없이 고객관리 업무를 챙겨준 오랜 파트너 남현실 매니저에게도 감사함을 전합니다.